ÉVALUER L'INTELLIGENCE DE L'ENFANT
Échelle de Wechsler pour enfants

 *PSYCHOLOGIE ET SCIENCES HUMAINES*

Jacques Grégoire

évaluer l'intelligence de l'enfant

Échelle de Wechsler
pour enfants

2e édition

MARDAGA

© 1995 Pierre Mardaga, Éditeur
Rue Saint-Vincent 12 - 4020 Liège
D. 1995-0024-22

Introduction

Comment évaluer l'intelligence aujourd'hui ? De quelles théories, de quelles méthodes et de quels instruments dispose actuellement le psychologue clinicien confronté à l'évaluation des pathologies cognitives les plus diverses ? Telles sont les questions que nous sommes posées au départ de cet ouvrage.

Rapidement, nous nous sommes rendu compte d'un profond divorce entre les praticiens et les chercheurs. Les premiers évaluent habituellement le fonctionnement cognitif au moyen d'instruments dont le concept théorique de base est l'intelligence globale et dont les résultats s'expriment le plus souvent sous la forme d'un Quotient Intellectuel. Ces instruments, dont les plus connus sont le Standford-Binet et les échelles de Wechsler, jouissent auprès des praticiens d'une popularité qui, depuis leur création, est loin de diminuer[1]. Les chercheurs, par contre, se montrent souvent très critiques[2] vis-à-vis des mêmes instruments dont ils dénient la valeur des fondements théoriques et dont ils dénoncent la vacuité des résultats. Régulièrement, les mêmes chercheurs proposent de nouveaux modèles du fonctionnement cognitif, mais ceux-ci ne semblent avoir que des répercussions limitées sur la pratique des psychologues cliniciens qui restent, au contraire, fidèles aux instruments traditionnels.

Comment comprendre cet écart entre les recherches théoriques et la pratique clinique ? Les psychologues cliniciens seraient-ils victimes de dissonance cognitive et incapable de reconnaître la vanité de ce qu'ils ont adoré ? Où, au contraire, les chercheurs méconnaîtraient-ils les qualités théoriques et cliniques des tests d'intelligence traditionnels ?

C'est à ces questions que nous avons voulu répondre au travers de l'examen d'un des tests d'intelligence les plus connus, le Wechsler Intelligence Scale for Children-Revised (WISC-R). Celui-ci, tout comme les autres tests d'intelligence globale, a souvent été critiqué pour son manque de valeur théorique. Et il est vrai que le pragmatisme qui a présidé à sa création met mal à l'aise beaucoup de psychologues. Quelle est en effet la légitimité des mesures réalisées avec un tel instrument ? Et, *a fortiori*, quelle valeur ont les diagnostics et les pronostics basés sur les performances à cette échelle ?

Pour notre part, nous pensons que le WISC-R, qui est vraisemblablement l'instrument le plus utilisé pour évaluer l'intelligence des enfants et des adolescents, est en réalité mal connu non seulement des chercheurs mais également des praticiens. En effet, son application quotidienne se fait souvent de façon mécanique et l'interprétation de ses résultats reste alors relativement pauvre. Cette limitation dans l'utilisation du WISC-R découle, nous semble-t-il, d'une méconnaissance de ses bases théoriques et de ses qualités métrologiques. Elle provient également de l'absence d'une méthode valide et efficiente d'interprétation de ses résultats. Le présent ouvrage a pour but de combler ces lacunes et de fournir au praticien les données et la méthode nécessaires pour une utilisation optimale du WISC-R.

Le *premier chapitre* est consacré au rappel des fondements théoriques du WISC-R et, d'une façon plus générale, des échelles de Wechsler. Le lecteur pourra y constater que, contrairement aux idées reçues, Wechsler n'était pas qu'un pragmatique et qu'il n'ignorait pas les théories de l'intelligence de son temps. Conscient des limites de ces théories, Wechsler a voulu construire son test sur un nombre restreint de principes simples dont il avait l'intuition profonde de la valeur. Et l'avenir lui a donné raison puisque, 50 ans après la première édition du Wechsler-Bellevue (1939), le succès de son test ne s'est pas démenti. Ce succès n'est donc pas le fruit d'une mode mais illustre plutôt la valeur des principes initiaux qu'aucun modèle récent du fonctionnement cognitif n'est réellement parvenu à ébranler.

Dans le *second chapitre*, nous présentons les caractéristiques psychométriques essentielles du WISC-R. Malheureusement, en langue française, les informations à ce propos se limitent pratiquement à celles fournies par le manuel. Pour cette raison, nous avons jugé utile de réaliser une recherche sur la validité conceptuelle de la version française du WISC-R. Les résultats de cette recherche et leurs conséquences pratiques sont exposés dans ce chapitre. Nous présentons également un certain nombre d'autres informations statistiques utiles pour le praticien.

Le *troisième chapitre* est, quant à lui, le lieu d'une confrontation entre les principes théoriques du WISC-R et diverses théories du fonctionnement cognitif. Celles-ci sont présentées et discutées, puis nous examinons leurs implications pour les échelles de Wechsler. Nous verrons que celles-ci sortent plutôt renforcées de cette confrontation. De plus, certaines théories récentes apportent un éclairage nouveau sur les différentes épreuves qui composent l'échelle. Elles nous permettent ainsi de mieux comprendre les processus effectivement impliqués dans ces épreuves et donc de mieux tirer parti de l'analyse des performances.

Dans le *4e chapitre*, nous abordons la question délicate du biais social et culturel des tests d'intelligence. Celle-ci a eu des répercussions considérables aux Etats-Unis puisque différentes décisions de justice ont été prises à propos de l'usage des tests intellectuels pour l'évaluation des minorités culturelles. Le vaste débat qui en a suivi a eu le mérite de susciter de nombreuses recherches empiriques concernant la validité différentielle du WISC-R. Nous en exposons les différentes méthodes et conclusions. Nous examinons ensuite les recherches qu'il serait intéressant de mener dans ce domaine sur le WISC-R français. Nous fournissons, comme point de départ, une première analyse des données d'étalonnage[3] du point de vue des variables «sexe» et «catégorie sociale».

La méthode d'interprétation du WISC-R que nous défendons est introduite dans le *chapitre 5*. Nous y présentons différentes informations fondamentales pour une interprétation valide. Nous commençons par la question de la différence entre le Q.I. Verbal et le Q.I. de Performance. Nous analysons les données de l'échantillon d'étalonnage du point de vue de cette différence puis nous discutons des interprétations possibles des différences significatives entre le Q.I. Verbal et le Q.I. de Performance. Nous exposons ensuite différentes méthodes d'analyse de la dispersion des notes standard. Nous en distinguons une pour laquelle nous avons calculé des valeurs de référence. Sur cette base, nous avons analysé les données d'étalonnage du WISC-R et nous y avons évalué l'importance de la dispersion significative des notes standard. L'analyse de la dispersion nous amène tout naturellement à la question de l'interprétation du profil. Nous commençons par discuter des différentes aptitudes et processus impliqués dans chacune des épreuves de l'échelle. Puis, nous discutons comment, à partir du profil des notes standard d'un sujet, nous pouvons qualifier son fonctionnement cognitif de la façon la plus précise et la plus valide possible.

Le *chapitre 6* expose la mise en pratique des principes méthodologiques discutés dans le chapitre 5. Nous y défendons une méthode d'analyse pas à pas des protocoles de WISC-R. Cette méthode prend la forme d'un arbre de décision suivant lequel le psychologue peut, en s'appuyant sur les caractéristiques psychométriques du test, évaluer les performances du sujet en partant du général pour aller vers le particulier.

NOTES

[1] Le Standford-Binet, qui est l'adaptation américaine du Binet-Simon et dont la première version a été réalisée par Terman en 1916, en est à sa 4e édition (1986). Le Wechsler Adult Intelligence Scale, dont la création remonte à 1939, en est, lui, à sa troisième édition (1981). Ce dernier test est également le plus coûteux jamais produit au USA (Matarazzo, 1985, p. 1705).
[2] Pour avoir un échantillon récent des critiques les plus sévères à l'égard des tests d'intelligence traditionnels, le lecteur peut consulter les ouvrages de Frank (1983) et Jay Gould (1983), ainsi que l'article de Witt et Gresham (1985).
[3] Nous remercions le Centre de Psychologie Appliquée qui a eu l'amabilité de nous procurer les données d'étalonnage du WISC-R. Grâce à celles-ci, nous avons pu réaliser diverses recherches sur les caractéristiques de l'échantillon d'enfants ayant servi à l'étalonnage. Les résultats de ces recherches sont, pour la plupart, présentés dans la suite de cet ouvrage.

Chapitre 1
Fondements théoriques du WISC-R

Le WISC-R est un des tests d'intelligence pour enfants les plus utilisés en France et en Belgique. Pourtant, ses bases théoriques sont méconnues. Il est vrai que David Wechsler a peu publié sur cette question. De plus, la plupart de ses écrits ne sont actuellement plus édités. La quatrième et dernière édition de son ouvrage de référence «La mesure de l'intelligence de l'adulte» (1958) est à présent épuisée[1]. Il ne reste plus au psychologue contemporain qu'une dizaine de pages au début du manuel du WISC-R et des autres échelles de Wechsler pour se faire une vague idée des conceptions de l'auteur à propos de l'intelligence. En découle une méconnaissance des fondements théoriques du test qui nous paraît préjudiciable à son utilisation clinique efficace. En effet, il nous semble que bon nombre de praticiens appliquent le WISC-R sans véritablement savoir ce qu'ils évaluent. Le quotient intellectuel qu'il obtiennent, que signifie-t-il, de quelle réalité est-il l'indice?

Pour répondre à cette question, nous sommes retourné à la source, aux écrits mêmes de Wechsler. Nous avons tenté de mettre en évidence les principes essentiels sur lesquels il a bâti son test. Au delà, du simple constat, nous avons voulu saisir ses arguments. Pour cette raison, nous nous sommes intéressé aux théoriciens auxquels Wechsler se réfère et grâce auxquels il parvient à donner une légitimité à son instrument. Le présent chapitre est ainsi consacré à l'examen des notions essentielles à partir desquelles le WISC-R, comme toutes les échelles de Wechsler, a été construit. La première de ces notions est celle d'intelligence générale. Nous verrons comment Wechsler la définit et comment il prétend la mesurer. Nous aborderons à cette occasion la question des facteurs «non-intellectifs» de l'intelligence sur lesquels Wechsler a beaucoup insisté et qui, selon lui, font partie intégrante de l'intelligence générale. La seconde notion importante que nous analyserons est celle d'intelligence verbale et de performance. Nous mettrons en évidence l'origine et les fondements théoriques de cette distinction entre deux dimensions de l'intelligence, jugées essentielles par Wechsler. Enfin, nous développerons la notion de Q.I. «de déviation» (ou «standard») dont l'apparition résulte de la mise en question, par Wechsler, de l'utilisation de l'Age Mental pour les adultes. Ce passage en revue des notions de base sur lesquelles s'appuient les échelles de Wechsler nous permettra de constater combien, malgré leur âge, les arguments de Wechsler gardent leur force de conviction.

1.1. LA NOTION D'INTELLIGENCE GÉNÉRALE

1.1.1. L'intelligence générale et sa mesure

Wechsler définit l'intelligence comme «la capacité complexe ou globale de l'individu d'agir dans un but déterminé, de penser rationnellement et d'avoir des rapports efficaces avec son environnement» (1944, p. 3)[2] Il insiste particulièrement sur les qualités de complexité et de globalité. L'intelligence est complexe dit-il car «elle est composée d'éléments ou d'aptitudes qui, bien que non entièrement indépendantes, sont différentiables du point de vue qualitatif» (1944, p. 3). Elle est globale car «elle caractérise le comportement de l'individu comme un tout» (1944, p. 3). Wechsler cite à ce propos la définition que donne l'Oxford Dictionary du terme «global», définition qui lui paraît correspondre particulièrement bien à ce qu'il veut désigner. Selon ce dictionnaire, «global» signifie : «qui appartient à ou qui embrasse la totalité d'un groupe d'éléments ou de catégories». Ainsi, pour Wechsler, l'intelligence est une qualité d'ensemble. Elle résulte de l'organisation des aptitudes dont elle n'est cependant pas la simple somme. Wechsler est très clair à ce sujet lorsqu'il affirme : «Le produit final du comportement intelligent n'est pas seulement fonction du nombre des aptitudes ou de leur qualité mais également de la façon selon laquelle elles sont combinées, c'est-à-dire de leur configuration» (1944, p. 3). On ne peut ici s'empêcher de penser au principe de totalité de la Gestalt, théorie à laquelle Wechsler ne fait cependant aucune référence explicite[3]. L'intelligence est en effet conçue ici comme une qualité émergente, fruit de la relation des aptitudes entre elles. Elle ne se réduit pas à la somme des aptitudes qui la composent. Mais elle ne fait pas pour autant disparaître ces dernières en tant qu'entités distinctes.

La configuration harmonieuse des aptitudes, permettant une relation efficace du sujet avec son milieu, Wechsler l'appelle l'intelligence générale. Il distingue nettement cette notion de celle d'aptitude intellectuelle. Il illustre cette distinction par l'exemple suivant : «L'aptitude exceptionnelle de raisonnement du mathématicien est plus fortement corrélée que la mémoire avec cette réalité qu'en fin de compte nous mesurons comme étant l'intelligence. Mais, la possession de cette aptitude n'entraîne pas automatiquement que le comportement dans son ensemble est très intelligent au sens défini plus haut. Chaque lecteur pourra se rappeler de certaines personnes possédant une grande aptitude intellectuelle dans un domaine particulier, mais qu'il considère, sans hésitation, comme inférieures à la moyenne du point de vue de l'intelligence générale» (1944, p. 4). Par conséquent, si nous souhaitons évaluer l'intelligence générale, nous ne pouvons pas nous limiter à mesurer une raisonnement particulier. Il est, au contraire, nécessaire d'évaluer les différents aspects des aptitudes qui interviennent dans les comportements intelligents. Un test d'intelligence générale doit ainsi inclure une grande diversité d'opérations mais également une grande variété de contenus sur lesquels portent ces opérations. Wechsler souligne à ce propos que les performances des sujets peuvent varier sensiblement suivant les contenus car l'application des processus est plus ou moins aisée en fonction de ceux-ci. Ainsi, dit Wechsler, il est possible de distinguer des formes d'intelligence selon le contenu sur lequel celle-ci s'applique. C'est ce que fait, par exemple, E.L. Thorndike (1921) lorsqu'il décrit les intelligences abstraites, pratiques et sociales. La première porte sur des symboles, la suivante sur des objets et la dernière sur des relations humaines.

Il est donc nécessaire d'inclure dans les tests d'intelligence générale des épreuves reflétant la variété des aptitudes et des contenus existant dans les comportements intelligents de la vie quotidienne. Comme le dit Wechsler : «La seule chose que nous puissions demander à une échelle d'intelligence est qu'elle mesure des domaines suffisants de l'intelligence pour nous permettre de l'utiliser comme un index fiable de la capacité globale de l'individu» (1958, p. 15). Mais cet objectif n'est jamais entièrement atteint. «Les tests d'intelligence ne peuvent pas mesurer tout de l'intelligence» (1944, p. 12). L'intelligence générale est en effet la résultante de l'interaction d'un nombre théoriquement infini d'aptitudes de qualités différentes. Nous ne pouvons donc la connaître qu'en évaluant un échantillon forcément limité de ses manifestations. La construction d'un test d'intelligence générale implique par conséquent un choix, toujours discutable, de tâches intellectuelles. D'où la nécessité d'interpréter les résultats du test et ne jamais se baser sur eux seuls pour qualifier une personne de génie[4] ou de débile. Wechsler rapporte à ce propos le cas d'un homme de 28 ans, originaire de l'Oklahoma, recruté lors de l'entrée en guerre de Etats-Unis en 1917 : «Il venait passer un examen psychologique individuel car il avait échoué aux tests d'intelligence Army Alpha et Army Beta. Il obtint un âge mental de moins de 8 ans au Standford-Binet comme à la Yerkes Point Scale. Pourtant, avant d'entrer à l'armée, il s'était fort bien débrouillé. Il avait la charge d'une famille, travaillait depuis plusieurs années comme ouvrier foreur qualifié et, au moment de son incorporation, gagnait de 60 à 70 $ par semaine. [...] Il n'aurait pas attiré l'attention des autorités si il n'avait pas échoué aux tests» (1944, p. 53).

On le voit, Wechsler ne manifeste pas de triomphalisme excessif quant à la possibilité d'évaluer l'intelligence globale. Cette évaluation n'est finalement qu'une approximation, d'autant plus précise que les épreuves qui composent le test sont variées. En ce sens, Wechsler est incontestablement l'héritier des conceptions de Binet relatives à la mesure de l'intelligence. «On ne peut déterminer le niveau intellectuel d'un enfant que par un ensemble d'épreuves; c'est la réussite de plusieurs épreuves distinctes qui est seule caractéristique» écrit en effet celui-ci en 1908 (p. 64), lors de la présentation de la seconde version de son test. Et en 1911, à la veille de sa mort, Binet réaffirme avec force : «Un test particulier, isolé de tout le reste, ne vaut pas grand-chose. [...] Ce qui donne une force démonstrative, c'est un faisceau de tests, un ensemble dont on conserve la physionomie moyenne» (p. 200). Et il ajoute : «Un test ne signifie rien, répétons le fortement, mais cinq ou six tests signifient quelque chose» (p. 201). C'est d'ailleurs par cette conception globale de l'évaluation intellectuelle que Binet est novateur. Il se distingue en effet de la psychologie des facultés qui, elle, veut analyser les phénomènes en leurs composantes élémentaires. Binet, adoptant un point de vue pragmatique, cherche au contraire à saisir la réalité complexe de l'intelligence dans sa globalité. Les épreuves qui composent son test sont donc volontairement variées et complexes. Aucune ne vise à évaluer une aptitude particulière. L'important est que ces épreuves fassent masse par leur multiplicité.

Comme nous avons pu le constater, la filiation de Wechsler par rapport à Binet est évidente. Wechsler veut, lui aussi, évaluer l'intelligence globalement en utilisant une grande variété d'épreuves qui, chacune, fait appel à des processus complexes. Son point de vue est, lui aussi, volontairement non analytique et pragmatique. Mais ce serait une erreur que de réduire la théorie de l'intelligence de Wechsler à celle de Binet. Ce dernier a toujours prétendu mesurer au moyen de son test «l'intelligence naturelle», faculté indépendante de l'instruction et de la personnalité[5]. Tel n'est pas l'avis de Wechsler. Au contraire, celui-ci a beaucoup insisté sur ce qu'il appelle «les facteurs non intellectifs de l'intelligence». Il est d'ailleurs revenu à plusieurs reprises sur cette question, dans son ouvrage «La mesure de l'intelligence de l'adulte» puis dans trois articles ultérieurs (1940, 1943 et 1950).

Wechsler souligne que «les traits de personnalité interviennent dans l'efficacité du comportement intelligent et, par conséquent, dans toute conception globale de l'intelligence elle-même» (1950, p. 82). Selon lui, il est incorrect de vouloir éliminer de l'évaluation intellectuelle les facteurs de personnalité. «L'expérience a montré que mieux on réussissait à exclure ces facteurs, moins efficaces étaient les tests comme mesure de l'intelligence générale» (1944, p. 11). Si tant est que l'on puisse réellement exclure l'influence de la personnalité sur les performances intellectuelles! En effet, l'analyse factorielle des corrélations entre tests d'intelligence parvient rarement à expliquer plus de 60% de la variance des résultats à ces tests. Il reste ainsi un part importante de variance inexpliquée. Pour Wechsler, il ne fait aucun doute que des facteurs non intellectifs devraient permettre d'en expliquer la plus grande partie. Il cite, pour appuyer son point de vue, les résultats des recherches de W.P. Alexander (1935). Celui-ci a en effet réalisé une importante analyse factorielle des corrélations entre les résultats à de nombreux tests verbaux, de performance et d'acquis scolaire. Par cette analyse, il extrait un facteur g, un facteur V (aptitude verbale), un facteur P (aptitude pratique) et deux facteurs appelés X et Z. Ces deux facteurs déterminent une fraction importante de la variance des résultats aux tests. Alexander considère que le facteur X représente l'intérêt pour la tâche. La signification du facteur Z est, selon lui, moins claire. Il semble s'agir d'un trait de caractère en relation avec l'apprentissage, sans doute la ténacité, le désir de réussir. Quoiqu'il en soit, il est évident que la personnalité joue inévitablement un rôle dans toutes performances aux tests intellectuels, comme dans toutes les actions intelligentes de la vie quotidienne. Par conséquent, pour Wechsler, plutôt que de vouloir éliminer les facteurs non intellectifs, il vaut mieux en tenir compte dans notre évaluation. A cette fin, il a inclus dans son test des épreuves où l'attention, la persévérance et d'autres facteurs non intellectifs jouent un certain rôle dans la réussite. Les analyses factorielles réalisées à partir des résultats aux différentes échelles de Wechsler ont souvent mis en évidence un facteur que l'on peut appeler non intellectif. Ainsi, Cohen (1957 ; 1959), pour le WAIS et le WISC, et Kaufman (1975), pour le WISC-R, extraient un facteur qu'ils nomment « freedom from distractability » qui sature plus particulièrement les épreuves d'Arithmétique et de Mémoire. La volonté de Wechsler d'évaluer avec son test l'intelligence générale en y incluant des aptitudes autres que strictement intellectives se traduit donc bien dans les faits.

Jusqu'à présent, nous avons vu que le WISC-R, comme toutes les échelles de Wechsler, a été construit pour mesurer l'intelligence générale. Celle-ci est définie comme l'organisation des aptitudes permettant des relations efficaces avec le milieu. Les aptitudes intervenant dans l'intelligence générale sont aussi nombreuses que complexes. Y sont incluses des aptitudes non intellectives nécessaires à la réalisation de tout acte intelligent. Pour que son test évalue au mieux l'intelligence générale ainsi définie, Wechsler l'a composé d'une grande variété d'épreuves. A aucun moment, il n'a cherché à ce qu'une épreuve mesure une aptitude particulière. Il a plutôt voulu, de façon intuitive, choisir des épreuves diversifiées de par leur contenu et de par les opérations auxquelles elles font appel. Wechsler reconnaît que toutes les facettes de l'intelligence générale ne sont pas représentées dans son test. Embrasser toute l'intelligence générale dans une épreuve forcément limitée dans le temps est, sans doute, un objectif impossible à atteindre. Cette limitation de construction implique la nécessité d'interpréter les résultats au test en se référant à d'autres informations que celles obtenues au moyen de l'instrument lui-même.

1.1.2. Intelligence générale et facteur g

Wechsler trouve un support théorique important dans la théorie bi-factorielle de Spearman. En effet, il se rend compte que « la combinaison d'une variété de tests en une mesure unique de l'intelligence présuppose, *ipso facto*, une certaine unité ou équivalence fonctionnelle entre eux » (1944, p. 6). Et il continue en illustrant son point de vue : « Si les différents tests représentaient des entités fondamentalement différentes, on ne pourrait pas plus additionner les valeurs qui en découlent pour obtenir un âge mental total, qu'on ne peut additionner 2 chiens, 3 chats et 4 éléphants et en tirer la seule réponse de 9. [...] Si nous pouvons ici donner la réponse de 9, c'est parce que chiens, chats et éléphants sont tous en fait des animaux. L'addition n'aurait pas été possible si, à la place des chats, nous avions eu des navets.» (1944, p. 7). Or, la théorie de Spearman permet, non seulement d'expliquer cette unité fondamentale, mais également de la mettre à l'épreuve.

Spearman est en effet le créateur de l'analyse factorielle. Grâce à sa méthode dite «des différences tétrades», il explique les corrélations entre différentes épreuves intellectuelles par l'intervention d'un facteur commun à toutes celles-ci, le facteur g. En découle un modèle bi-factoriel du fonctionnement cognitif suivant lequel toute performance intellectuelle est déterminée à la fois par le facteur g et par un facteur spécifique qui, comme son nom l'indique, intervient uniquement dans la performance en question[6]. Au départ, Spearman identifie le facteur g et l'intelligence générale. Le titre de son premier article (1904) est très explicite à ce propos : «General intelligence objectively determined and mesured». Par la suite, il abandonne le terme d'intelligence, qu'il juge trop chargé de connotations[7], et n'utilise plus que le terme de facteur g, évidemment plus neutre. Cependant, dans ses différents ouvrages, il continue à affirmer que les tests d'intelligence générale, comme le Binet-Simon, permettent une assez bonne évaluation de g. Ainsi, dans «The abilities of man» (1927), il souligne que : «nous pouvons déjà voir aussi qu'une approche assez grossière de la mesure de g peut être obtenue par le moyen, apparemment non scientifique, d'un rassemblement d'une grande variété d'épreuves dans un hochepot commun. [...] L'effet de ce rassemblement est que les nombreux facteurs spécifiques se neutralisent plus ou moins l'un l'autre, de sorte que le résultat final tend à devenir une mesure approximative de g seul» (pp. 77-78).

On comprend aisément que Wechsler ne mette pas en doute l'existence du facteur g qui légitime le calcul d'un résultat global à son test. Pourtant, il n'identifie pas facteur g et quotient intellectuel. Selon lui, la plus grande partie de la variance de ce dernier est bien déterminée par le facteur g, mais d'autres facteurs influencent également le résultat global. Le quotient intellectuel est ainsi la résultante de l'interaction de différents facteurs. Dans cette interaction, le facteur g occupe une grande place, mais il n'occupe pas toute la place. Nous pouvons donc dire que le quotient intellectuel total est une évaluation assez grossière de g puisqu'il est également déterminé par d'autres facteurs que g. Nous constatons ainsi que l'intelligence générale et le facteur g sont deux notions bien distinctes. L'intelligence générale est le résultat de l'interaction d'un grand nombre de facteurs alors que le facteur g n'est que l'un de ceux-ci, le plus important sans doute, mais pas le seul.

Wechsler exprime ses divergences avec Spearman sur deux points. Tout d'abord, il récuse un modèle bi-factoriel au profit d'un modèle hiérarchique qui tient compte des facteurs de groupes. Nous allons en parler plus en détail dans le § 1.2. Wechsler se sépare également de Spearman à propos du rôle et de la mesure de g. On sait que, sur la question du rôle de g, les conceptions de Spearman ont évolué au cours du temps, sans pourtant être exclusives les unes des autres. Il avance tout d'abord (1904) que le facteur g est l'énergie mentale que possède l'individu pour réaliser une performance intellectuelle. Par la suite (1923), il définit g comme étant l'aptitude à utiliser trois principes fondamentaux de cognitions : l'appréhension de l'expérience, l'éduction des relations et l'éduction des corrélats. Partant de cette définition de g, Spearman considère que les meilleures mesures de g nous sont données par les tests qui font appel précisément à ces trois principes. Selon Spearman, on peut ainsi parvenir à mesurer un g quasi pur et à évaluer le fondement même de tout acte intelligent. Tel n'est pas l'avis de Wechsler. Celui-ci ne remet pas en question la définition de g comme une énergie. Il dit lui-même : «g est une quantité psycho-mathématique qui mesure la capacité de l'esprit à réaliser un travail intellectuel» (1944, p. 8). Ce qu'il conteste, c'est la volonté de Spearman de considérer g comme le seul facteur important et donc de porter tout l'effort d'évaluation sur lui seul. Pour Wechsler, d'autres facteurs marquants sont impliqués dans nos actes intellectuels. Ces facteurs doivent donc entrer dans toute mesure de l'intelligence. Nous voyons ainsi combien Wechsler reste constant dans la défense de sa conception de l'intelligence générale et de la méthode qui lui paraît la plus pertinente pour l'évaluer. Spearman est pour lui une source d'arguments; il n'est pas un modèle.

1.2. LES NOTIONS D'INTELLIGENCE VERBALE ET NON VERBALE

La division par Wechsler de l'échelle globale en deux sous-échelles, une verbale et une de performance, est d'abord pragmatique[8]. Jeune psychologue, celui-ci a en effet eu l'occasion de tester plusieurs centaines de sujets au moyen des Army tests et cette expérience semble avoir eu une profonde influence sur ses conceptions concernant l'évaluation intellectuelle (Matarazzo, 1981, p. 1542)[9].

Rappelons que les Army tests, ont été créés en 1917 par Yerkes et ses collaborateurs pour permettre le recrutement du contingent qui allait être envoyé se battre en Europe. Environ 1 750 000 hommes furent alors testés et donnèrent matière à une importante monographie, publiée par Yerkes en 1921, sur les aptitudes intellectuelles des américains (Jay Gould, 1983, pp. 238 et sv.). Les Army tests étaient composés de deux parties : l'Army Alpha, qui était présenté aux recrues sachant lire et écrire, et l'Army Beta, qui était présenté aux analphabètes et aux sujets ayant échoué à l'Army Alpha. Nous trouvons déjà ici la première ébauche des échelles Verbale et de Performance. Wechsler va indubitablement s'en inspirer puisque, dans la première version de son test, la Wechsler-Bellevue Intelligence Scale, quatre des six épreuves verbales proviennent de l'Army Alpha, et que deux des cinq épreuves de performance proviennent de l'Army Beta[10]. Bien entendu, c'est le principe des épreuves qui est repris et non les items eux-mêmes[11]. De plus, alors que les Army tests avaient été construits pour la passation collective, les épreuves du test de Wechsler sont conçues pour être passées individuellement.

Ce n'est que beaucoup plus tard que Wechsler trouvera, dans les travaux de W.P. Alexander, un fondement théorique et expérimental aux échelles Verbale et de Performance. Alexander semble avoir été le premier à appliquer aux aptitudes la méthode d'analyse multifactorielle créée par Thurstone. Grâce à celle-ci, il a pu démontrer que, contrairement à ce que pensait Spearman, le modèle bi-factoriel ne rend pas correctement compte de tous les phénomènes cognitifs. A côté du facteur g et des facteurs spécifiques, il existe en effet d'autres facteurs qui interviennent dans différents sous-groupes d'aptitudes. Ces facteurs, dit Alexander, forment de véritables unités fonctionnelles. Il en met en évidence deux principaux : le facteur v, qui intervient dans les tests verbaux, et le facteur f, qui intervient dans les tests de performance les plus complexes.

Ces deux facteurs de groupe constituent deux dimensions fondamentales du fonctionnement cognitif qui ont été retrouvées, par la suite, dans de nombreuses analyses factorielles. P.E. Vernon (1952) a intégré ces deux facteurs dans un célèbre modèle hiérarchique des aptitudes humaines (figure 1).

Au sommet de celui-ci se trouve le facteur g. Au niveau immédiatement inférieur apparaissent les deux facteurs de groupe majeurs que Vernon appelle v:ed (verbale-numérique-scolaire) et k:m (spatial-mécanique-pratique). A un troisième niveau, se trouvent les facteurs de groupe mineurs. Et enfin, à un quatrième et dernier niveau, apparaissent les facteurs spécifiques. Bien que créé au début des années 50, ce modèle est toujours d'actualité. A l'origine, il s'opposait à la théorie des aptitudes issue des recherches de Thurstone, selon laquelle l'intelligence peut être

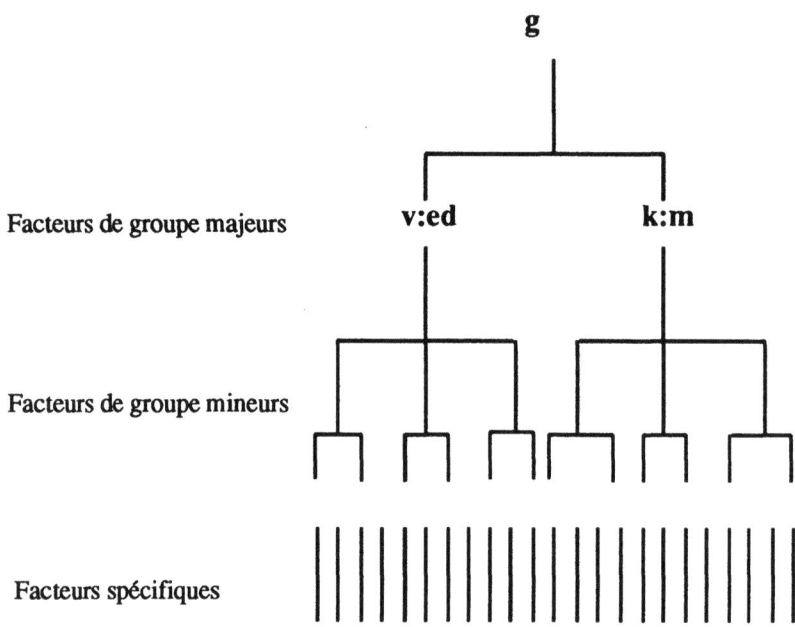

Figure 1. — *La structure hiérarchique des aptitudes humaines* (d'après P.E. Vernon, 1952).

décomposée en un certain nombre de facteurs indépendants les uns des autres et possédant chacun un poids identique. Les recherches récentes sur le fonctionnement cognitif tendent à rejeter ce dernier modèle au profit d'un modèle hiérarchique, confirmant ainsi les vues de Vernon. Nous aurons, plus loin dans ce chapitre, l'occasion de discuter plus en détail de cette question.

Pour l'instant, soulignons que les recherches d'Alexander, et plus encore le modèle hiérarchique de Vernon, donnent un légitimité certaine à la division, d'abord pragmatique, de l'échelle de Wechsler en deux sous-échelles, l'une verbale et l'autre de performance. Plusieurs analyses factorielles des échelles de Wechsler, ont clairement montré qu'elles étaient parfaitement cohérentes au regard du modèle hiérarchique. Il s'agit en particulier des recherches menées avec la méthode d'analyse factorielle de R.J. Wherry (1959; 1983), une des rares méthodes, avec celle de Schmid et Leiman (1957), à pouvoir tester l'adéquation des données avec le modèle hiérarchique. Des résultats très satisfaisants ont ainsi été obtenus avec le WPPSI (Wallbrown *et al.*, 1973), le WAIS (Wallbrown *et al.*, 1974), le WISC (Blaha *et al.*, 1974), le WISC-R (Wallbrown *et al.*, 1975) et, plus récemment, le WAIS-R (Blaha et Wallbrown, 1982). Nous même avons réalisé une recherche au moyen de cette méthode sur l'adaptation française de WISC-R. Nous en parlons plus en détail dans le chapitre suivant. Notons pour l'instant que les résultats que nous avons obtenus confirment totalement l'organisation hiérarchique de l'échelle telle que l'a voulue Wechsler.

1.3. LE QUOTIENT INTELLECTUEL «STANDARD»

1.3.1. Le rejet de la notion d'âge mental

Comme psychologue dans l'armée américaine puis, à partir de 1932, à l'hôpital psychiatrique new-yorkais «Belle-Vue», Wechsler se rend rapidement compte de l'inadéquation des échelles de développement, tel le Standford-Binet, pour évaluer l'intelligence des adultes. Tout d'abord, ces échelles ont été créées pour mesurer l'intelligence des enfants. Par conséquent, leur contenu n'est en général pas adapté pour les adultes. Comme le fait remarquer Wechsler : «Demander à une ménagère ordinaire de vous composer une rime avec les mots "jour", "chat" et "moulin", ou à un ancien sergent de vous faire une phrase avec les mots "garçon", "rivière" et "balle", n'est pas un bon moyen pour provoquer ni leur intérêt, ni leur respect» (1944, p. 17).

Ensuite, et surtout, l'utilisation, dans les échelles de développement, de la notion d'âge mental, entraîne des problèmes insurmontables lorsque l'on veut évaluer des adultes. L'âge mental représente le niveau de développement intellectuel atteint par un sujet. Il est égal au niveau d'âge correspondant aux items réussis par ce dernier dans un test étalonné. Par exemple, si le sujet réussit les épreuves réussies, en moyenne, par les enfants de 9 ans, et échoue aux épreuves des âges supérieurs, nous dirons que son âge mental est de 9 ans. Depuis Stern (1912), cet âge mental est comparé avec l'âge chronologique et le quotient ainsi obtenu est multiplié par 100. C'est le fameux quotient intellectuel. Le but de ce calcul est de relativiser les différences entre l'âge mental et l'âge chronologique. Un retard de développement intellectuel d'un an n'a en effet pas la même valeur si le sujet a 5 ans d'âge chronologique ou si il en a 12. Le rapport entre l'âge mental et l'âge chronologique, et par conséquent le Q.I., est sensé être stable au cours de la vie des individus.

L'utilisation de l'âge mental ne pose guère de problèmes aussi longtemps que la réalité que nous mesurons est en développement. Il est alors possible de discriminer les différents âges au moyen d'items bien choisis[12]. Mais, dès le moment où l'intelligence ne se développe plus ou n'évolue plus que légèrement d'âge en âge, le calcul d'un âge mental devient impossible. La solution raisonnable face à ce problème serait d'admettre qu'une échelle de développement est inadaptée pour mesurer l'intelligence lorsqu'elle n'est plus en développement. Ce n'est pas ce qu'ont choisi de faire la plupart des psychologues avant Wechsler. Ainsi, Terman propose de calculer le Q.I. des adultes en utilisant un âge mental identique pour tous, quelque soit leur âge. Cet âge est égal à l'âge mental moyen des adultes de la population de référence. En procédant de la sorte, nous ne mesurons plus une vitesse de développement, comme nous le faisons pour les enfants, mais nous comparons le niveau de développement ultime atteint par le sujet par rapport au niveau de développement moyen de la population. Mais, pour procéder de la sorte, il nous faut connaître ce fameux niveau moyen de la population. Lors de la première version du Standford-Binet (1916), Terman propose d'utiliser comme dénominateur commun pour tous les adultes, l'âge de 16 ans. Par la suite, il abaissera cet âge à 15 ans. En fait, le choix de cet âge n'est basé que sur l'examen d'un très petit échantillon d'adulte, non représentatif de l'ensemble de la population. L'inadéquation de ce choix apparaît en 1921, lorsque Yerkes analyse les résultats recueillis avec les Army tests sur 1 750 000 américains. Celui-ci s'aperçoit en effet que leur âge mental moyen est de 13 ans et 8 mois. Wechsler remarque avec une certaine ironie que, si ce dernier âge est exact, le respect des premières normes de Terman (16 ans) conduit à classer comme débiles mentaux 34 % des jeunes hommes américains (1944, p. 16). Ce qui est d'évidence absurde !

Pour Wechsler, la seule façon correcte de solutionner ce problème est d'abandonner la notion d'âge mental. En effet, l'hypothèse d'un âge mental constant tout au long de la vie est fausse. Il n'y donc pas lieu de discuter quel est l'âge mental le plus approprié pour le calcul du Q.I. des adultes. Wechsler argumente son point de vue par les résultats de différentes recherches sur l'évolution des aptitudes à l'âge adulte. Il montre en particulier que les performances à son test décroissent plus ou moins régulièrement avec l'âge. La méthodologie qu'il a utilisé pour mettre ce phénomène en évidence a toutefois été critiquée (Schaie et Strother, 1968). Wechsler a en effet utilisé une méthode transversale, c'est-à-dire qu'il a comparé les performances de différents groupes d'âge testés au même moment. Selon Schaie et Strother, cette méthode conduit à accentuer les différences de performances entre les âges car alors on compare des groupes qui ne sont pas comparables. En particulier, les groupes de sujets les plus jeunes ont un niveau moyen d'instruction beaucoup plus élevé que les groupes de sujets les plus âgés. Par conséquent, les différences observées entre les âges ne peuvent être considérées automatiquement comme étant l'effet du seul vieillissement. Des facteurs éducatifs et culturels jouent également un rôle non négligeable. Schaie et Strother ont démontré le bien fondé de leur critique grâce à une recherche particulièrement bien construite où ils comparent les courbes d'évolution des aptitudes établies suivant une méthode transversale et suivant une méthode longitudinale. Cette seconde méthode met en évidence un fléchissement nettement moins marqué des aptitudes avec l'âge que la méthode transversale. Les résultats que Wechsler avance comme argument contre l'utilisation d'un âge mental fixe à l'âge adulte, sont donc à relativiser. Toutefois, le fondement de sa critique reste valable. En effet, quelle que soit la méthode utilisée, on s'aperçoit que le niveau des performances n'est pas stable à l'âge adulte. Le rejet de la notion d'âge mental lorsque l'on évalue un adulte est, par conséquent, justifié.

1.3.2. Une échelle par point («Point scale»)

Comment évaluer l'intelligence si on abandonne l'âge mental qui est la composante indispensable du Q.I.?

C'est à nouveau auprès de Yerkes que Wechsler va trouver la solution. En 1915, Yerkes publie en effet la première échelle par point («Point Scale»). Dans les échelles de développement, la réussite d'un ensemble d'items équivaut à un certain niveau d'âge. La réussite d'un item particulier vaut par conséquent une fraction d'année. Dans une échelle par point, l'équivalence des items avec des niveaux d'âge disparaît. Ici, ce sont des points qui sont attribués à chaque réussite. Le nombre de points peut éventuellement être modulé selon la qualité et la vitesse de la réponse. Les notes brutes obtenues à chaque sous-test sont ensuite transformées en notes standard. Enfin, la somme de ces notes standard donne le résultat global.

Dans une échelle par point, les items sont sélectionnés d'une toute autre manière que dans une échelle de développement. Nous avons vu plus haut que, dans ce dernier type d'échelle, les items sont choisis selon leur sensibilité génétique, c'est-à-dire leur capacité à discriminer des niveaux de développement. Dans une échelle par point, les items sont sélectionnés pour évaluer certains comportements selon différents niveaux de difficulté. Alors que dans une échelle de développement les items sont rangés par niveau d'âge, dans une échelle par point, ils sont rangés par épreuve et, dans chacune de celles-ci, par ordre de difficulté.

Pour construire son test, Wechsler suit très précisément les principes créés par Yerkes. Ainsi, dans le Wechsler-Bellevue de 1939, les sujets sont évalués au moyen de 11 épreuves distinctes. Pour chacune d'elles, il reçoit une note brute qui est ensuite transformée en note standard. La somme des notes standard permet alors de calculer une note globale. Cette note globale, Wechsler a choisi de continuer à l'appeler Q.I., bien qu'à proprement parler aucun quotient ne soit plus calculé. L'usage de ce terme lui paraissait en effet déjà bien installé dans la communauté des psychologues. C'est pour la même raison qu'il a également décidé de maintenir la valeur moyenne du Q.I. à 100 alors que la méthode de construction du test ne l'y obligeait nullement (1944, p. 34).

Le principe de transformation des notes brutes, en notes standard puis en Q.I., a été repris pour toutes les échelles créées par Wechsler ultérieurement. Nous allons illustrer cette suite de transformations avec la version française du WISC-R[13]. Dans le cas présent (Wechsler, 1981), la distribution des notes brutes de l'échantillon d'étalonnage, pour chaque âge et pour chaque test, a été transformée en une échelle normalisée de 19 classes dont la moyenne est 10 et l'écart-type est 3. Trois quotients sont ensuite calculés : un Q.I. Verbal à partir de la somme des notes standard des cinq tests verbaux, un Q.I. de Performance à partir de la somme des notes standard des cinq tests de performance et un Q.I. Total à partir de la somme des notes standard des dix tests de l'échelle. Les moyennes et les écart-types de ces trois sommes étant très proches dans tous les groupes d'âge, la transformation en Q.I. a été réalisée sur l'ensemble de l'échantillon (et non plus âge par âge comme pour la transformation en notes standard). Wechsler a choisi de donner à chaque échelle de Q.I. une même moyenne de 100 et un même écart-type de 15.

La méthode choisie par Wechsler a plusieurs avantages. Le premier est de permettre des comparaisons aisées entre les différents sous-tests ainsi qu'entre les trois Q.I. Cette facilité de comparaison découle du fait qu'au niveau des épreuves et des Q.I., les moyennes et les écarts types sont identiques pour tous les résultats. Le second avantage est que le Q.I. définit ici simplement la position relative du sujet par rapport à son groupe d'âge. La stabilité du Q.I. découle dès lors du maintien de cette position relative au cours du temps. Le principe d'une stabilité du Q.I. peut ainsi être défendu sans devoir recourir, comme on le faisait pour les échelles de développement, à l'hypothèse très discutable d'une relation linéaire entre l'âge mental et l'âge chronologique.

CONCLUSION

Nous avons constaté tout au long de ce chapitre combien Wechsler est un pragmatique. Et cette qualité déplaît à beaucoup de psychologues qui considèrent ses échelles comme peu fondées du point de vue théorique. En réalité, Wechsler n'est pas ignorant des théories de son époque. Il a d'ailleurs eu l'occasion d'étudier en Angleterre où il a suivi l'enseignement de Spearman et de Pearson puis, durant deux ans, à Paris où il a pu suivre les cours d'Henri Piéron. Par la suite, les éditions successives de «The measurement of adult intelligence» en témoignent, il s'est toujours tenu au courant de l'évolution des théories de l'intelligence. Pourtant, après 1939, les principes de base de son test n'ont plus changé. Toutes ses échelles, jusqu'à la dernière révision de la WAIS (1981), ont été construites pour évaluer l'intelligence générale au moyen d'un Q.I. «de déviation». Toutes permettent d'apprécier les deux dimensions fondamentales de l'intelligence générale que sont l'intelligence verbale et l'intelligence de performance. Toutes, enfin, font appel quasi au même échantillon de conduites intellectuelles au travers d'une douzaine d'épreuves distinctes. Pourquoi cette fidélité à ces grands principes? Tout simplement parce que Wechsler ne leur a jamais trouvé d'alternative valable. Il a en effet toujours considéré que son test permettait d'atteindre valablement son objectif essentiel : évaluer la capacité globale d'un individu de se comporter avec intelligence. Pour quelle raison, dès lors, le modifier si ce n'est pas pour améliorer la qualité du résultat?

Le peu d'appétence de Wechsler pour le changement s'explique également par sa compréhension de l'intelligence comme un concept abstrait et non comme une réalité matérielle (1958, p. 4). Selon lui, la question de la véritable nature de l'intelligence est insoluble. Nous devons donc nous contenter d'un définition conventionnelle à son propos. Par conséquent, l'ambition des tests intellectuels n'est pas de mesurer l'intelligence en elle-même, mais uniquement ses effets qui nous sont seuls connus. Les tests ne nous permettent que de nous faire une idée de l'intelligence par l'intermédiaire d'un échantillon de ses manifestations. Nous comprenons ainsi pourquoi les multiples définitions de l'intelligence proposées depuis 1939 n'ont jamais conduit Wechsler à transformer son test. Aucune ne pouvait remettre en cause sa conception de la mesure de l'intelligence.

NOTES

[1] Il existe une cinquième édition de cet ouvrage. Elle n'a pas été réalisée par Wechsler lui-même mais par J.D. Matarazzo (1972) qui a repris tels quels plusieurs chapitres de l'édition précédente et en a réécrit les autres. Cette cinquième édition date de 1972 et est actuellement épuisée. En français, l'ouvrage de Wechsler a été traduit sur base de la 3e édition américaine (1944). Il en existe quatre éditions qui ne sont en fait que des réimpressions. La dernière édition date de 1973 et est à présent épuisée.

[2] La définition que nous citons ici n'a guère varié dans les ouvrages successifs de Wechsler. Dans la quatrième édition de «The measurement and appraisal of adult intelligence» (1958), le chapitre sur la nature de l'intelligence a été refondu, mais la définition a été reprise textuellement (p. 7).

[3] Wechsler cite les travaux de Kölher mais uniquement à propos de l'intelligence animale (1958, p. 6).

[4] «Nous sommes plutôt hésitant à qualifier une personne de génie sur base du seul résultat au test d'intelligence» (1944, p. 44).

[5] Ainsi, Binet écrit en 1908 : «Nous avons cherché [...] à étudier l'intelligence naturelle de l'enfant, et non pas son degré de culture, son instruction.» (p. 74). Plus loin, il ajoute : «La faculté intellectuelle nous paraît être indépendante, non seulement de l'instruction, mais de ce que l'on pourrait appeler la faculté scolaire, c'est-à-dire la faculté d'apprendre à l'école.» (p. 75). Et il précise : «Il nous semble que l'aptitude scolaire comporte autre chose que l'intelligence ; pour réussir ses études, il faut des qualités qui dépendent surtout de l'attention, de la volonté, du caractère.» (p. 75).

[6] «Toutes les branches de l'activité intellectuelle ont en commun une fonction fondamentale (ou un groupe de fonctions), tandis que les éléments restants ou spécifiques semblent, dans tous les cas, être totalement différents d'une activité à l'autre.» (Spearman, 1904, p. 202).

[7] Dans «The abilities of man» (1927), Spearman, après avoir passé en revue les différents sens du mot intelligence, conclut : «Même la meilleure de ces définitions de l'intelligence présente cependant un inconvénient majeur. C'est que les termes d'adaptation, d'abstraction et d'autres encore font référence à des opérations mentales globales ; tandis que notre g, comme nous l'avons vu, mesure seulement un facteur qui apparaît dans n'importe quelle opération mais qui n'est pas l'entièreté de celle-ci.» (p. 88).

[8] Le pragmatisme, comme nous avons déjà pu le constater est le trait essentiel de la démarche utilisée par Wechsler pour construire son test. Comme il le dit lui-même : «L'idée que nous avons fait ressortir est que tous les tests doivent être mis à l'épreuve d'une vérification expérimentale effective ou d'un critère concret de validation. Ce principe pragmatique de validation pratique semble avoir été trop peu pris en compte par les constructeurs de tests. D'une façon générale, de trop nombreux items, utilisés dans la plupart des échelles d'intelligence, y ont été inclus sur base de considérations purement statistiques et a prioristes. [...] La seule façon de savoir si un item d'un test est vraiment une "bonne" mesure de l'intelligence, c'est en fait de l'essayer.» (1944, p. 75).

[9] Selon Matarazzo, Wechsler fait alors l'expérience, non seulement de l'évaluation verbale et non verbale de l'intelligence mais également de la supériorité de l'évaluation individuelle par rapport à l'évaluation collective. En effet, lorsqu'un sujet échouait tant à l'Army Alpha qu'à l'Army Beta, il était testé individuellement au moyen du Standford-Binet et des échelles de performance Yerkes et Army. Très vite, Wechsler se rend compte que cette seconde évaluation est plus appropriée que la première car elle permet de situer le sujet à un niveau beaucoup plus en accord avec son adaptation socio-professionnelle effective. C'est de cette expérience sur le terrain que provient l'attitude pragmatique de Wechsler :

il veut répondre aux problèmes d'évaluation que rencontre quotidiennement le psychologue, et non entrer dans des débats théoriques qui lui semblent bien loin de la vie réelle.

[10] Information, Compréhension, Arithmétique et Similitudes faisaient partie de l'Army Alpha. Code et Complètement d'Images faisaient eux partie de l'Army Beta. Wechsler a de plus repris l'épreuve d'Arrangement d'Images de l'Army Performance Scale.

[11] Certains items sont cependant identiques à ceux des Army tests, comme par exemple certaines images à compléter.

[12] Dans une échelle de développement, un bon item est celui qui permet une discrimination fine entre les âges. En d'autres mots, il s'agit d'un item ayant une bonne sensibilité génétique.

[13] La procédure est identique pour le WPPSI. Par contre, pour le WAIS-R, la transformation des notes brutes en notes standard est faite en référence aux résultats du groupe «20-34 ans». Cette façon de faire est regrettable car elle complexifie l'interprétation du profil des notes standard, en particulier pour les sujets dont l'âge se situe hors du groupe de référence. De plus, pour les utilisateurs habituels du WISC-R et du WPPSI, le risque de confusions n'est pas négligeable.

Chapitre 2
Caractéristiques psychométriques du WISC-R

Dans le chapitre précédent, nous avons examiné la cohérence et la validité théoriques du WISC-R. Nous avons constaté que, bien que sa structure ait été créée il y a plus de 50 ans, ce test reste toujours d'actualité. Mais la valeur théorique d'un test n'est pas un critère suffisant pour permettre son application. Certaines qualités psychométriques sont également nécessaires. Si celles-ci font défaut, les résultats recueillis au moyen du test ne seront d'aucune utilité pour le clinicien.

C'est pourquoi nous désirons dans ce chapitre examiner minutieusement les caractéristiques psychométriques de l'adaptation française du WISC-R. Malheureusement, les informations sur ce sujet sont peu nombreuses. Nous en trouvons un certain nombre dans le manuel qui, comblant une regrettable lacune des éditions précédentes, est assez riche de ce point de vue. Mais, en dehors de cette source d'information, les données sont rares. En France, le WISC-R a généré fort peu de recherches. Les articles à son propos se comptent sur les doigts de la main. Pour cette raison, nous ferons, à plusieurs reprises dans ce chapitre, référence à des résultats obtenus avec le WISC-R américain. Il faut reconnaître que, de ce côté, les informations ne manquent pas. Le Ninth Mental Measurements Yearbook (Mitchell, 1985) ne renseigne pas moins de 299 références en langue anglaise à propos de ce test pour la période allant de 1977 à 1984. C'est, en nombre de références, le deuxième test américain, après le MMPI et juste avant une autre échelle de Wechsler, le WAIS-R.

Nous allons successivement présenter et discuter la validité, la fiabilité, la sensibilité et l'étalonnage du WISC-R. Nous développerons plus largement une recherche que nous avons menée dans le but de valider l'organisation du WISC-R sous la forme d'une échelle globale, d'une échelle verbale et d'une échelle de performance. Les résultats de cette recherche sont importants car ils valident l'utilisation des quotients correspondant à ces trois échelles. De plus, nous le verrons dans les 5e et 6e chapitres, cette validation sous-tend toute notre méthode d'interprétation des résultats au WISC-R.

2.1. LA VALIDITÉ CRITÉRIELLE

La validité critérielle nous informe sur la capacité d'un test à prédire le comportement d'un individu dans une situation déterminée. Elle consiste à comparer les performances au test avec celles à un critère. Ce critère est considéré comme une mesure directe et indépendante de ce que le test est supposé mesurer. La validation en référence à un critère est prédictive au sens strict lorsqu'il existe un intervalle de temps entre la mesure du test et celle du critère. Mais, le plus souvent, pour des raisons de facilité et d'économie, ces deux mesures se font au même moment. Dans ce cas, nous parlerons plutôt de validation simultanée («concurrent validation») (Allen et Yen, 1979; Anastasi, 1988).

Nous possédons très peu d'informations à propos de la validité critérielle du WISC-R français. Le manuel n'en fait aucune mention. Seul un article de Kossanyi, Waiche et Netchine (1989) nous informe quelque peu. Les auteurs y présentent une recherche sur les performances au WISC-R d'enfants souffrant d'un problème majeur d'apprentissage de la lecture. Ils comparent les résultats de ces enfants à ceux d'enfants du même âge qui maîtrisent le mécanisme de la lecture. Ils constatent que le Q.I.P. ne diffère pas significativement entre les deux groupes d'enfants. Par contre, la valeur moyenne du Q.I.V. est très différente pour les lecteurs et les non-lecteurs (p <.01). Ainsi, les sous-échelles du WISC-R mesurent, comme le voulait Wechsler, deux domaines distincts du fonctionnement intellectuel. La sous-échelle verbale évalue, de toute évidence, des aptitudes semblables à celles nécessaires pour l'apprentissage de la lecture.

Si nous souhaitons de plus amples informations à propos de la validité critérielle du WISC-R, nous devons nous reporter aux nombreuses recherches réalisées aux Etats-Unis sur ce sujet. Cette démarche n'est pas sans intérêt dans la mesure où le WISC-R américain et le WISC-R français sont construits selon la même structure et possèdent de nombreux items en commun. Leurs qualités métriques sont également assez semblables qu'il s'agisse de la standardisation ou de la fiabilité. Nous pouvons donc supposer que la validité de l'un doit être assez proche de la validité de l'autre. La seule réserve que nous puissions émettre à ce rapprochement concerne les populations françaises et américaines auxquelles sont appliqués les deux instruments. Il n'est pas certain que ces populations possèdent les mêmes caractéristiques du point de vue des apprentissages. Ceci peut entraîner des différences de corrélations entre les performances au test et aux divers critères. Les résultats que nous allons présenter sont donc à utiliser avec prudence. Ils ne sont que des indications, faute de mieux.

Sattler (1988, p. 125) a fait une recension des validations simultanées du WISC-R américain les plus représentatives. Il en a synthétisé les résultats dans un tableau que nous reproduisons ci-devant.

Nous pouvons constater que les coefficients de corrélations entre le WISC-R et les différents tests d'intelligence générale, par ailleurs validés, sont particulièrement élevés. Nous observons également que les corrélations avec un test de développement du langage comme le Peabody Picture Vocabulary test sont, logiquement, plus fortes avec l'échelle Verbale qu'avec l'échelle de Performance. Les corrélations avec les tests d'acquis scolaires sont, quant à elles, un peu plus faibles. Ce niveau de liaison est, selon nous, tout à fait normal et n'est pas de nature à remettre en cause ni la capacité du WISC-R à mesurer l'intelligence, ni l'intérêt à utiliser cet instrument pour évaluer les enfants en difficulté scolaire. Ce point de vue n'est pas partagé par tous les psychologues. Ainsi, Franck (1983), à l'issue d'une vaste recension des corrélations entre acquis scolaires et performances aux différentes échelles de Wechsler, n'observe qu'une relation modérée entre les deux séries de résultats. Il en conclut que « les données du test de Wechsler ne semblent d'aucune utilité pour l'évaluation du potentiel d'acquisition scolaire » (1983, p. 115).

Nous ne sommes pas d'accord avec une telle conclusion. La raison principale de notre désaccord découle de la complexité des facteurs de réussite scolaire. De nombreux modèles ont été imaginés pour décrire l'interaction de ces facteurs et pour permettre de décrire la réussite avec le plus de précision possible. Ainsi, dans un intéressant article, De Ketele (1983) décrit, en s'inspirant du modèle de Wankowski, les principaux facteurs intervenant dans la réussite dans l'enseignement supérieur. Il montre clairement que des facteurs autres que cognitifs jouent un grand rôle dans la réussite des étudiants. Il ne néglige pas pour autant les capacités intellectuelles de ces derniers qui constituent « une condition nécessaire mais non suffisante » (1983, p. 296) de la réussite des études. Nous sommes entièrement d'accord avec cette conception du rôle des capacités cognitives dans l'apprentissage. Nous pensons qu'elle s'applique à tous les niveaux d'études, du primaire au supérieur. C'est pourquoi, nous ne sommes nullement étonné d'observer, parmi les résultats rassemblés par Sattler (tableau 1), un coefficient de corrélation assez modeste (.39) entre le Q.I. global au WISC-R et les résultats scolaires. Nous ne nous attendions pas à plus. Cette constatation n'implique pas qu'il soit inutile de mesurer l'intelligence dans le but de prédire la réussite scolaire. Mais, pour avoir une réelle valeur, cette mesure doit se faire dans le cadre d'une évaluation globale où sont également considérés la personnalité du sujet et les facteurs psychosociaux qui l'influencent.

Tableau 1. — *Etudes de validation du WISC-R américain* (d'après Sattler, 1988, p. 125).

Critères	*Echelle verbale*	*Echelle perform.*	*Echelle totale*
Standford-Binet : Fourth Edition	-	-	.78
Standford-Binet : Form L-M	.75	.68	.82
Slosson Intelligence Test	.75	.51	.61
Mc Carthy Scales of Children's Abilities	.68	.62	.72
Kaufman Assessment Battery for Children	.50	.65	.70
Woodcock-Johnson Broad Cognitive Ability	.77	.55	.77
Groups Intelligence Tests	.61	.59	.66
Peabody Picture Vocabulary Test-R	.72	.47	.68
Quick Test	.76	.68	.72
Wide Range Achievement Test			
Reading	.57	.34	.56
Spelling	.50	.26	.59
Arithmetic	.62	.46	.52
Peabody Individual Achievement Test	.75	.45	.71
Other Achievement Tests			
Reading	.66	.47	.71
Arithmetic	.56	.48	.58
School grades	-	-	.39

Cette conception de l'évaluation nous conduit à parler du principe de correspondance qui devrait être respecté lors de toute validation critérielle. Selon ce principe, il est a priori très peu probable de pouvoir observer une liaison étroite entre la performance globale au WISC-R (et à toute échelle d'intelligence globale) et le niveau d'une acquisition scolaire particulière. Le principe de correspondance a été bien mis en évidence dans la cas de la prédiction des comportements sur base des attitudes (Weigel et Newman, 1974; Weigel *et al.*, 1976). Ainsi, Weigel, Vernon et Tognacci (1974) interrogent 113 personnes sur leur attitude à propos de l'environnement. Trois types de mesure sont utilisés. La première mesure est très peu spécifique et concerne l'intérêt général que portent les sujets à leur environnement. La seconde mesure est modérément spécifique et évalue l'attitude des sujets à propos de la conservation des ressources naturelles et du contrôle de la pollution. Quant à la troisième mesure, elle est très spécifique et évalue l'intérêt des sujets à participer aux activités d'un club écologique déterminé. Les mêmes sujets sont invités, par sa suite, à participer aux activités de ce club écologique. Le degré d'implication dans les activités du club est alors évalué selon une échelle allant du refus de participer à l'implication majeure. Les auteurs observent une corrélation de .16 entre la mesure d'attitude la moins spécifique et le critère comportemental. Par contre, la corrélation est de .60 entre la mesure d'attitude la plus spécifique et ce même critère de comportement. Les auteurs concluent que «un déterminant important de la congruence entre attitude et comportement semble être le degré de spécificité de la mesure d'attitude par rapport au critère comportemental utilisé» (Weigel et Newman, 1974, p. 728). Autrement dit, la qualité d'une prédiction dépend de la correspondance entre les niveaux de spécificité du prédicteur et du critère. Nous pensons que ce principe peut être généralisé au domaine cognitif. Les tests d'intelligence générale nous donnent une information très globale à propos des capacités des sujets. Les résultats à de tels tests ne nous permettent donc que des prédictions très générales. Si nous comparons les résultats aux tests à des critères de même niveau de généralité (par exemple, d'autres tests d'intelligence générale), nous observerons des corrélations élevées. Si, par contre, nous comparons ces mêmes résultats à des critères beaucoup plus spécifiques (par exemple, la lecture ou le calcul), nous obtiendrons forcément des corrélations nettement plus faibles. Selon le principe de correspondance, un test d'intelligence générale ne peut pas valablement prédire une performance cognitive particulière; il ne peut nous informer qu'à propos de la capacité d'un sujet à faire preuve d'intelligence en général. En ce sens, les corrélations mentionnées dans le tableau 1 sont tout à fait logiques.

2.2. LA VALIDITÉ CONCEPTUELLE («CONSTRUCT VALIDITY»)

2.2.1. Synthèse des recherches

2.2.1.1. Études françaises

«La validité conceptuelle d'un test est le degré auquel celui-ci mesure la construction théorique ou le trait pour la mesure duquel il a été créé.» (Allen et Yen, 1979, p. 108). Lorsqu'un psychologue crée un test, il s'appuie en effet sur une conception théorique de la réalité qu'il souhaite mesurer. Sur base de cette théorie, il peut faire un certain nombre de prédictions à propos des résultats qu'il pourra ImprimerImprime diverses situations. Si les résultats qu'i obtient sont conformes à sa prédiction, il aura apporté une pierre à l'édifice toujours inachevé que représente la validation conceptuelle. Par exemple, si nous construisons un test sur base de l'hypothèse que l'intelligence augmente avec l'âge, nous pouvons prédire que les résultats à ce test s'élèveront parallèlement à l'âge. Si les résultats recueillis sont conformes à cette prédiction, nous aurons validé notre test du point de vue conceptuel. Si ce n'est pas le cas, plusieurs conclusions sont possibles : ou les conditions expérimentales étaient imparfaites, ou la théorie est fausse, ou le test ne mesure pas le trait souhaité. La conformité des résultats aux prédictions ne garantit pas une validité totale et définitive. Ce n'est que par l'accumulation des résultats favorables que notre théorie, et le test qui en découle, acquerront une certaine légitimité.

Les informations concernant la validité conceptuelle du WISC-R français sont, une fois de plus, peu nombreuses. Le manuel renseigne les corrélations entre les résultats aux sous-tests et au Q.I. Global. Dans le cas présent, ces renseignements sont de peu d'intérêt dans la mesure où le WISC-R se veut explicitement un test composite. Il est par conséquent normal qu'il existe une certaine hétérogénéité entre les sous-tests, qui se reflète dans des coefficients de corrélation variables avec le Q.I. Global. Il n'y a donc pas lieu d'exclure de l'échelle les sous-tests ayant une corrélation plus faible avec le Q.I. Global.

La recherche de Dague (1982) sur la distribution des Q.I. dans la population d'étalonnage du WISC-R français se révèle plus intéressante. Dans les échelles de Wechsler, les différents Q.I. ont été construits pour présenter à tous les âges une distribution dont la moyenne est égale à 100 et l'écart-type est égal à 15. Nous devons donc nous attendre à trouver, à tous les âges, 68 % des sujets dans l'intervalle de 85 à 115 de Q.I. (ce qui est égal à + et - 1 écart-type autour de la moyenne). Nous devons également observer 16 % des sujets en-dessous de 85 et 16 % au-dessus. Dague constate que, pour l'ensemble des 1066 sujets de l'échantillon d'étalonnage, il n'y a pas de différences significatives, pour chacun des trois Q.I., entre les effectifs observés et les effectifs théoriques. La même observation peut être faite pour chaque tranche d'âge. Les quelques différences que l'on peut constater sont toutes non significatives. Dague a également vérifié si, pour les mêmes sujets, les moyennes et les écarts-types étaient conformes à ceux de la distribution modèle. Il observe que les moyennes ne diffèrent jamais significativement de 100 dans les trois Q.I. Par contre, il remarque que, dans quelques cas, les écarts-types diffèrent significativement de 15 : pour le Q.I.T., à 15 et 16 ans; pour le Q.I.V. à 7 ans; pour le Q.I.P., à 9 et à 16 ans. Mais, si elles sont significatives, ces différences ne sont pas majeures et ne remettent pas en cause les qualités métrologiques du test. Globalement, nous pouvons considérer que la distribution des résultats de l'échantillon d'étalonnage correspond bien aux caractéristiques de la distribution théorique. Ce constat met en évidence la qualité de l'étalonnage français et apporte, du même coup, une validation importante au WISC-R.

2.2.1.2. *Études américaines*

Nous avons vu dans le 1er chapitre que, du point de vue historique, la partition des échelles de Wechsler en « verbal » et « performance » était d'abord intuitive. Wechsler a en effet repris une distinction qui lui paraissait pertinente et qui avait été créée par Yerkes en 1917 avec les Army tests Alpha et Bêta. Ce n'est que plus tard que cette distinction a pu être argumentée, en particulier grâce au travaux de W.P. Alexander sur l'intelligence concrète et abstraite (1935). Mais il n'y a pas encore là de réelle preuve du bien fondé de la distinction entre « verbal » et « performance » au sein des échelles de Wechsler. De nombreux chercheurs ont donc tenté de valider cette hypothèse au moyen de l'analyse factorielle. Aux Etats-Unis, cette méthode a ainsi été appliquée à tous les résultats des échantillons d'étalonnage des différentes échelles de Wechsler (WISC, WISC-R, WAIS...). Elle a, dans la plupart des cas, permis de confirmer l'hypothèse de Wechsler.

En ce qui concerne plus particulièrement le WISC-R, plusieurs échantillons de sujets normaux et pathologiques ont été étudiés au moyen de différentes méthodes d'analyse factorielle. Ainsi, Kaufman (1975) a étudié la matrice de corrélations issue de l'échantillon d'étalonnage du WISC-R américain (2 200 sujets) à l'aide d'une analyse en axe principal suivie d'une rotation varimax pour 2, 3, 4 et 5 facteurs. Les facteurs sont ici orthogonaux et sont par conséquent indépendants. Kaufman a retenu comme meilleure solution celle avec 3 facteurs. Il nomme ceux-ci : « compréhension verbale », « organisation perceptive » et « attention » (freedom from distractability). Les deux premiers facteurs correspondent assez bien aux échelles Verbale et Performance. En effet, les épreuves de Vocabulaire, d'Information, de Compréhension et de Similitudes sont les plus saturées par le facteur « compréhension verbale ». Par contre, le facteur « organisation perceptive » sature le plus les épreuves de Cubes, d'Assemblage d'Objets et de Complètement d'Images. Quant au facteur « attention », il sature fortement les épreuves d'Arithmétique et de Code. Cette organisation factorielle apparaît comme particulièrement stable à tous les âges.

Kaufman (1975) a soumis les mêmes données à une seconde méthode d'analyse factorielle. L'analyse en axe principal est cette fois suivie d'une rotation oblique. Les facteurs sont à présent corrélés, ce qui permet l'apparition d'un facteur de second ordre, résultat de la factorisation des facteurs eux-mêmes. Kaufman constate que, comme pour la méthode varimax, la méthode oblique met en évidence, à chaque âge, une structure factorielle remarquablement semblable. Ici aussi, apparaissent les trois mêmes facteurs qu'avec la méthode varimax. De ces résultats, malgré l'émergence d'un troisième facteur, Kaufman conclut que les différentes analyses factorielles apportent « un important support empirique à la dichotomie de Wechsler entre Verbal et Performance » (1975, p. 142). Fort de cette validation, Kaufman (1979) a développé une méthode d'interprétation des résultats au WISC-R sur base des trois facteurs mis en évidence. Suivant cette méthode, l'interprétation du Q.I. Global perd de son importance au profit de l'analyse des aptitudes évaluées par chacun des facteurs.

Wallbrown, Blaha, Wallbrown et Engin (1975) ont également analysé les résultats de l'échantillon d'étalonnage du WISC-R américain mais en utilisant cette fois une méthode hiérarchique. Ces auteurs souhaitaient en effet respecter de la sorte le modèle de l'intelligence de P.E. Vernon dont nous avons déjà parlé dans le chapitre précédent. Rappelons que celui-ci propose une organisation hiérarchique des aptitudes humaines au sommet de laquelle se trouve le facteur g. Au niveau immédiatement inférieur, nous trouvons deux facteurs de groupe majeurs : le facteur v:ed (verbal-numérique-scolaire) et le facteur k:m (spatial-mécanique-pratique). Enfin, à un troisième niveau, se situent les facteurs de groupe mineurs. Selon Vernon, « la plus grande partie de la variance des aptitudes humaines dans la vie quotidienne est attribuable à g et à des facteurs hautement spécifiques [...], le rôle des facteurs de groupe plus étendus est assez peu important» (p. 33). Il évalue la variance de g à 40 % environ de la variance totale. Les facteurs de groupe majeurs détermineraient chacun 10 % de la variance. Les facteurs de groupe mineurs et les facteurs spécifiques détermineraient les 40 % de variance restant. Le paradigme structural de Vernon représente une assise théorique importante pour les échelles de Wechsler. On peut en effet supposer que le Q.I. total est une bonne mesure de g et que les Q.I. Verbal et Performance mesurent respectivement les facteurs v:ed et k:m. Une analyse factorielle, basée sur le modèle hiérarchique, devrait nous permettre de vérifier cette hypothèse. La probabilité d'une confirmation est d'autant plus grande que l'échantillon analysé est constitué de sujets non sélectionnés. C'est dans ce cas, dit Vernon, que le facteur g et les facteurs de groupe majeurs apparaissent le plus clairement. Par contre, les facteurs de groupe mineurs n'apparaissent en général que lorsque l'échantillon est assez homogène.

Une méthode d'analyse factorielle respectant le modèle hiérarchique a été créée en 1959 par R.J. Wherry[1]. Un avantage important de la méthode de Wherry est de maintenir l'orthogonalité entre les facteurs quelle que soit leur position dans la hiérarchie. Ainsi, il est aisé de calculer la proportion de la variance que détermine un facteur pour une épreuve donnée. Les problèmes d'interprétation découlant de l'utilisation de facteurs obliques sont évités.

Grâce à cette méthode d'analyse factorielle, Wallbrown, Blaha, Wallbrown et Engin ont pu montrer que les résultats de l'échantillon d'étalonnage du WISC-R étaient en accord avec le modèle de Vernon. Une organisation hiérarchique des facteurs apparaît en effet nettement. Au sommet de la hiérarchie, on observe un important facteur général. Au second niveau, deux facteurs sont mis en évidence : un facteur qui sature fortement les sous-tests verbaux et un facteur qui sature tout aussi fortement les sous-tests de performance. Vu les épreuves qu'ils saturent, les auteurs conviennent d'appeler v:ed le premier facteur et k:m le second. Une telle structure factorielle est constatée à tous les niveaux d'âge. Sur cette base, les auteurs ont calculé la partition de la variance pour l'ensemble de l'échantillon. Ils remarquent que le facteur g détermine environ 36 % de la variance totale au WISC-R. Le facteur v:ed détermine, lui, 6 % de cette variance totale et le facteur k:m en détermine 5 %. Ces valeurs vont dans le sens de celles postulées par Vernon. Les auteurs en concluent que leur étude apporte une substantielle validation conceptuelle à la structure du WISC-R.

Les résultats de nombreux échantillons homogènes ont été analysés par la même méthode (dyslexiques, retardés mentaux...). Blaha et Wallbrown (1984) en ont fait une intéressante recension. Ils constatent que, comme on pouvait s'y attendre, des facteurs de groupe mineurs apparaissent dans la plupart des cas. S'appuyant sur cette observation, ils proposent une structure factorielle hiérarchique du WISC-R plus détaillée (fig. 2). Notons que les auteurs n'ont pas voulu trancher à propos du facteur Quasi Spécifique (Q.S.), d'où son nom. Sur base des données actuelles, on peut toutefois supposer qu'il s'agit d'une aptitude séquentielle, c'est-à-dire d'une capacité à organiser une suite coordonnée de comportements[2]. Cette organisation structurale se révèle extrêmement intéressante pour le clinicien. D'une part, elle l'informe sur la nature des épreuves. D'autre part, elle lui fournit un schéma d'interprétation sous forme de niveaux d'analyse allant du général au particulier.

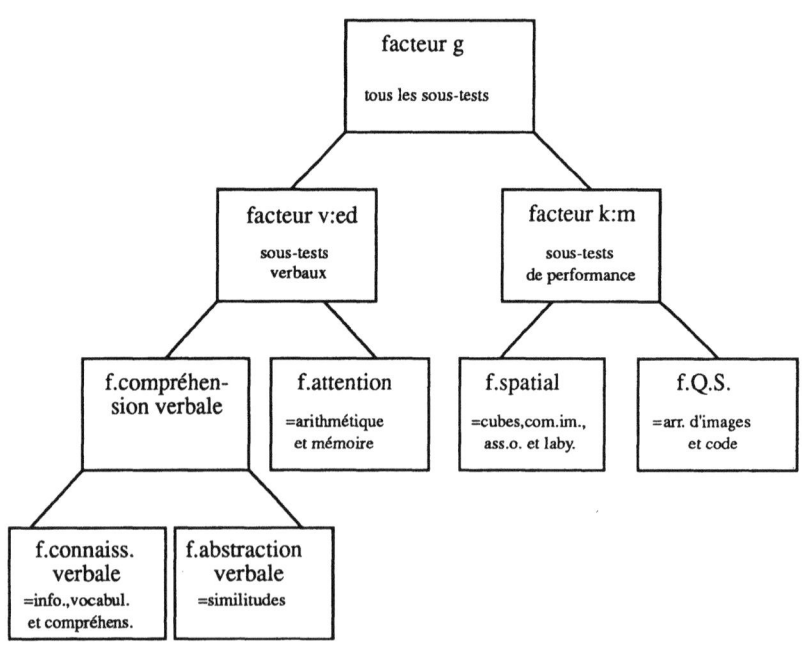

Figure 2. — *Structure factorielle hiérarchique du WISC-R* (d'après Blaha *et al.*, 1984).
Note : f. Q.S. désigne le facteur appelé «quasi-spécifique» par Blaha et Wallbrown.

2.2.2. Une analyse factorielle hiérarchique de l'adaptation française du WISC-R

2.2.2.1. Choix d'une méthode d'analyse factorielle

Les seules analyses factorielles dont nous ayons parlé jusqu'à présent ont été réalisées à partir du WISC-R américain. Pour ce qui concerne l'adaptation française du WISC-R, aucune analyse factorielle des données d'étalonnage n'a été réalisée à ce jour. Il nous est apparu important de combler cette lacune. Notre objectif est d'apporter une validation à la structure proposée par Wechsler (échelle Globale, échelle Verbale, échelle de Performance) et d'assurer ainsi aux cliniciens un cadre interprétatif solide. En effet, si les données d'étalonnage sont en accord avec le modèle de Wechsler, l'interprétation classique des résultats, basées sur les trois Q.I., sera du même coup légitimée. Si ce n'est pas le cas, des regroupements d'épreuves plus pertinents devront être proposés, ouvrant la voie à une nouvelle démarche interprétative.

Pour atteindre notre objectif, il nous faut choisir une méthode d'analyse factorielle. Or ce choix n'est pas neutre. Des résultats différents peuvent être obtenus à partir des mêmes données en appliquant des méthodes différentes, et ceci en étant mathématiquement rigoureux dans tous les cas. Au-delà des considérations pratiques (par exemple, l'accès à un programme informatique), c'est le modèle du fonctionnement intellectuel qui doit guider notre choix. Pour cette raison, nous émettons des réserves à propos des deux méthodes utilisées par Kaufman (1975), à savoir la rotation varimax et la rotation oblique. En effet, ces méthodes ne situent pas le facteur g à sa juste place : l'une l'escamote purement et simplement, l'autre le considère comme un résidu inévitable mais peu désiré. Avec la rotation varimax, les facteurs sont mutuellement indépendants ce qui fait perdre toute légitimité au calcul du Q.I. Total[3]. Les facteurs n'ayant théoriquement rien en commun, il n'y a en effet aucun sens à vouloir calculer une note commune. Par contre, lorsque l'on utilise la rotation oblique, il est permis d'évaluer un niveau global d'efficience car les différents facteurs sont corrélés et il existe donc une certaine communauté entre toutes les épreuves. Toutefois, l'utilisation de facteurs obliques complexifie nettement la structure d'ensemble. L'interprétation des corrélations se révèle dès lors délicate. De plus, l'accent reste mis sur les aptitudes qui forment le premier niveau d'interprétation. Le facteur de second ordre, souvent appelé facteur g, tend lui à être négligé, d'autant plus que sa nature pose problème à beaucoup d'auteurs.

Pour notre part, nous désirons que la méthode d'analyse factorielle permette réellement de valider l'organisation hiérarchique du WISC-R. Choisir une des deux méthodes que nous venons de critiquer, conduit d'emblée à mettre de côté le Q.I. Total et à concentrer son attention sur les deux sous-échelles. Nous ne jugeons pas correcte cette démarche de validation. Pour cette raison, nous avons préféré utiliser la méthode d'analyse hiérarchique de R.J. Wherry (1983) qui, seule, permet de mettre à l'épreuve la structure proposée par Wechsler. De plus, nous avons de réelles affinités théoriques avec les modèles hiérarchiques du fonctionnement cognitif, à commencer par celui de Vernon jusqu'à celui, beaucoup plus récent, de Gustafsson (1984) Nous croyons en effet que ces modèles correspondent le mieux à l'organisation effective des fonctions cognitives. Nous pensons qu'il est cohérent d'attendre que les résultats au WISC-R soutiennent avec succès la confrontation à de tels modèles.

2.2.2.2. Les saturations factorielles

Pour réaliser l'analyse factorielle hiérachique, nous avons utilisé les données publiées dans le manuel du WISC-R (Wechsler, 1981). Les corrélations entre les 12 sous-tests y sont rapportées pour 11 groupes d'âge[4].

Une première observation des résultats, et en particulier des saturations moyennes pour l'ensemble des groupes d'âge (figures 3, 4 et 5)[5], permet de constater que notre hypothèse de départ se vérifie. En effet, il y a bien compatibilité entre les corrélations inter-épreuves et les exigences du modèle. Un facteur commun sature positivement et significativement toutes les épreuves. Tous les sous-tests verbaux sont clairement saturés par un des facteurs secondaires alors que les sous-tests de performance ne sont quasi pas saturés par ce facteur. De même, les épreuves de performance sont nettement saturées par le deuxième facteur secondaire, lequel ne sature quasi pas les épreuves verbales. Ainsi, l'organisation du WISC-R en échelle Globale, échelle Verbale et échelle de Performance est congruente avec le modèle hiérarchique de Vernon. Elle trouve ici une évidente source de validation. Ce premier aperçu d'ensemble doit à présent être analysé et nuancé. Pour ce faire, nous allons considérer tour à tour les tableaux de saturation de chaque facteur.

La figure 3 reprend les saturations du facteur de premier ordre. Il nous paraît légitime d'appeler celui-ci « g ». En effet, « g » représente l'intersection entre toutes les épreuves d'évaluation de l'intelligence. Or tous les sous-tests du WISC-R sont saturés par le facteur de premier ordre et ceci à tous les âges. Toutefois, si tous les sous-tests sont bien

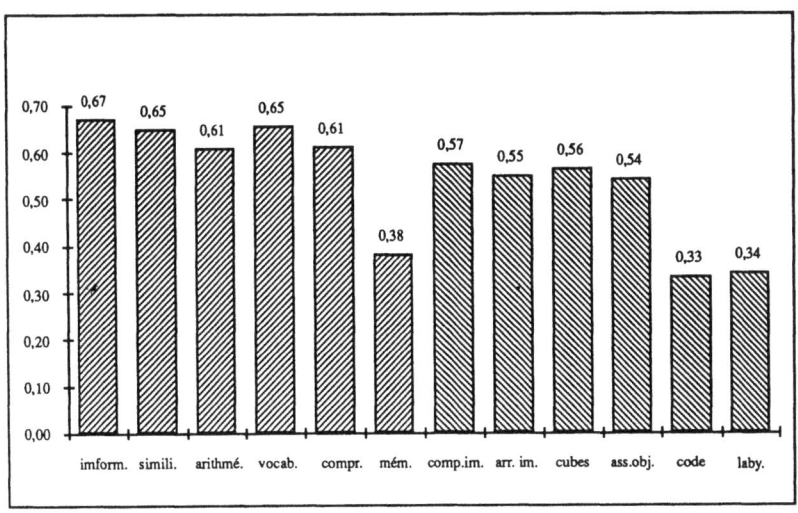

Figure 3. — *Moyennes des saturations du facteur g.*

des mesures de l'intelligence globale, des variations non négligeables existent entre eux. Si nous observons les saturations moyennes, nous constatons que les épreuves verbales sont dans l'ensemble de meilleures mesures de «g» que les épreuves de performance. Et au sein de l'échelle

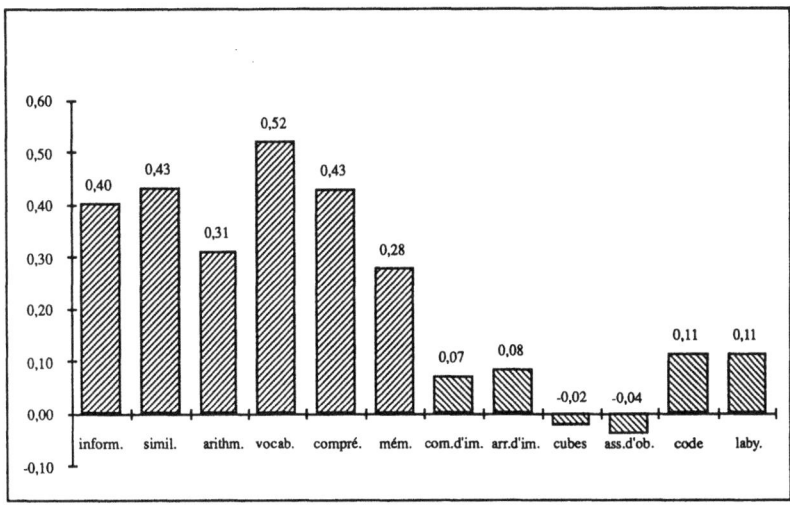

Figure 4. — *Moyennes des saturations du facteur v:ed.*

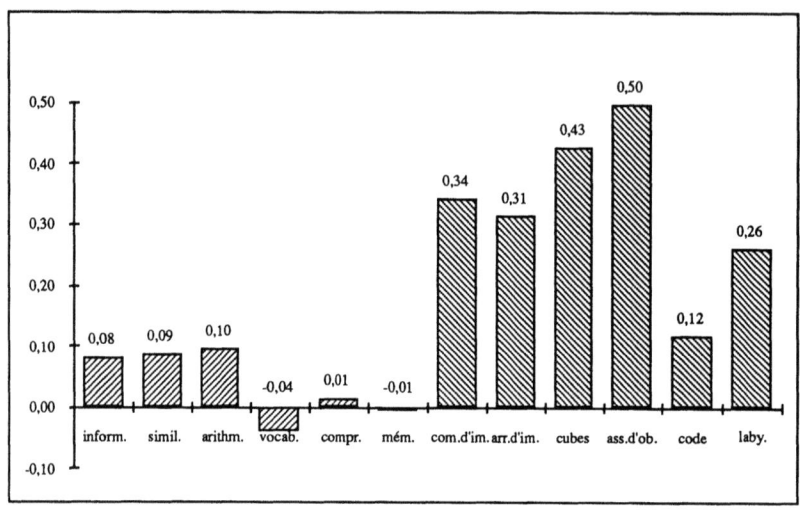

Figure 5. — *Moyennes des saturations du facteur k:m.*

Verbale, « information », « similitudes » et « vocabulaire » évaluent le mieux « g ». Ces épreuves sont suivies de près par « arithmétique » et « compréhension ». Par contre, « mémoire » est une mesure assez médiocre de « g ». Soulignons qu'une hiérarchie identique a été trouvée pour les épreuves verbales du WISC-R américain (Wallbrown *et al.*, 1975). Au sein de l'échelle de Performance, les meilleures mesures de « g » sont : « complètement d'images », « arrangement d'images » et « cubes ». A l'opposé, « code » et « labyrinthes » en sont de faibles mesures. Par rapport au WISC-R américain, nous obtenons une hiérarchie moins marquée ; en particulier, l'épreuve des Cubes ne se détache pas par sa saturation en « g » (dans la version américaine, sa saturation moyenne est de .70).

Dans l'ensemble, l'importance des saturations du facteur g reste assez stable au travers des 11 groupes d'âge. Certaines saturations aberrantes apparaissent ci et là (par exemple .33 pour l'épreuve d'arithmétique à 11 ans 1/2 ou .19 pour l'épreuve de mémoire à 13 ans 1/2). Ces saturations sont isolées et n'ont aucune signification génétique. Elles nous semblent pouvoir être interprétées en termes d'erreur d'échantillonnage et/ou de mesure. L'hypothèse[6] d'une différenciation des aptitudes avec l'âge et donc d'une diminution des procédures générales d'adaptation au profit des procédures spécifiques n'est pas vérifiée par nos résultats. Au contraire, pour certaines épreuves (Similitudes et Vocabulaire), les saturations en «g» semblent augmenter avec l'âge. Cette observation plaide plutôt en faveur des positions de Anh Nguyen Xuan (1969)[7] pour qui un facteur général intégrateur prendrait une importance grandissante avec l'âge.

Considérons à présent les deux facteurs de groupe. Nous observons qu'ils ne se recouvrent pratiquement pas : les épreuves fortement saturées par l'un ne le sont quasi pas par l'autre. Ils semblent donc représenter deux domaines bien distincts du fonctionnement cognitif. Il est remarquable de constater que la partition factorielle se superpose quasi parfaitement à la partition entre «verbal» et «performance» au sein de l'échelle. Il est par conséquent correct d'appeler v:ed le facteur saturant les épreuves verbales et k:m le facteur saturant les épreuves de performance.

Vernon considère que le facteur v:ed est une résultante de l'éducation. Blaha *et al.* (1974) suggèrent que ce facteur inclut non seulement les aptitudes verbales et l'information générale mais aussi l'application de celles-ci à la résolution de nouveaux problèmes. Sur la figure 4, nous constatons que la meilleure mesure de «v:ed» est sans conteste l'épreuve de Vocabulaire. Suivent «similitudes», «compréhension» et «information». «Arithmétique» et «mémoire» sont des mesures nettement plus modestes de «v:ed». Cette constatation n'est pas étonnante. Elle a été également faite à propos du WISC-R américain et ceci quelque soit la méthode d'analyse factorielle (Kaufman, 1975 et Wallbrown *et al.*, 1975). Il ne nous paraît pas y avoir d'évolution significative quant à l'importance du facteur v:ed avec l'âge. Les quelques résultats discordants semblent devoir être interprétés comme découlant d'erreurs diverses.

Vernon (1952, p. 39) juge que le facteur k:m est plus hétérogène et moins unifié que le facteur v:ed. Selon lui, il s'agit moins d'une aptitude pratique positive que d'un ensemble de capacités ordinairement peu affectées par la scolarité primaire. Ainsi, bien que des aptitudes perceptives et d'analyse de l'espace interviennent d'évidence dans les épreuves saturées par ce facteur, la nature de ce dernier n'est pas entièrement clarifiée. Il faut donc se garder de simplement identifier «k:m» et aptitude spatiale. Sur la figure 5, nous pouvons observer que l'épreuve d'Assemblage d'Objets est la plus saturée par le facteur k:m et en est donc la meilleure mesure. Elle est suivie en cela par l'épreuve des Cubes. «Complètement d'images» et «arrangement d'images» sont des mesures plus modestes du facteur k:m. L'épreuve des Labyrinthes demande quant à elle quelques commentaires. Sa faible saturation par «k:m» (.26) peut en effet surprendre. On peut penser que diverses erreurs ont affecté les résultats de cette épreuve. En effet, les saturations obtenues aux différents âges fluctuent de façon inattendue et, en apparence, non signifiante. Toutefois, nous notons que Wallbrown *et al.* (1975) obtiennent une saturation très voisine avec les données d'étalonnage du WISC-R américain. On peut donc supposer que les Labyrinthes mesureraient pour une part importante de leur variance un facteur spécifique (ou de groupe mineur). Peut-être s'agit-il de l'attention ou du contrôle moteur. Mais cela, seules des recherches plus spécifiques pourraient nous l'apprendre avec certitude. La saturation négligeable de l'épreuve de Code par le facteur k:m est moins étonnante. En effet, l'utilisation de méthodes non hiérarchiques d'analyse factorielle fait d'habitude apparaître un troisième facteur, lequel sature fortement l'épreuve de Code. Plusieurs auteurs s'accordent à interpréter ce facteur en termes de contrôle de l'attention (Cohen, 1959; Glasser et Zimmerman, 1967; Kaufman, 1975).

2.2.2.3. *Partition de la variance*

Nous avons souligné plus haut qu'un des avantages de la méthode de R.J. Wherry est de maintenir l'orthogonalité entre les facteurs quelque soit leur position dans la hiérarchie. Il est ainsi aisé de calculer quelle proportion de la variance d'un sous-test est expliquée par un facteur donné. Cette proportion est en effet égale au carré de la saturation du sous-test par le facteur considéré. Pour connaître la proportion de la variance du Q.I. global déterminée par chacun des facteurs, nous avons, pour chaque âge et pour chaque facteur, calculé la moyenne des carrés des saturations des douze sous-tests.

Dans le tableau 2, sont reportés les% de la variance du Q.I. global expliqués par chacun des trois facteurs, et ceci pour chaque groupe d'âge. Nous avons également inclus dans ce tableau le% de communauté (h^2). Celui-ci est égal à la somme des pourcentages de variance expliqués par les trois facteurs. Nous constatons qu'en moyenne, 31% du résultat global au WISC-R est expliqué par le facteur g, 8% l'est par le facteur v:ed et 6% l'est par le facteur k:m. Le reste de la variance, en l'occurrence 55%, est expliqué par des facteurs de groupe mineurs, par des facteurs spécifiques et par l'erreur de mesure.

Ces valeurs vont dans le sens de celles proposées par Vernon pour l'ensemble des aptitudes humaines. Autrement dit, nous pouvons affirmer que le WISC-R englobe un échantillon représentatif de cet ensemble d'aptitudes. Ceci constitue une validation supplémentaire du test. Toutefois, cette partition de la variance n'apparaît qu'avec des groupes non sélectionnés. Nous avons vu plus haut qu'avec des groupes sélectionnés (dans ce cas particulier, des sujets présentant des difficultés d'apprentissage), la partition est parfois toute autre. Des facteurs de groupe mineurs ont alors tendance à apparaître. Ceci est assez logique car les sujets souffrant de troubles d'apprentissage se caractérisent souvent par un manque d'intégration et une dysharmonie importante de leurs processus cognitifs.

Tableau 2. — *Partition de la variance.*

Groupes d'âge	g	v:ed	k:m	h2
6,5	0,26	0,08	0,07	0,41
7,5	0,28	0,07	0,05	0,40
8,5	0,34	0,08	0,07	0,49
9,5	0,29	0,07	0,06	0,42
10,5	0,29	0,09	0,06	0,44
11,5	0,29	0,10	0,08	0,47
12,5	0,31	0,07	0,06	0,44
13,5	0,25	0,10	0,09	0,44
14,5	0,33	0,08	0,06	0,47
15,5	0,36	0,08	0,05	0,49
16,5	0,40	0,04	0,06	0,50
Moyenne	0,31	0,08	0,06	0,45

La validation du WISC-R apportée par notre analyse est importante pour le clinicien. Elle légitime en effet l'utilisation du Q.I. Total, du Q.I. Verbal et du Q.I. de Performance. Ceux-ci représentent donc des mesures correctes de grandes dimensions du fonctionnement cognitif humain. Cependant, cette constatation ne permet pas au clinicien de commenter les résultats du test de façon automatique et stéréotypée. En effet, les résultats que nous avons obtenus proviennent des performances d'un ensemble de sujets *a priori* normaux. Ils ne nous permettent pas de prévoir comment fonctionnera tel sujet particulier. Celui-ci sera peut-être proche du fonctionnement modèle mais il pourra aussi s'en écarter plus ou moins fortement. Cette dernière éventualité est d'autant plus probable que nous avons affaire à des sujets plus perturbés. Nous avons vu plus haut que les analyses factorielles de résultats d'enfants souffrants de perturbations cognitives mettaient en évidence un poids plus important des facteurs de groupe majeurs et mineurs.

2.3. LA FIABILITÉ

2.3.1. Les recherches américaines

Nous avons choisi d'utiliser le terme de fiabilité plutôt que celui de fidélité, pourtant plus courant dans les manuels de tests français. Ce dernier terme a en effet l'inconvénient d'évoquer uniquement l'idée de stabilité de la mesure dans le temps. La fiabilité[8] est une notion beaucoup plus large. Nous pouvons définir la fiabilité d'un ensemble de mesures obtenues grâce à un test comme étant la proportion de la variance totale de ces mesures qui est égale à la variance vraie. Aucun test n'est parfaitement fiable. Autrement dit, un test ne peut nous donner la valeur vraie d'une aptitude ou d'un trait mais seulement une valeur entachée d'erreur. Tous les facteurs qui influencent les résultats d'un test et qui n'ont rien à voir avec l'objectif fondamental de ce test, représentent des sources d'erreur de mesure. Par conséquent, la variance observée d'un ensemble de résultats est toujours égale à la somme de la variance vraie et de la variance due à l'erreur. Les diverses méthodes permettant d'obtenir un coefficient de fiabilité visent toutes à évaluer quelle proportion de la variance totale est due à l'erreur. Aucune de ces méthodes n'est parfaite, au sens où elle nous donnerait une information indiscutable et définitive. Souvent, le choix de la méthode dépend du type de test et du temps que veut y consacrer le psychométricien.

Bien entendu, les informations à propos du WISC-R américain sont plus nombreuses que celles à propos de son homologue français. Nous allons brièvement les passer en revue. Le manuel américain renseigne les coefficients de fiabilité, calculés selon la méthode split-half[9], pour les trois Q.I et pour chaque sous-épreuve. Pour les 11 groupes d'âge de l'échantillon d'étalonnage, le coefficient de fiabilité est de .96 pour le Q.I. Total, de .94 pour le Q.I. Verbal et de .90 pour le Q.I. de Performance. Pour les sous-tests de l'échelle Verbale, les coefficients varient de .77 à .86, avec une moyenne de .80. Pour les sous-tests de l'échelle de Performance, les coefficients vont de .70 à .85, avec une moyenne égale à .72. Toutes ces valeurs sont très satisfaisantes, en particulier celles concernant les quotients intellectuels.

Le manuel mentionne également des coefficients de fiabilité calculés selon la méthode test/retest. Trois cent trente enfants appartenant à trois groupes d'âge de l'échantillon ont été réévalués à un mois d'intervalle. Le coefficient de fiabilité est de .95 pour le Q.I. Total, .93 pour le Q.I. Verbal et .90 pour le Q.I. de Performance. D'une évaluation à l'autre, on observe une augmentation des quotients due vraisemblablement à l'apprentissage. A la seconde évaluation, les sujets gagnent, en moyenne, 7 points au Q.I.Total, 4 points au Q.I. Verbal et 10 points au Q.I. de Performance. Les gains dus à l'apprentissage découlent de la brièveté de l'intervalle entre les deux applications du test. Lorsque l'intervalle est plus grand, les gains sont généralement moindres. Ainsi, Naglieri et Pfeiffer (1983) constatent, sur un groupe d'enfant ayant un Q.I. inférieur à la moyenne, que les trois Q.I. évoluent de moins de trois points sur une période de 2 ans. Haynes et Howard (1986) font la même constatation à partir des résultats de jeunes délinquants testés, eux aussi, à deux ans d'intervalle.

Le coefficient de fiabilité est une information générale sur la confiance à accorder aux mesures d'un test donné. Pour le clinicien, il est cependant souvent plus utile de connaître l'erreur standard de mesure qui est une valeur dérivée du coefficient de fiabilité. L'erreur standard nous informe en effet au sujet de l'approximation d'une mesure quelconque. Elle permet d'évaluer dans quel intervalle autour de la note obtenue se trouve la note vraie du sujet. La grandeur de l'intervalle que nous allons construire à partir de l'erreur standard de mesure dépend du risque d'erreur que nous sommes prêts à accepter. On s'accorde généralement pour considérer qu'un intervalle de confiance incluant 90 % des résultats possibles est approprié pour la plupart des évaluations (Kaufman, 1979, p. 21). Le manuel américain renseigne que l'erreur standard de mesure est de 3.19 pour le Q.I. Total, de 3.60 pour le Q.I Verbal et de 4.66 pour le Q.I. de Performance. Si l'on exige un niveau de confiance de 90%, ces chiffres nous permettent de calculer que, lors d'une passation quelconque du WISC-R, le véritable Q.I. Total du sujet se trouvera dans l'intervalle de + et - 5 points autour de la valeur obtenue. Pour le Q.I. Verbal, l'intervalle sera de + et - 6 points et, pour le Q.I. de Performance, il sera de + et - 8 points (Kaufman, 1979, p. 20 et p. 24). Sur base des erreurs standard de mesure du Q.I. Verbal et du Q.I. de Performance, nous pouvons également déterminer la valeur à partir de laquelle la différence entre ces deux quotients sera significative. Il faudra ainsi 12 points de différence pour que celle-ci puisse être considérée comme significative au seuil de .05 (et 15 points au seuil de .01).

2.3.2. Valeurs pour le WISC-R français

Les coefficients de fiabilité pour les trois Q.I. et chacune des épreuves ont été calculés selon la méthode split-half (pair-impair) et corrigés par la formule de Spearman-Brown. Ces calculs ont été réalisés à partir des résultats de 40 sujets pris au hasard dans chaque groupe d'âge (20 garçons et 20 filles). Les coefficients moyens pour les 11 groupes d'âge sont de .94 pour le Q.I. Total, de .94 pour le Q.I. Verbal et de .90 pour le Q.I. de Performance. Les coefficients de fiabilité des différentes épreuves vont, pour l'échelle Verbale, de .74 à .86 avec une moyenne de .80 et, pour l'échelle de Performance, de 59 à .84 avec une moyenne de .73. Nous devons noter que les coefficients des épreuves de Code et de Mémoire n'ont pu être calculés selon la méthode split-half, la première étant une épreuve de vitesse et la seconde étant constituée de deux sous-tests distincts. Pour ces épreuves les coefficients ont été évalués selon la méthode test/retest.

Dans l'ensemble, toutes ces valeurs sont très proches de celles du WISC-R américain et sont tout aussi satisfaisantes. Les trois Q.I., en particulier, atteignent des niveaux de fiabilité peu souvent rencontrés dans les tests francophones. Malheureusement, hormis les coefficients que nous venons de citer, nous n'avons pas d'autres informations à propos de la fiabilité de l'adaptation française du WISC-R.

En plus des coefficients de fiabilité, le manuel français renseigne, pour chaque groupe d'âge, l'erreur standard de mesure de chaque épreuve et de chaque Q.I. Sur base des valeurs calculées pour les 11 groupes d'âge, l'erreur standard de mesure est, en moyenne, de 3.56 pour le Q.I. Total, de 3.67 pour le Q.I. Verbal et de 4.74 pour le Q.I. de Performance. Désirant un niveau de confiance de 90 %, nous avons calculé [10], à partir de ces valeurs, un intervalle de confiance autour de chacun des trois quotients. Pour le Q.I.Total, cet intervalle est de + et - 6 points autour de la note obtenue. Pour le Q.I. Verbal, l'intervalle est aussi de + et - 6 points; tandis que pour le Q.I. de Performance, il est de + et - 8 points. Ces trois valeurs sont des références importantes pour l'évaluation car elles permettent de nuancer les résultats. Si par exemple, un sujet a obtenu un Q.I.Total de 96, nous pouvons affirmer que son véritable niveau se situe en fait dans l'intervalle de 90 à 102. Autrement dit, la note obtenue n'est qu'un des résultats que le sujet aurait pu obtenir lors d'une passation quelconque du test. Tenant compte de cette incertitude, il est plus correct de le situer dans une zone de Q.I. plutôt que de lui attribuer une valeur précise.

Une autre valeur importante pour l'évaluation est la différence significative entre le Q.I.Verbal et le Q.I. de Performance. Au seuil de .05, elle doit être de 12 points pour que nous la considérions comme significative. Une différence inférieure à cette valeur doit être considérée comme résultant de fluctuations aléatoires de nos mesures. Elle n'a, dans ce cas, aucune signification psychologique.

Nous reviendrons plus loin, dans les chapitres 5 et 6, sur ces différentes valeurs. Elles sont en effet la base de toute interprétation sérieuse des résultats au WISC-R.

2.4. LA SENSIBILITÉ

La sensibilité d'un test représente sa finesse discriminative, c'est à dire sa capacité à différencier les sujets entre eux. La sensibilité dépend en partie de la graduation des normes choisie par le constructeur. Celui-ci peut considérer qu'une discrimination fine n'est pas nécessaire et exprimer par conséquent les normes en quartiles ou en stanine. Il peut au contraire vouloir distinguer les sujets avec plus de précision. Il choisira alors d'exprimer les normes en centiles ou en T-scores, par exemple. Dans le cas du WISC-R, les normes des trois quotients sont présentés sous forme d'une échelle continue de moyenne 100 et d'écart-type 15. Les normes aux sous-tests sont, elles, exprimées sous la forme d'une échelle normalisée en 19 classes de moyenne 10 et d'écart-type 3. En théorie, le WISC-R permet une discrimination assez fine surtout au niveau des quotients intellectuels où l'on dispose d'une gradation continue de 45 à 155.

En pratique, le WISC-R, comme beaucoup d'autres tests, est relativement peu sensible aux deux extrémités des échelles de Q.I. En effet, ce test se veut avant tout «généraliste», adapté à l'évaluation des sujets tant normaux que débiles ou doués. Pour ne pas alourdir les épreuves, le constructeur a surtout inclus des items permettant d'évaluer des sujets se situant dans l'intervalle de + et - 2 écarts-types autour de la moyenne (ce qui équivaut à des quotients allant de 70 à 130). Les items permettant d'évaluer les sujets situés à l'extérieur de cet intervalle sont proportionnellement moins nombreux. En d'autres termes, les sujets peu doués ou très doués sont discriminés sur un petit nombre d'items ce qui diminue la précision de la mesure. Ceci est particulièrement gênant pour l'évaluation des handicapés mentaux, surtout si ils sont jeunes. Plusieurs sous-tests apparaissent alors comme trop difficiles, n'incluant aucun item susceptible d'être réussi par ces sujets. Cette situation conduit, dans certains cas, à attribuer une note standard de 5 à des sujets n'ayant réussi aucun item [11]. Autrement dit, nous sommes alors amené à regrouper sur une même note un grand nombre de sujets que nous sommes incapable de discriminer. Nous pensons que ceci représente une des limites les plus importantes du WISC-R. Le clinicien devra garder à l'esprit que plus l'intelligence d'un sujet est faible (surtout si le Q.I. se situe en dessous de 60), plus son évaluation au moyen du WISC-R est grossière.

2.5. L'ÉTALONNAGE

2.5.1. L'échantillon de référence

L'étalonnage du WISC-R est particulièrement soigné. Il a été réalisé sur un échantillon de 1066 sujets âgés de 6 ans 1/2 à 16 ans 1/2. Cet échantillon est représentatif de la population française du point de vue du sexe, de la catégorie socio-professionnelle du père, de la répartition géographique et de la scolarisation. Les sujets d'origine étrangère, susceptibles de ne pas maîtriser la langue française, ont été éliminés de l'échantillon.

Les sujets sont répartis en onze groupes d'âge. Chaque groupe comprend 100 sujets jusqu'à 11 ans 1/2, un peu moins pour les tranches d'âge plus élevées. Chaque sujet a été testé dans l'intervalle de + et - 6 semaines autour de son âge et demi. Par exemple, pour le niveau de 8 ans, tous les enfants ont été testé lorsqu'ils se trouvaient dans l'intervalle de 8 ans 4 mois 15 jours à 8 ans 7 mois 15 jours.

Du point de vue de la scolarité, on a tenu compte, dans l'enseignement primaire, du pourcentage d'enfants ayant 1 an d'avance et du pourcentage d'enfants ayant redoublé une ou deux années. On n'a toutefois pas inclus, dans l'échantillon, d'enfants fréquentant les classes spéciales. Dans l'enseignement secondaire, l'échantillon apparaît plus représentatif puisqu'il comporte des sujets en avance et en retard mais aussi des sujets fréquentant des «filières aménagées». Pour la période primaire, l'absence d'enfants de classes spéciales a pour conséquence d'élever le niveau moyen de chacun des âges concernés. Pour ces âges, les normes du test apparaissent donc un peu plus sévères. Hormis cette dernière remarque, nous devons reconnaître que l'échantillon d'étalonnage du WISC-R est d'une qualité que ne peut revendiquer aucun autre test d'intelligence récent en langue française.

2.5.2. Les procédures de passation et de cotation

Tester, c'est toujours comparer. Pour que cette comparaison soit valide, il est impératif que toute passation du test se fasse dans des conditions standardisées. De ce point de vue, le WISC-R apparaît comme un test très satisfaisant, qu'il s'agisse du matériel, des procédures de passation et de cotation.

Toutefois, les critères de cotation de certaines épreuves n'empêchent pas toujours la subjectivité du psychologue de biaiser l'évaluation. C'est le cas plus spécialement pour les épreuves de Compréhension, de Similitudes et de Vocabulaire. Pour celles-ci, le manuel renseigne des critères permettant d'attribuer aux diverses réponses 0, 1 ou 2 points. Ces critères, bien qu'assez précis, n'envisagent évidemment pas tous les cas possibles. Il arrive que le psychologue ait à trancher quant à la valeur de telle ou telle réponse. Sattler et ses collaborateurs ont montré, dans différentes expériences, que l'effet halo pouvait alors jouer un grand rôle. Dans l'une de ces expériences (Sattler et al., 1970), les auteurs construisent des protocoles fictifs pour l'échelle verbale de la WAIS. Un des protocoles est construit pour que le Q.I. Verbal soit approximativement égal à 130. L'autre protocole est construit afin que ce même Q.I. soit approximativement égal à 90. Dans les deux protocoles, les 13 mêmes réponses ambiguës sont introduites dans les épreuves de Vocabulaire, de Compréhension et de Similitudes. Des psychologues formés sont alors invités à coter ces protocoles. Les auteurs constatent que le protocole au Q.I. supérieur reçoit significativement plus de crédits que le protocole au Q.I. inférieur.

Une autre expérience intéressante a été menée par Sattler et ses collaborateurs (1978) avec le WISC-R. Sur base de 1 886 protocoles, les auteurs retiennent 726 réponses aux épreuves de Similitudes, de Compréhension et de Vocabulaire qui ne figurent pas explicitement dans le manuel. Ils demandent ensuite à deux groupes de psychologues de coter ces réponses. Le premier groupe est constitué de 62 psychologues expérimentés, ayant déjà coté un grand nombre de protocoles de WISC-R. Le second groupe est, lui, constitué d'étudiants en psychologie n'ayant quasi aucune expérience du WISC-R. Les auteurs constatent que les cotations des 110 psychologues ne concordent que pour 13 % des réponses. Un accord de 80 % des psychologues n'est trouvé que pour 40 % des réponses. Ils observent que le niveau de concordance est plus élevé pour les épreuves de Similitudes et de Compréhension que pour l'épreuve de Vocabulaire. Mais, leur constatation la plus étonnante est que l'accord n'est pas plus élevé entre les psychologues expérimentés qu'entre les étudiants en psychologie. Cela signifie que la précision de la cotation est moins question d'expérience que de qualité des informations du manuel. Les auteurs soulignent qu'il ne faut pas pour autant conclure que le WISC-R n'est pas un instrument fiable. Il est en effet hautement improbable qu'un protocole ne soit constitué que de réponses atypiques ou ambiguës. Le plus souvent, il n'y a que quelques items par protocole qui posent des problèmes de cotation. Leur poids dans le résultats total n'est donc, dans la plupart des cas, guère important.

Pour éviter de tels biais, faut-il dès lors plus de précision dans les manuels à propos de la cotation ? Sans doute. Mais la standardisation n'est pas du seul ressort des constructeurs de tests. Elle est également de la responsabilité du psychologue. Une expérience très révélatrice à ce sujet a été menée par Miller et Chansky (1972). Ceux-ci demandent à 64 psychologues chevronnés de coter le même protocole. Ils constatent avec étonnement que les Q.I. calculés pour cet unique protocole varient de 78 à 95. Autrement dit, en l'absence de tout contact avec le sujet et en utilisant des principes de cotation bien codifiés, les psychologues situent le Q.I.Total d'un niveau limite à un niveau normal. Le plus surprenant est que cette variété de résultats provient en partie d'erreurs de notations et de calculs. Dans ces conditions, le meilleur des manuels n'est pas encore une garantie de rigueur de l'évaluation.

CONCLUSION

Le présent chapitre a permis de mettre en évidence les qualités psychométriques indéniables du WISC-R, qu'il s'agisse de sa validité, de sa fiabilité, de sa sensibilité ou de son étalonnage.

Toutefois, nous avons pu nous rendre compte que le WISC-R français n'avait guère suscité d'études de validation. Nous avons voulu combler cette lacune en analysant la matrice d'intercorrélations des résultats de l'échantillon d'étalonnage au moyen d'une méthode hiérarchique d'analyse factorielle. Nous avons constaté que l'organisation du test en trois échelles hiérarchisées était valide. Du même coup, nous avons légitimé le calcul d'un Q.I.Total, d'un Q.I.Verbal et d'un Q.I. de Performance.

Nous avons également présenté un certain nombre de valeurs nécessaires pour une interprétation correcte des résultats au WISC-R. Il s'agit essentiellement des intervalles de confiance des trois quotients et de l'erreur standard de mesure de la différence entre le Q.I.Verbal et le Q.I. de Performance. Nous aurons l'occasion de reparler de ces valeurs et de leur usage dans les chapitres 5 et 6.

Enfin, nous avons attiré l'attention sur certaines faiblesses mineures du WISC-R. La principale est certainement le manque de sensibilité des deux extrémités de l'échelle. Dans le domaine clinique, ce problème est particulièrement gênant pour l'évaluation des sujets présentant de très faibles niveaux d'intelligence. Une seconde faiblesse tient aux critères de cotation de certaines épreuves. Dans certains cas, ceux-ci laissent encore trop de latitude à la subjectivité du psychologue, ce qui diminue évidemment la fiabilité des épreuves concernées.

NOTES

[1] Une illustration pas à pas de cette méthode est présentée dans Wherry (1983).
[2] Voir à ce propos Kaufman (1979, pp. 73-74).
[3] Dans cet ouvrage, nous utiliserons indifféremment les termes de Q.I. Total et de Q.I. Global. Cette dernière formulation est cependant plus correcte car ce quotient est calculé à partir de l'ensemble des notes standard et non à partir des Q.I. Verbal et de Performance comme le terme Total pourrait le laisser croire. Toutefois, l'expression Q.I. Total est utilisé dans le manuel du WISC-R et par la plupart des praticiens.
[4] Chacune des 11 matrices de corrélations a été analysée selon la méthode de Wherry (1983) en nous aidant du programme WHEHIR et de ses différentes sous-routines.
[5] Le lecteur trouvera une présentation plus détaillée de la méthode d'analyse et des résultats dans notre article paru dans la revue Recherche et Education (Grégoire, 1990 et 1991).
[6] Cf. la revue de la littérature faite sur cette question par Reuchlin et Bacher (1989, pp. 88-95).
[7] Cité par Reuchlin et Bacher (1989, p. 90).
[8] Fiabilité est également une traduction plus exacte que fidélité du terme anglais «reliability» qui désigne une réalité équivalente à celle dont nous parlons ici.
[9] Il faut souligner que le choix de cette méthode n'est pas neutre. «Il y a diverses façons d'estimer la fiabilité et les différentes méthodes donnent des estimations différentes.» (Allen et Yen, 1979, p. 80). Dans le cas présent, il est nécessaire de rappeler que la méthode split-half donne habituellement des coefficients plus élevés que d'autres méthodes de calcul classiques comme celle de Kuder-Richardson (la «formule 20») ou celle de Cronbach (le coefficient alpha) (Berte, 1961, p. 45; Anastasi, 1988, p. 124).
[10] L'erreur standard de mesure est égale à 1 écart-type. Si nous voulons construire un intervalle incluant 90 % des résultats possibles, nous devons calculer un intervalle de 1,65 écart-type de part et d'autre de la note obtenue. Dans le cas présent, nous devons donc multiplier nos trois erreurs standard de mesure par 1,65. Les valeurs obtenues ont été arrondies à l'unité.
[11] Ainsi, à 6 ans et demi, un enfant n'ayant réussi aucun item de l'épreuve d'Arrangement d'Images est malgré tout crédité de 5 points (note standard). De même, à 7 ans et demi, le sujet qui ne réussit aucun item de l'épreuve de Cubes reçoit malgré tout 3 points (note standard).

Chapitre 3
Le WISC-R au regard de différentes théories de l'intelligence

Selon nous, les échelles de Wechsler, et en particulier le WISC-R, restent d'actualité. Bien plus, les théories les plus récentes du fonctionnement cognitif soulignent leur valeur. Dans le présent chapitre, nous avons donc voulu regarder le WISC-R du point de vue des plus représentatives de ces théories. Nous constaterons que plusieurs de celles-ci apportent une légitimité supplémentaire à cet instrument. Mais ces théories ne sont pas que des faire-valoir. Elles nous procurent aussi d'importantes informations sur la validité des différentes épreuves qui composent l'échelle. Elles permettent ainsi de développer une interprétation plus fine et mieux fondée des résultats au test. Elles stimulent enfin la recherche à propos des processus effectivement mis en œuvre dans chacune des épreuves.

3.1. LES MODÈLES MULTIFACTORIELS ÉGALITAIRES

3.1.1. Les modèles de Thurstone et Guilford

En développant, au début des années 30, une nouvelle méthode d'analyse factorielle, Thurstone va remettre en question la notion d'intelligence générale et, par conséquent, la mesure qui la représente, c'est-à-dire le Q.I. Dans « The Vectors of Mind » (1935), Thurstone utilise, comme Spearman, des axes factoriels orthogonaux et donc indépendants les uns des autres. Cependant, plutôt que de maintenir ces axes de façon à ce que le premier facteur explique la plus grande partie de la variance et que les autres n'en expliquent que le résidu, Thurstone a l'idée d'effectuer une rotation des axes afin d'améliorer le degré d'adaptation entre les données et la structure factorielle. Il recherche ainsi la structure la plus simple et détermine celle-ci par des critères mathématiques dont le plus connu est certainement le critère Varimax, suivant lequel on cherche à ce que la variance soit maximale sur chacun des axes factoriels. Cette méthode aboutit à ce que chacun des facteurs explique un groupe de résultats et rien que celui-là. En d'autres termes, il n'y a plus un facteur dominant qui explique la plus grande partie des corrélations mais une multiplicité de facteurs qui, chacun, explique un ensemble plus ou moins restreint de corrélations. Ainsi la méthode de Thurstone balaie le modèle hiérarchique créé par Spearman, au profit d'un modèle multifactoriel d'où le facteur g est exclu. Dans ce modèle, tous les facteurs sont indépendants et sont sur pied d'égalité.

Dans « Primary Mental Abilities » (1938), Thurstone va utiliser sa méthode pour étudier les aptitudes humaines. Son but est de mettre en évidence ce qu'il appelle les « aptitudes mentales primaires » (P.M.A.). Les P.M.A. sont à la cognition ce que l'atome est à la matière : ce sont ses composantes élémentaires. Les performances observables ne sont dès lors que des combinaisons, plus ou moins complexes, de ces P.M.A. Chaque performance, pense Thurstone, devrait pouvoir être décrite comme une fonction linéaire des P.M.A. (1938, pp. 2 et 3). Mais pour pouvoir en arriver là, il est d'abord nécessaire d'isoler les aptitudes fondamentales et de décrire leur nature. Thurstone s'attelle donc à la tâche et analyse les performances de multiples groupes de sujets à un grand nombre de tests. De l'ensemble des P.M.A. mises en évidence dans ses recherches, il va extraire les plus significatives pour construire, en 1947, un test appelé tout simplement Primary Mental Abilities. Dans celui-ci, cinq facteurs sont évalués, chacun par une seule épreuve : le facteur verbal (V), le facteur spatial (S), le facteur numérique (N), le facteur de fluidité verbale (W) et le facteur de raisonnement (R). Les épreuves ont été créées afin de permettre des mesures les plus pures possibles des différentes P.M.A.[1]

Dans le modèle de Thurstone, non seulement le facteur g est éliminé, mais la notion même d'intelligence disparaît. Celle-ci n'a en effet plus aucune légitimité théorique puisque les aptitudes sont indépendantes et autonomes. Aucune aptitude d'ordre plus général n'est postulée pour les coordonner. Par conséquent, dans un test comme le P.M.A., le calcul d'une note globale perd de son intérêt au profit d'une analyse du profil. Des pronostics, par exemple scolaires ou professionnels, peuvent être fait au moyen d'équations linéaires qui combinent les facteurs en les pondérant.

Bien que ses positions aient été assez tranchées à l'égard du facteur g (1938, p. VII), Thurstone réintroduit par la suite un facteur d'ordre plus général. En effet, toujours pour rechercher la structure factorielle la plus simple, il a l'idée d'utiliser, non plus des axes factoriels orthogonaux, mais des axes obliques. Par conséquent, les facteurs ne sont plus indépendants. Il existe à présent une certaine corrélation entre eux et il est possible, par une factorisation des facteurs eux-mêmes, d'extraire un facteur de second ordre qui explique ces corrélations. Thurstone est dès lors obligé de reconnaître l'existence d'un facteur général (1947) mais sa position à propos de la mesure des aptitudes ne s'en trouve pas modifiée pour autant. En effet, si il admet l'existence du facteur g, il ne lui donne pas pour autant une place de choix. Dans les modèles hiérarchiques, le facteur g est toujours placé de façon à expliquer la plus grande partie de la variance. Ce n'est pas le cas ici. Les aptitudes mentales primaires restent à l'avant-scène et le facteur général n'explique qu'une part résiduelle de la variance. Pour Thurstone, toute l'attention lors de l'évaluation doit continuer à se porter sur les P.M.A. qui restent la base de tout acte cognitif. Ainsi, admettre l'existence du facteur g ne conduit pas *ipso facto* à admettre un modèle unique du fonctionnement cognitif.

A la suite de Thurstone, Guilford est certainement celui qui a le plus développé le modèle multifactoriel. Il propose en effet un modèle tridimentionnel de la Structure de l'Intellect (1967) permettant d'organiser de façon systématique l'ensemble des facteurs intervenant dans la cognition. La première dimension représente les cinq opérations pouvant intervenir dans un acte cognitif (l'évaluation, la production convergente, la production divergente, la mémoire et la connaissance). La seconde dimension représente les quatre contenus sur lesquels peuvent porter les opérations (sémantique, symbolique, figural et comportemental). Enfin, la troisième dimension décrit les six produits des opérations (les unités, les classes, les relations, les systèmes, les transformations et les implications). Ce modèle permet ainsi de décrire 120 facteurs possibles (5 opérations × 4 contenus × 6 produits)[2]. Il est donc une sorte de tableau de Mendeliev des facteurs de l'Intellect, chacun déterminant un comportement cognitif élémentaire. Les facteurs décrits par le modèle n'ont pas tous été mis en évidence ; un grand nombre sont seulement postulés. La tâche de Guilford a donc consisté, durant de nombreuses années, à tenter de démontrer l'existence de chaque facteur postulé par le modèle. En 1971, il affirmait avoir pu prouver l'existence de 98 facteurs (Guilford et Hoepfner, 1971).

Soulignons que, comme pour Thurstone, les facteurs extraits par Guilford sont supposés être indépendants les uns des autres. Tout comportement intellectuel peut être décrit comme une combinaison, plus ou moins complexe, de ces facteurs. Pour Guilford, l'avenir de l'évaluation intellectuelle va en ce sens. Il ne rejette pas pour autant les tests d'intelligence globale comme le Stanford-Binet et les échelles de Wechsler. Mais il affirme que «pour les utiliser de façon plus avisée et pour retirer de leurs résultats la plus grande quantité d'information possible, l'explication de ces résultats en termes de facteurs connus est une des plus importantes améliorations qui puisse être faite» (1956, p. 291). Ainsi, dans ce mode d'interprétation, le Q.I., et donc toute évaluation globale de l'intelligence, est écarté[3] au profit des facteurs fondamentaux. Mais ce mode d'analyse n'est qu'un pis-aller dans l'attente d'un test véritablement multifactoriel. Comme le dit Guilford : «Pour la prédiction différentielle, et ceci inclut la tâche de guidance vocationnelle, seuls les résultats de facteurs indépendants permettront une complète justice dans la description des individus.» (1956, p. 291).

Même si le test P.M.A. et les tests dérivés du modèle de Guilford, tel le S.O.I. de M.N. Meeker (1969), n'ont pas connu le succès espéré, il est frappant de voir combien le modèle multifactoriel, et plus largement le principe d'indépendance des aptitudes, a séduit les chercheurs. Sans doute comble-t-il la tendance naturelle de ces derniers à l'analyse et au rejet de l'approche pragmatique des questions psychologiques. C'est en effet une constante que nous retrouvons dans les critiques des échelles d'intelligence générale, et en particulier des échelles de Wechsler. Les chercheurs récusent toute mesure globale de l'intelligence au profit d'une analyse des aptitudes. Ainsi, Perron-Borelli et Perron (1986) affirment que «La création du Binet-Simon, et la faveur dont a joui de ce fait la notion de niveau mental global, ont éclipsé pendant quelque temps, la démarche analytique.» (p. 66). Mais ces auteurs pensent que cette dernière démarche doit être préférée à l'approche globale de l'intelligence : «Il y a tout avantage à comparer entre eux, plutôt qu'à les confondre en une "moyenne" de principe contestable, des résultats obtenus à des tests différents ou à des parties distinctes d'un même test. Ainsi, au WISC, on peut comparer le Q.I. Verbal et le Q.I. de Performance, mais on peut aussi comparer les dix sous-tests constitutifs de l'échelle "globale".» (p. 65).

3.1.2. Mise en question des modèles multifactoriels égalitaires

Suite à la publication de «Primary Mental Abilities» et à la constatation de la disparition du facteur g, Spearman réagit (1939). Il reconnaît d'emblée la qualité des travaux de Thurstone. Mais il souligne qu'un même ensemble de corrélations peut être factorisé d'une infinité de manières. La qualité d'une analyse factorielle doit être évaluée selon deux principes : sa simplicité statistique et sa signification psychologique. Or, de ces deux points de vue, Thurstone n'est pas à l'abri des critiques. En effet, Spearman fait remarquer que l'introduction d'une multitude de facteurs n'empêche pas qu'un important facteur général puisse être présent. Mais, «le partage de celui-ci entre chacun des facteurs distingués fait qu'il tend à devenir indécelable. Statistiquement, il est alors "insignifiant". [...] Ce facteur cesse seulement d'être visible car il est divisé en très petites parties qui sont noyées dans des erreurs de plus grande dimension» (1939, p. 82). Par conséquent, la structure factorielle proposée par Thurstone est faussement simple puisqu'elle masque le facteur g en distribuant ses «parties» entre les différents facteurs de groupe. Psychologiquement, les résultats de Thurstone peuvent être également discutés. Spearman trouve en effet que Thurstone extrait trop de facteurs et que tous n'ont pas de signification psychologique claire. Selon lui, l'ensemble des corrélations peut être expliqué aussi correctement avec moins de facteurs que ne l'affirme Thurstone qui, lui, en propose 12.

De son côté, Wechsler ne nie pas l'intérêt de l'étude des aptitudes. Mais il tient à distinguer nettement sa conception de la mesure intellectuelle de celle de Thurstone. Selon celui-ci, nous l'avons vu plus haut, toute performance peut être décrite comme la combinaison linéaire des aptitudes primaires. Pour Wechsler (1958, p. 16), par contre, le résultat global à son test n'est pas une fonction linéaire des facteurs qui le déterminent. Il est plutôt la résultante de l'interaction complexe des différents facteurs, sans qu'il soit possible de décrire avec précision comment ceux-ci interagissent et quels sont leurs poids respectifs. L'intelligence générale que veut évaluer Wechsler est une qualité émergente et non le résultat d'une simple somme d'aptitudes. De plus, elle n'est pas une entité isolée. Elle est une partie d'un tout qui est la personnalité totale.

Le modèle de Guilford, qui, comme nous l'avons souligné, est l'héritier direct de celui de Thurstone, a également fait l'objet de nombreuses critiques. Ainsi, Horn et Knapp (1973) reprochent à Guilford d'avancer des résultats d'analyse factorielle comme arguments en faveur de la théorie de la structure de l'intellect, alors que la méthode d'analyse qu'il utilise ne laisse quasi aucune possibilité de rejeter ses hypothèses de départ. Ils affirment en effet que la méthode de rotation Procrustéenne utilisée par Guilford est subjective et que, en fin de compte, elle ne permet de rien prouver du tout. La méthode Procrustéenne consiste à créer une matrice cible, de même ordre que la matrice des coefficients factoriels avant rotation. Dans cette matrice cible, les coefficients représentent les hypothèses au sujet de la relation entre variables et facteurs. Une fois construite la matrice cible, on réalise la rotation de la matrice des coefficients factoriels en veillant à minimiser la moyenne des carrés des différences entre chaque coefficient de la matrice cible et le coefficient qui lui correspond dans la nouvelle matrice des coefficients factoriels.

Horn et Knapp ont voulu prouver que cette méthode ne permettait pas de valider la théorie de la Structure de l'Intellect. Pour ce faire, ils ont repris les données de trois études de Guilford et ses collaborateurs et les ont soumises à l'analyse factorielle selon la méthode Procrustéenne. Cependant, plutôt que de construire une matrice cible à partir de la théorie de la Structure de l'Intellect, ils en ont construit deux sur bases d'hypothèses théoriques déterminées selon des procédés aléatoires. Ils se sont aperçus que la méthode Procrustéenne permettait de valider ces hypothèses, conçues aléatoirement, aussi bien que les hypothèses de Guilford. Horn et Knapp en concluent que les résultats obtenus avec cette méthode par Guilford ne sont pas des arguments valables en faveur de sa théorie. Il soulignent cependant que : « Rien dans la présente recherche n'infirme la théorie. Elle est peut-être une bonne théorie. Tout ce que nous pouvons dire, c'est que les arguments et les résultats d'analyses factorielles présentés pour valider la théorie ne sont tout simplement pas convaincants. » (1973, p. 42).

Dans un article de synthèse des critiques adressées au modèle de Guilford, Undheim et Horn (1977) soulignent que pour établir valablement que chaque aptitude postulée par Guilford est bien indépendante, il faudrait vérifier qu'elle se distingue bien des 119 autres. Un moyen logique de le prouver, et de valider du même coup l'ensemble des 120 facteurs, est de mener une vaste recherche d'analyse factorielle. Mais, sachant qu'un minimum de 4 tests sont nécessaires par facteur, la batterie à administrer à chaque sujet ne comprendrait pas moins de 480 tests. De plus, si l'on veut respecter les critères méthodologiques d'une analyse factorielle correcte, 96 000 sujets devraient être testés. Autant dire qu'une recherche aussi gigantesque est quasi impossible. Undheim et Horn examinent alors d'autres plans de recherche pour valider correctement les 120 facteurs postulés par Guilford. Mais les différentes recherches imaginées se révèlent toutes plus imposantes et plus complexes les unes que les autres.

Les mêmes auteurs font remarquer que les problèmes méthodologiques surgissent déjà au départ des recherches, au moment de choisir les tests supposés mettre en évidence les différentes aptitudes. Des études ont en effet montré que des psychologues, ayant tous une bonne connaissance de la théorie de la Structure de l'Intellect, ne sont pas souvent d'accord sur la façon de classifier les tests suivant les trois dimensions du modèle.

L'ensemble des problèmes méthodologiques posés par l'étude de la Structure de l'Intellect conduit Undheim et Horn à conclure que «il y a très peu de bases pour affirmer que 98 des facteurs du modèle ont été prouvés» (1977, p. 75). Selon eux, le modèle de la Structure de l'Intellect est surtout une taxonomie des fonctions intellectuelles. Mais, comme ils le soulignent, une taxonomie n'est pas une fin en soi. Ce n'est qu'une première étape dans l'appréhension des phénomènes, qui doit ouvrir la voie à une théorie explicative et intégrative. Et, de ce dernier point de vue, la théorie de Guilford apparaît comme peu satisfaisante. Ainsi, nous voyons difficilement comment elle peut nous aider à comprendre les étapes du développement cognitif. Elles procure également peu d'informations pour nous permettre de saisir comment le sujet organise et articule l'ensemble de ses aptitudes. On peut d'ailleurs se demander si une telle multiplication des aptitudes est finalement source de lumière ou, au contraire, d'obscurité. Certains auteurs doutent en effet de la nécessité d'une approche aussi analytique qui aboutit à un fractionnement virtuellement infini des aptitudes (Humphreys, 1962, p. 475). C'est ce qu'expriment avec pertinence Huteau et Lautrey : «Nous ne croyons pas que la qualité de la connaissance soit fonction du degré d'analyse et que l'idéal soit de réduire un processus complexe en des processus toujours plus élémentaires. Il existe des niveaux de comportement ayant chacun leur unité. On n'est pas plus précis en passant d'un niveau relativement global à un niveau plus analytique. Mais on parle d'autre chose en ayant perdu la possibilité de rendre compte de l'unité de niveau antérieur. Il existe un optimum dans le niveau d'analyse.» (1978, p. 126).

De ce qui précède, nous pouvons conclure que le modèle multifactoriel défendu par Thurstone et Guilford est discutable de deux points de vue. Le premier est méthodologique. Contrairement à ce que ces auteurs prétendent, leurs résultats d'analyse factorielle ne prouvent rien. Ces résultats restent relatifs aux épreuves choisies, à la technique d'analyse utilisée et aux critères de factorisations retenus. Nous avons vu, en particulier à propos de la méthode Procrustéenne de rotation, qu'avec les mêmes données, des structures factorielles différentes et tout aussi satisfaisantes les unes que les autres, peuvent être mises en évidence. Mais, la mise en question de la validation factorielle des modèles de Thurstone et Guilford n'entraîne pas *ipso facto* que ces modèles soient faux. D'un point de vue strictement mathématique, ils restent cohérents. Nous pouvons seulement dire que ce ne sont que des modèles extraits d'un ensemble de modèles possibles et que l'analyse factorielle est incapable de nous donner une réponse univoque et définitive concernant le meilleur d'entre eux.

La véritable faiblesse des modèles multifactoriels apparaît sur le plan psychologique. Tout d'abord, ils n'offrent pas de cadre conceptuel pour comprendre le développement cognitif de l'enfance à l'âge adulte. Mais surtout, ils n'expliquent pas la nécessaire intégration des aptitudes qui apparaît dans tout acte cognitif. Comment les aptitudes s'articulent-elles et interagissent-elles? Sur base des théories de Thurstone et Guilford, nous n'en savons pas grand-chose. Lorsqu'avec un test comme le P.M.A. nous combinons différentes aptitudes pour prédire les performances d'un sujet, nous pouvons faire un bon pronostic. Mais, ce n'est pas pour cette raison que l'équation linéaire, que nous avons établie avec les notes du test, est le reflet de ce qui se passe au niveau intrapsychique. Wechsler (1958) le souligne avec force lorsqu'il rappelle que, si le poids des différentes épreuves d'un test s'exprime habituellement par une simple somme, cela ne signifie pas que les facteurs qui déterminent les différents résultats se combinent de cette façon. Il est au contraire plus vraisemblable de supposer que l'interaction des facteurs est une fonction complexe dont la forme exacte ne nous est pas connue.

En fait, Thurstone et Guilford pêchent par excès de simplification. Les recherches les plus récentes sur le fonctionnement cognitif vont toutes dans le sens de modèles beaucoup plus complexes où l'accent est mis plus sur les processus de liaison et de contrôle que sur les aptitudes élémentaires. C'est ce que remarque, par exemple, Juhel (1989) dans une revue des travaux récents sur les aptitudes intellectuelles : «Bien que l'intégration de ces diverses théories des aptitudes en un tout ordonné faisant l'unanimité soit délicate à réaliser, l'idée la plus généralement admise est celle d'une organisation hiérarchique des aptitudes.» (1989, p. 64). Cette même constatation est faite par Reuchlin et Bacher dans un ouvrage récent : «L'évolution des modèles factoriels, d'une part, celle des modèles cognitivistes, d'autre part, se sont produites indépendamment vers des conceptions de même forme. L'une et l'autre conduisent à admettre l'intervention simultanée de processus adaptatifs à champ large et à champ étroit.» (1989, p. 81). Ainsi, après avoir dominé la psychologie cognitive et différentielle durant une quarantaine d'années, les modèles multifactoriels égalitaires n'apparaissent plus aujourd'hui comme des représentations satisfaisantes de l'organisation cognitive. De cette évolution, les échelles de Wechsler ont gagné en force. En effet, malgré le pragmatisme qui a guidé la construction de ses tests, Wechsler n'a jamais cessé d'insister sur le fait que l'intelligence est une fonction complexe, fruit de l'organisation hiérarchisée des aptitudes. Les théories actuelles de l'intelligence semblent lui donner raison. Nous aurons l'occasion de le vérifier plus en détail lorsque nous analyserons le WISC-R du point de vue de ces théories.

3.1.3. Analyse des épreuves du WISC-R selon le modèle S.O.I.

Nous avons vu que, comme taxonomie, le modèle de la Structure de l'Intellect (S.O.I.) de Guilford ne manque pas d'intérêt. Il peut, en particulier, servir de référence pour décrire les aptitudes intervenant dans les différents items des tests d'intelligence. Déjà en 1956, Guilford proposait d'utiliser le modèle S.O.I. pour extraire des profils d'aptitudes du WISC et du Stanford-Binet.

Meeker (1969) a réalisé cet objectif en publiant des masques de saisie à poser sur les protocoles du WISC. Des masques de saisie similaires ont été publiés par la suite pour le WISC-R (1975). Grâce à ces grilles de cotation, il est possible de faire correspondre à chaque note brute du WISC-R une note factorielle dans le modèle S.O.I. Les différentes notes factorielles sont ensuite comparées à des normes présentées par épreuve et par âge. Par exemple, la note brute à l'épreuve de Compréhension correspond à une note S.O.I. en Evaluation d'Implication Sémantique (EMI). Si nous nous reportons au tableau de normes, nous constatons que cette note S.O.I. est, en moyenne, de 5 points à 9 ans, de 6 points à 10 ans... etc. Nous pouvons ainsi, évaluer le développement du sujet du point de vue des aptitudes décrites par le modèle S.O.I.

La validation de la transformation des notes brutes en notes S.O.I. a été réalisée par une méthode que Meeker appelle «mapping procedure». Il s'agit en fait d'une analyse logique des items à partir d'un système de questions dont les réponses sont «oui» ou «non». Par exemple, la première question est «l'item demande-t-il une simple répétition du matériel présenté?». Si la réponse est «oui», on en déduit que l'item fait appel à la mémoire. Si la réponse est «non», on passe à la question suivante. Et ainsi de suite jusqu'au moment où l'item est entièrement décrit du point de vue opération, contenu et produit. Dans la pratique, beaucoup d'items faisant appel à des aptitudes complexes, un seul facteur ne suffit pas à les décrire. Plusieurs analyses successives doivent donc être réalisées avec ces items. Dans le tableau 3, nous avons repris, en regard de chaque épreuve du WISC-R, le ou les facteurs du modèle S.O.I. qu'elle est réputée mesurer. Sur base de l'analyse de Meeker, certaines épreuves n'évaluent qu'un seul facteur. D'autres, par contre, mesurent parfois un nombre important de facteurs. Dans ce cas, un facteur peut être évalué par un seul item de l'épreuve ou, au contraire, par tous les items de l'épreuve en question.

Tableau 3. — *Facteurs du modèle S.O.I. mesurés par chacune des épreuves du WISC-R.*

Epreuves du WISC-R	Facteurs du modèle S.O.I.
Information	MMU, MMR, MMS, MMI, MSS, MFS, CMU, EMR, NMU, NMR, NMI
Compréhension	EMI
Arithmétique	MSI, CMS
Similitudes	CSR, CMR, CMT
Vocabulaire	CMU
Mémoire	MSU, MSS
Complètement d'images	MSS, CFU, EFS
Arrangement d'images	EMR, NMS
Cubes	CFR, EFR
Assemblage d'objets	CFS, CFT, EFR
Code A	EFU, NFU
Code B	ESU, NSI, NSI
Labyrinthes	CFI

Note : La première lettre désigne d'opération (le processus intellectuel) : (M) mémoire, (E) évaluation, (C) cognition, (N) production convergente. La seconde lettre désigne le contenu (la nature des stimuli) : (F) figural, (S) symbolique, (M) sémantique. La troisième lettre désigne le produit (la manière dont les stimuli sont organisés) : (U) unité, (R) relation, (S) système, (T) transformation, (I) implication. (D'après Meeker, 1975).

Que penser de cette analyse du WISC-R selon le modèle S.O.I.? Tout d'abord, nous devons constater qu'un certain nombre d'informations psychométriques font défaut. Nous ne connaissons en effet pas la fiabilité des notes S.O.I. extraites des protocoles de WISC-R. Il est fort probable que, dans plusieurs cas, la fiabilité de ces notes soit faible car celles-ci ne s'appuient que sur les résultats à un très petit nombre d'items. Il s'agit principalement des notes factorielles extraites de l'épreuve d'Information. Par contre, plusieurs notes S.O.I. s'appuient sur les résultats de suffisamment d'items pour que nous puissions *a priori* les considérer comme fiables.

Nous nous interrogeons ensuite, et surtout, sur la valeur de l'analyse rationnelle des épreuves du WISC-R. En d'autres mots, nous nous demandons si la correspondance des notes brutes au test avec les notes S.O.I. est aussi valide que le pense Meeker? Il faut reconnaître que, sous des dehors rigoureux, la méthode de validation utilisée par celle-ci reste subjective. Elle ne garantit nullement que le facteur correspondant à une épreuve est le bon facteur ni qu'il est le seul facteur. Par exemple, Meeker considère que l'épreuve de Mémoire de Chiffres évalue les facteurs «mémoire d'unité symbolique» et «mémoire de système symbolique». Cette correspondance est assez évidente et logique. Pourtant, différents auteurs (Kaufman, 1979, p. 151; Sattler, 1988, p. 154) s'accordent pour considérer que la mémoire inversée des chiffres (2e partie de l'épreuve) fait appel à beaucoup plus que la mémoire à court terme. Le changement d'ordre dans les chiffres implique en effet une réorganisation mentale des stimuli. Cet aspect de l'épreuve n'est pas pris en compte par l'analyse selon le modèle S.O.I. D'autres exemples pourraient être présentés, mais celui-ci est suffisant pour montrer les limites de l'analyse de Meeker qui ne nous donne pas une description complète et indiscutable des épreuves du WISC-R du point de vue du modèle S.O.I.

En conclusion, l'analyse du WISC-R selon le modèle S.O.I. ne manque pas d'intérêt. Elle nous permet en effet de prendre mieux conscience des aptitudes impliquées dans chacune des épreuves. Toutefois, l'analyse que nous propose Meeker a ses limites. Primo, la fiabilité des notes S.O.I. ne nous est pas connue. Secundo, la validité des correspondances entre facteurs S.O.I. et épreuves du WISC-R reste subjective et donc discutable. Des recherches pourraient répondre à ces deux critiques. Cependant, même si les lacunes psychométriques sont comblées, le modèle S.O.I. restera d'un intérêt limité pour l'utilisateur du WISC-R. Il s'agit en effet d'un modèle statique : il décrit les aptitudes mais pas les relations entre elles. Or, selon nous, les problèmes cognitifs ne proviennent pas seulement de déficits au niveau des aptitudes élémentaires. Ils découlent également de difficultés à mettre en œuvre différentes aptitudes dans un acte cognitif complexe. Cette interaction des aptitudes, le modèle S.O.I. ne peut en rendre compte.

3.2. LA THÉORIE DE R.B. CATTELL DE L'INTELLIGENCE FLUIDE ET CRISTALLISÉE

3.2.1. Les notions d'intelligence fluide et d'intelligence cristallisée

Le modèle hiérarchique de l'intelligence développé par R.B. Cattell ébranle «la solidité monolithique du "g" de Spearman» (Cattell, 1967, p. 136). Cattell propose en effet de scinder celui-ci en deux entités distinctes bien qu'étroitement corrélées : l'intelligence fluide (Gf) et l'intelligence cristallisée (Gc). La première s'occupe de résoudre des problèmes dont la clef est la capacité d'adaptation et la flexibilité face à des stimuli non familiers. La seconde, par contre, s'applique à des tâches qui supposent un apprentissage antérieur et donc l'influence de l'éducation et de la culture.

Selon Cattell (1963), la scission de g en Gf et Gc n'a été rendue possible que par les progrès de l'analyse factorielle. D'une part, de meilleurs tests statistiques ont permis de déterminer avec plus de précision le nombre de facteurs à extraire. D'autre part, la nécessité est apparue d'étudier les aptitudes sur un fond de variables qui ne soient pas des aptitudes. Ces variables permettent de constituer ce que Cattell appelle «l'étoffe de l'hyperplan» (1963, p. 11). Il s'agit du fond de comportements devant lequel va se dessiner la structure des aptitudes étudiées. Cattell reproche aux factorialistes qui l'ont précédé de n'avoir étudié les aptitudes qu'à partir des résultats de tests d'aptitudes dont avaient été soigneusement éliminées les variables de personnalité. Or, une telle méthode d'investigation empêche de mettre en évidence certains phénomènes importants au niveau de l'organisation cognitive. Nous verrons plus bas que l'utilisation par Cattell de variables de personnalité dans sa batterie de tests a permis de révéler certaines connexions intéressantes entre l'intelligence et la personnalité, et, surtout, de distinguer clairement l'intelligence fluide de l'intelligence cristallisée.

L'intelligence fluide apparaît comme l'intelligence originaire, en grande partie héréditaire (Cattell, 1963, p. 5). Ceci n'empêche pas qu'elle puisse être également déterminée par les conditions du milieu. En effet, cette intelligence évolue de la naissance jusqu 14-15 ans et, durant cette période de gestation, l'environnement peut favoriser ou non l'éclosion du potentiel cognitif. L'impact du milieu sur Gf ne doit pas être identifié à l'apprentissage de type scolaire mais doit plutôt être conçu comme l'expérience que le sujet fait de son environnement comme stimulation et source de problèmes nouveaux. Selon Cattell, l'intelligence fluide commence à décliner dès 20 ans. Elle semble donc sensible au vieillissement physiologique et, d'une façon générale, à toute atteinte neurologique. Dans ce cas, Gf est affaibli dans son ensemble, c'est-à-dire que toutes les conduites cognitives qu'il détermine sont également affectées (Cattell, 1963, p. 4).

Concrètement, «l'intelligence fluide représente les processus de raisonnement qui se manifestent dans les tâches requérant abstraction, formation de concepts et acquisition, ainsi que dans celles faisant appel à la perception et à l'éduction des relations. Elle est mesurée avec le plus de pureté lorsque le matériel de la tâche est "culture fair"» (Horn et Cattell,

1966, p. 255). Cattell désigne par cette dernière expression les tests qui sont équitables du point de vue culturel, c'est-à-dire qui offrent une égale opportunité de réussite à tous les individus quelles que soient leur classe sociale ou leur origine ethnique. Un test «culture fair» ne doit donc pas faire appel à des apprentissages culturels qui défavoriseraient les individus qui n'ont pu en bénéficier. Un tel test doit au contraire présenter des problèmes également nouveaux pour tous les sujets ou faisant intervenir des acquisitions que tous ont eu l'occasion d'intégrer. Dans ce dernier cas, les acquis étant les mêmes pour tous les sujets, les différences de performances enregistrées entre eux au moyen du test sont la manifestation de différences au niveau de l'intelligence fluide.

L'intelligence cristallisée, quant à elle, peut être comprise comme une fonction de l'intelligence fluide. En effet, «le facteur d'aptitude générale cristallisée est un produit de l'aptitude fluide agissant pendant les années de développement sur des groupes de capacités scolaires et culturelles» (Cattell, 1967, p. 150). Au départ, Gc apparaît donc plus comme un groupe de corrélations que comme un véritable facteur. Mais progressivement, il va atteindre le statut d'un facteur général, c'est-à-dire d'un déterminant global de l'activité cognitive. Les capacités que l'enfant va acquérir ont en effet des propriétés auto-génératrices. Selon un processus cumulatif, les acquisitions antérieures permettent de nouvelles acquisitions, lesquelles viendront s'intégrer dans un ensemble de plus en plus vaste et de plus en plus organisé. Ainsi, Gc, au départ déterminé par Gf, prend petit à petit une certaine autonomie par rapport à celui-ci et devient lui aussi un déterminant à large spectre. Il influence non seulement les apprentissages eux-mêmes mais aussi divers événements de la vie du sujet comme son orientation professionnelle ou ses goûts intellectuels.

L'intelligence cristallisée n'est pas seulement une fonction de l'intelligence fluide mais également une fonction de facteurs de personnalité comme l'intérêt ou l'extraversion. En effet, Gc se développe dans la mesure où ces derniers facteurs permettent une application efficace et durable de Gf dans les situations d'apprentissage. Par conséquent, l'analyse factorielle met habituellement en évidence de nombreuses associations entre l'intelligence cristallisée et les variables de personnalité, alors que de telles associations n'apparaissent pas avec l'intelligence fluide. L'intelligence cristallisée se développe plus tardivement que l'intelligence fluide. Elle culmine vers vingt ans, et même plus tard, puis reste assez stable jusqu'à 65 ans. Elle est donc beaucoup moins sensible que l'intelligence fluide aux effets du vieillissement physiologique. De même, les altérations cérébrales n'entraînent qu'un affaiblissement localisé de Gc alors que Gf est atteint dans son ensemble. En effet, un seul type d'activité déterminé par Gc est alors perturbé, celui correspondant à la localisation de l'atteinte cérébrale. Les autres activités déterminées par Gc continuent quant à elles de fonctionner normalement.

Alors que les meilleures mesures de Gf sont, selon Cattell, « culture fair », celles de Gc sont au contraire intimement liées à la culture. Il s'agit, par exemple, des épreuves de vocabulaire ou de calcul, bref de toutes les épreuves qui requièrent un apprentissage culturel et scolaire préalable. Par conséquent, les mesures de Gc ne sont pas utilisables pour comparer les intelligences de cultures différentes. Elles ne sont en effet pas équitables pour tous puisque, tous les sujets n'ayant eu pas les mêmes opportunités d'apprentissage, elles seront objectivement plus difficiles pour certains et plus faciles pour d'autres.

L'intelligence fluide et l'intelligence cristallisée sont étroitement corrélées. En effet, Gf et Gc que nous mesurons aujourd'hui sont tous deux déterminés par Gf d'hier. Si nous admettons que la maturation progresse chez tous les sujets selon la même courbe, il est évident que Gf passé est à l'origine de Gf présent. De même, le niveau antérieur de Gf, dans les années de formation, explique en partie la rapidité et la qualité de l'apprentissage, et donc le niveau actuel de Gc. Cattell évalue la corrélation entre Gf et Gc à .60 chez les enfants et .30 chez les adultes (Cattell, 1967, p. 137). Cette évolution de la liaison entre les deux variables s'explique aisément dans la mesure où les enfants d'âge scolaire sont soumis à des conditions d'apprentissage assez homogènes. Dans les tests d'intelligence, la part de variance de g due à Gf est alors plus importante qu'elle ne l'est à l'âge adulte. A ce moment, les individus, qui auront quitté l'école à des âges fort divers et qui auront été soumis à des conditions environnementales très variables, se distingueront plus en fonction de Gc. L'intelligence cristallisée apparaîtra alors comme plus autonome par rapport à l'intelligence fluide et les corrélations entre les deux seront plus faibles.

Dans un article de 1966, Horn et Cattell affinent quelque peu la théorie de l'intelligence fluide et cristallisée. Les facteurs Gf et Gc restent dominants mais, au même niveau, viennent s'ajouter trois autres facteurs généraux : la Visualisation Générale (Gv), la Facilité Générale (F) et la Vitesse Générale (Gs). Le facteur Gv intervient dans toutes les tâches dont le contenu est figural. Il se manifeste particulièrement dans les épreuves de visualisation, de souplesse de structuration visuelle (« flexibility of closure »), de vitesse de structuration visuelle (« speed of closure ») et d'orientation spatiale. Le facteur F représente la capacité générale à se rappeler et à reconnaître avec facilité et vitesse différents termes, sans que ceux-ci soient nécessairement bien compris. Ce facteur apparaît dans les épreuves de facilité associative et de facilité verbale. Quant au facteur Gs, il intervient dans toutes les performances faisant appel à la vitesse. Il se manifeste clairement dans des épreuves assez simples comme celles de vitesse perceptive ou de facilité numérique.

Cette dernière version de la théorie de Cattell a inspiré une intéressante tentative d'articulation par Gustafsson (1984) du modèle de Vernon (1952) et du modèle de Cattell. Cet auteur souligne la similitude entre ces deux modèles. Tout deux présentent en effet une structure hiérarchique. De plus, le facteur v:ed de Vernon semble correspondre au facteur Gc et le facteur k:m paraît correspondre au facteur Gv. Quant au facteur Gf, on peut émettre l'hypothèse qu'il correspond plus ou moins au facteur g du modèle de Vernon. En effet, les épreuves qui mesurent le mieux Gf sont identiques à celles désignées par Vernon comme les meilleures mesures de g. Selon Gustafsson, «si un troisième niveau, représentant le facteur g, est ajouté au modèle de Cattell et Horn, le point de divergence le plus important entre ces deux modèles hiérarchiques majeurs pourrait être surmonté» (1984, p. 184).

Pour vérifier ses hypothèses, Gustafsson a utilisé la méthode LISREL (LInear Structural RELations) créée par Jöreskog pour tester des modèles relatifs à la structure d'un ensemble de variables. Il a constitué une batterie de 13 tests d'aptitudes et de 3 tests d'acquis scolaires de façon à pouvoir identifier Gv, Gf et Gc au niveau des facteurs de second ordre. Un groupe de 981 élèves de 6e primaire a passé l'ensemble de cette batterie.

L'analyse des résultats confirme les hypothèses de départ. En particulier, l'hypothèse de l'identité de Gf et de g trouve ici un support important car la saturation de Gf par g est égale à 1.00. On peut également observer que les facteurs Gv et Gc forment deux entités bien distinctes. Sur base de ces résultats, Gustafsson propose un modèle structural de l'organisation des aptitudes qu'il considère comme une synthèse des modèles antérieurs. Gustafsson suggère de nommer ce modèle HILI (HIerarchical, LIsrel based model). L'organisation hiérarchique des différents facteurs dans ce modèle est décrite dans la figure 6. Dans le modèle HILI, nous trouvons au premier niveau les facteurs primaires décrits par Thurstone. Au second niveau, nous trouvons deux facteurs à large spectre, l'un verbal (Gc) et l'autre figural (Gv). Et enfin, au troisième niveau, nous trouvons le facteur g, identifié à Gf. Gustafsson fait remarquer que le modèle HILI est très proche de celui de Vernon puisque g est inclus dans les deux modèles et que, d'une part, v:ed correspond à Gc et, d'autre part, k:m correspond à Gv. Il suppose que cette partition des aptitudes en deux grands domaines reflète l'existence de processus différents pour traiter les informations verbales et figurales. Il est vraisemblable que ces processus correspondent à des hémisphères cérébraux différents. En effet, l'hémisphère gauche est le lieu de processus analytiques, linéaires et successifs, responsables du traitement de l'information verbale. Par contre, l'hémisphère droit est le lieu de processus globaux, parallèles et simultanés, responsables du traitement de l'information figurale.

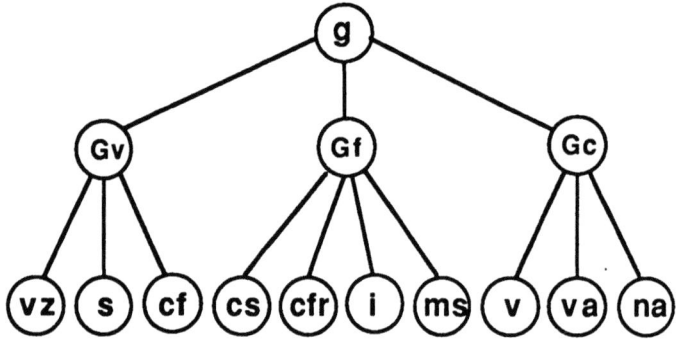

Figure 6. — *Modèle hiérarchique de l'intelligence selon Gustafsson* (1984).
Note : Vz = visualisation, S = orientation spatiale, Cf = souplesse de structuration perceptive, Cs = vitesse de structuration perceptive, Cfr = cognition de relations figurales, I = induction, Ms = mémoire immédiate de chiffres, V = compréhension verbale, Va = acquisition verbale et Na = acquisition numérique.

3.2.2. Implications de la théorie de Cattell pour l'évaluation de l'intelligence

Cattell a placé beaucoup d'espoir dans les tests créés spécialement pour mesurer Gf. Selon lui, ces tests doivent permettre de mesurer l'intelligence indépendamment de la culture des sujets. Pour être une bonne mesure de Gf, et donc être «culture fair», un test doit faire appel à l'éduction de relations complexes sur un matériel qui doit être ou complètement neuf ou suffisamment familier pour toutes les personnes évaluées. Cattell pense que des perceptions spatiales simples, comme celles de traits ou d'espacements, sont suffisamment apprises dans toutes les cultures pour servir de matériel dans les tests «culture fair». Par conséquent, des tests comme les Matrices de Raven ou le Culture Free Test (Cattell, 1960) lui semblent être de bons instruments pour mesurer Gf. Cattell affirme que «les tests saturés en facteur d'aptitude fluide le sont également dans différentes cultures et que des cultures largement différentes peuvent ne donner lieu à aucune différence du niveau des notes brutes à de tels tests» (1967, p. 152). Les instruments «culture fair» sont donc particulièrement intéressants puisqu'il nous permettent d'éviter les biais sociaux et culturels liés aux tests d'intelligence cristallisée. Des comparaisons inter-culturelles concernant l'intelligence sont dès lors possibles. Un autre usage des tests «culture fair» est l'évaluation de l'intelligence des sujets qui n'ont pu bénéficier d'un apprentissage adéquat. C'est le cas de sujets n'ayant été que faiblement ou pas du tout scolarisés et qui, pour cette raison, obtiennent des résultats modestes aux tests intellectuels fortement saturés par Gc. L'évaluation de ces sujets au moyen de tests «culture fair», fortement saturé en Gf, permet de mettre évidence leur véritable aptitude intellectuelle, c'est-à-dire leur potentiel inexploité.

Cattell ne pense cependant pas que les tests d'intelligence très saturés en Gc, en l'occurrence la plupart des tests d'intelligence globale comme le Binet-Simon ou les échelles de Wechsler, doivent être rejetés au profit des tests «culture fair». Chaque type de test a en effet sa fonction. Les tests d'intelligence cristallisée ont l'avantage d'être de bons prédicteurs de la réussite scolaire. Par conséquent, Cattell affirme être partisan de l'emploi, en psychologie appliquée, du double Q.I., l'un fondé sur Gf et l'autre sur Gc (Cattell, 1967, p. 153). Si tant est que des catégories aussi tranchées puissent être mises en évidence.

Un auteur comme Sternberg exprime son scepticisme quant à la possibilité de construire des tests réellement «culture fair» et encore moins «culture free» (Sternberg, 1985, p. 77). C'est un abus de langage que de parler de test «culture free» car un certain degré d'imprégnation par la culture est toujours nécessaire à la résolution de tels tests. Il n'existe en effet aucune intelligence en dehors d'une culture et il ne peut donc y avoir de test qui prétende mesurer une intelligence sans culture. Seuls sont concevables des tests «culture fair», c'est-à-dire donnant aux sujets des chances équitables de réussite quelque soit leur culture d'origine. Nous avons vu plus haut qu'un test est «culture fair» si il présente des problèmes entièrement neufs pour tous les sujets ou si il fait appel à des processus également appris par tous les sujets. Sternberg doute qu'un test puisse être véritablement équitable dans toutes les cultures. Les faits ne vont en tout cas pas dans ce sens et, contrairement à ce qu'affirme Cattell, les items «culture fair» «tendent à montrer une plus grande dispersion au travers des groupes culturels que ne le font les tests verbaux» (Sternberg, 1985, p. 77). Vraisemblablement, ces résultats s'expliquent par le fait que les tests «culture fair» ne mesurent pas la même chose dans toutes les cultures. Dans certaines, ils évaluent l'aptitude à résoudre des problèmes neufs (Gf) et dans d'autres la capacité d'utiliser des processus appris (Gc).

Les notions d'intelligence fluide et d'intelligence cristallisée permettent d'éclairer la nature des épreuves des échelles de Wechsler. Nous songeons en particulier aux épreuves utilisées par Wechsler pour le calcul du quotient de détérioration. Rappelons que ce quotient nous donne une information sur la probable détérioration mentale de sujets adultes. Cette détérioration se marque par la chute anormale des performances à certaines épreuves alors que les performances à d'autres épreuves restent stables par rapport à celles des sujets du même âge. Certaines épreuves ont la réputation d'être particulièrement sensibles aux atteintes neurologiques. Il s'agit de : Mémoire de Chiffres, Similitudes, Code et Cubes (Pichot et Kourovsky, 1969, p. 276). Par contre, d'autres épreuves sont réputées moins sensibles au vieillissement physiologique et à la détérioration du système nerveux central. Il s'agit de : Vocabulaire, Information, Assemblage d'Objets et Complètements d' Objets. Si nous nous reportons à la théorie de Cattell, nous ne pouvons éviter de rapprocher ces deux catégories d'épreuves de l'intelligence fluide, sensible au vieillissement physiologique et aux altérations neurologiques, et de l'intelligence cristallisée, moins influencée par le vieillissement et les atteintes du système nerveux. Ce rapprochement laisse supposer que les épreuves «qui tiennent» sont plus saturées par Gc alors que les épreuves «qui ne tiennent pas» sont, elles, plus saturées par Gf. Il s'agit bien sûr d'hypothèses qui demanderaient à être éprouvées sur le terrain.

Kaufman (1979, pp. 28 à 30) a, quant à lui, essayé de rapprocher les notions d'intelligence fluide et d'intelligence cristallisée de la distinction faite dans les échelles de Wechsler entre le Q.I. Verbal et le Q.I. de Performance. Il reconnaît que le recouvrement n'est pas parfait et qu'il n'est pas correct d'affirmer que le Q.I. Verbal est une mesure de Gc et le Q.I. de Performance une mesure de Gf. Mais une équivalence approximative n'est pas absurde. Nous devons en effet reconnaître que, si l'on exclut l'épreuve de Mémoire de Chiffres, les 5 épreuves qui composent l'échelle Verbale sont plus saturées par Gc que par Gf. Il ne s'agit bien entendu pas de mesures pures de Gc. Une épreuve comme Similitudes fait par exemple indubitablement appel à Gf. Mais, globalement, Gc paraît dominer les 5 épreuves Verbales. Quant à l'échelle de Performance, son cas est plus complexe car, si les épreuves qui la composent font clairement appel à l'intelligence fluide, la capacité de visualisation et d'autres aptitudes moins importantes jouent également un rôle non négligeable dans leur résolution. De plus, certaines épreuves de Performance font aussi intervenir l'intelligence cristallisée. C'est le cas de l'épreuve d'Assemblage d'Objets qui suppose que le sujet se rappelle de la forme qu'il doit reconstituer. Ainsi, le rapprochement entre Gf et Gc d'une part et Q.I. Verbal et Q.I. de Performance d'autre part ne conduit pas à une interprétation automatique des résultats en terme d'intelligence fluide et cristallisée. Kaufman recommande donc la prudence et, éventuellement, l'utilisation d'autres instruments d'évaluation pour aider au diagnostic différentiel. Par exemple, la passation des Matrices de Raven, qui est une mesure relativement pure de Gf, peut nous permettre de vérifier si un Q.I. de Performance supérieur au Q.I. Verbal est, oui ou non, la manifestation de Gf > Gc.

La recherche conduite par Gustafsson (1984), que nous avons déjà décrite plus haut, se révèle ici particulièrement éclairante. Elle nous permet en effet de défendre certaines des hypothèses de Kaufman et d'en nuancer d'autres. Ainsi le rapprochement entre le facteur Gc et l'échelle Verbale (hormis Mémoire de Chiffres) est confirmé par les résultats de Gustafsson. En effet, celui-ci constate que le facteur Gc est pratiquement identique au facteur v:ed de Vernon. Or, dans le chapitre 2, l'analyse factorielle hiérarchique des données d'étalonnage du WISC-R a permis de mettre en évidence une forte saturation des épreuves de l'échelle Verbale par le facteur v:ed. Il est donc légitime de considérer les cinq épreuves verbales comme de bonnes mesures de l'intelligence cristallisée. Les réticences de Kaufman à considérer le Q.I. de Performance comme une mesure spécifique de Gf apparaissent également fondées. En effet, nous avons vu que Gustafsson considère que le facteur k:m, qui sature les épreuves de l'échelle de Performance, correspond non pas au facteur g mais au facteur Gv (Visualisation Générale). Quant au facteur Gf, dans la mesure où il est identifié par Gustafsson avec le facteur g, nous devons admettre qu'il est mesuré, à des degrés divers, par toutes les épreuves du WISC-R. Les saturations de ces épreuves par le facteur g, présentées sur la figure 3, nous informent donc sur la valeur des différentes épreuves comme mesures de Gf. Par conséquent, comme l'a souligné Kaufman, nous devons reconnaître qu'aucune des épreuves du WISC-R n'est une mesure pure d'un des facteurs. Toutes évaluent à la fois Gf et Gc ou Gv.

3.3. LE MODÈLE DAS/LURIA DU FONCTIONNEMENT COGNITIF

3.3.1. Les notions de processus simultané et de processus successif

La distinction entre les processus simultanés et les processus successifs, proposée par Luria dans les années soixante, a été reprise et développée aux Etats-Unis par Das et ses collaborateurs. Ceux-ci ont intégré cette distinction dans un modèle global du traitement de l'information où l'accent est mis plus sur les processus que sur les aptitudes. Celles-ci représentent en effet les structures neurologiques de base qui permettent les performances cognitives mais qui n'expliquent nullement la plupart des différences interindividuelles observées à ce niveau. Deux sujets peuvent ainsi posséder une même aptitude mais se différencier quant à leurs performances du fait de la mise en œuvre de processus différents. Par conséquent, seul un modèle du fonctionnement cognitif tenant compte des différents processus possibles face à une même tâche est susceptible de réellement rendre compte des différences de performances cognitives entre les individus.

Dans le modèle de traitement de l'information proposé par Das (Das, 1973 ; Das *et al.*, 1975), l'information peut être intégrée selon deux processus fondamentaux. L'intégration simultanée réalise la synthèse d'éléments séparés au sein d'un ensemble. Souvent, mais pas obligatoirement, cet ensemble est de nature spatiale. C'est, par exemple, ce que nous réalisons lorsque nous intégrons différentes perceptions visuelles d'une même réalité en une forme globale. L'intégration successive, quant à elle, traite l'information selon un ordre séquentiel. Dans ce cas, il n'est pas possible d'avoir un aperçu général des processus à un moment du temps puisque l'intégration successive suppose obligatoirement un déroulement temporel. L'exemple le plus évident de traitement successif de l'information est donné par le discours humain.

« Les deux modes de traitement de l'information sont disponibles au sujet en fonction de la demande de la tâche et du mode habituel de résolution des problèmes utilisé par le sujet. Il n'existe aucune hiérarchie entre les deux modes. » (Das et Molloy, 1975, p. 213). Il est donc erroné de croire qu'un type de processus serait meilleur et plus efficace que l'autre. Dans les faits, tous les individus utilisent les deux types de processus, choisissant l'un ou l'autre selon les circonstances. Parfois, pour une même tâche, les deux modes d'intégration de l'information sont possibles. Le choix est alors une question de préférence individuelle, souvent déterminée par l'éducation et la culture (Das, 1973, p. 108).

L'intervention des processus simultanés et successifs se produit aux différents niveaux du traitement de l'information. Il peut s'agir de la perception, de la réflexion, de la mémorisation et de la réalisation. Le type de processus utilisé n'est pas automatiquement déterminé par la nature des stimuli. Ainsi, des stimuli visuels peuvent être traités de façon successive et des stimuli auditifs peuvent être traités de façon simultanée ; même si les processus inverses sont habituellement de mise avec ces stimuli. Nous devons donc nous méfier des simplifications à ce propos. En particulier, s'il est exact que les stimuli non verbaux sont essentiellement traités par des processus simultanés et les stimuli verbaux par des processus successifs, nous devons reconnaître que la compréhension du matériel verbal fait indubitablement intervenir des processus simultanés (Das *et al.*, 1975, p. 99). Inversement, l'information imagée et non verbale peut être traitée tant par des processus simultanés que par des processus successifs. Par conséquent, une correspondance stricte entre matériel verbal et processus successifs, d'une part, et matériel non-verbal et processus simultanés, d'autre part, apparaît comme une caricature de la réalité.

Das et ses collaborateurs présentent leur modèle du fonctionnement cognitif comme une alternative face aux modèles hiérarchiques d'organisation des aptitudes. Dans leur modèle, aucune hiérarchie n'est suggérée entre les deux processus de traitement de l'information. En effet, ces processus peuvent également intervenir quelle que soit la complexité de la tâche et la nature des stimuli. Cette équivalence entre les processus est clairement démontrée par le fait qu'une même tâche puisse être résolue par plus d'une seule méthode (Das *et al.*, 1975, p. 98). Cette observation a pu être faite à plusieurs reprises au cours des recherches menées sur les processus simultanés et successifs dans différentes cultures (Das, 1973) et à différents niveaux d'âge (Das et Molloy, 1975).

3.3.2. Implications du modèle Das/Luria pour l'évaluation de l'intelligence

Développé aux début des années 80, le Kaufman Assessment Battery for Children (K-ABC) a été construit sur base du modèle de traitement de l'information de Luria et Das. Les auteurs ont en effet voulu procurer aux cliniciens un instrument permettant d'évaluer les processus séquentiels et simultanés chez les enfants de 2 ans 1/2 à 12 ans 1/2 (Kaufman et Kaufman, 1983). La Batterie K-ABC est ainsi composée d'une échelle Processus Séquentiels et d'une échelle Processus Simultanés qui permettent d'obtenir une note standard pour chaque processus ainsi qu'une note composite égale à la somme des notes aux deux échelles (Mental Processing Composite). Au côté de ces deux échelles, les auteurs ont inclus une échelle d'Acquisition qui évalue une réalité explicitement rapprochée de l'intelligence cristallisée ; la note composite des processus mentaux évaluant, quant à elle, une réalité proche de l'intelligence fluide (Kaufman et Kamphaus, 1984, p. 631). Comme plusieurs auteurs l'ont souligné (Anastasi, 1988, p. 269 ; Sattler, 1988, p. 302), la dénomination de l'échelle Acquisition est d'évidence mal choisie. Elle ne mesure en effet pas des connaissances scolaires factuelles comme on pourrait le penser au premier abord. Au contraire, les épreuves de cette échelle sont assez proches de celles des tests traditionnels d'intelligence. En ce sens, elles font autant appel aux processus de traitement de l'information que les épreuves des deux premières échelles citées. Avec cette différence que les connaissances acquises dans le milieu éducatif jouent ici un rôle nettement plus important que dans les échelles centrées sur les processus.

Malgré l'ambiguïté de la dénomination de ses différentes échelles, le K-ABC est un test bien construit dont les qualités métrologiques et diagnostiques sont indubitables. Le succès qu'il rencontre actuellement aux Etats-Unis en est d'ailleurs la conséquence. Les recherches concernant sa validité sont particulièrement nombreuses. La validité conceptuelle du K-ABC a notamment fait l'objet de plusieurs analyses factorielles à partir de résultats de sujets normaux et de sujets souffrant de troubles d'apprentissage. Ainsi Kaufman et Kamphaus (1984) ont analysé les résultats des 2 000 sujets de l'échantillon d'étalonnage du K-ABC. La solution avec trois facteurs est apparue comme la meilleure. Les épreuves Séquentielles et les épreuves Simultanées sont chacune saturées à un niveau élevé par un facteur bien distinct. Les épreuves Séquentielles sont toutes saturées par un même facteur que Kaufman et Kamphaus appellent, par conséquent, Séquentiel. Quant aux épreuves Simultanées, elles sont toutes saturées par un second facteur logiquement nommé Simultané. Il est à noter que, si les saturations les plus élevées (toutes supérieures à .40) tracent une nette distinction entre le facteur Séquentiel et le facteur Simultané, des saturations plus modestes (généralement proches de .25) existent, pour toutes les épreuves, par le facteur opposé. Par exemple, l'épreuve de Mouvements des Mains, qui fait partie de l'échelle Séquentielle, est principalement saturée par le facteur Séquentiel (.46) mais est également saturée par le facteur Simultané (.31) de façon non négligeable. De tels résultats indiquent clairement la difficulté de construire des épreuves évaluant un et un seul processus de traitement de l'information. Quant aux épreuves de l'échelle Acquisition, si elles sont toutes saturées de façon très marquée par un troisième facteur, elles sont également saturées par les facteurs Séquentiel et Simultané de manière significative. Par exemple, l'épreuve de Vocabulaire Expressif présente une saturation de .77 par le facteur Acquisition, de .61 par le facteur Simultané et de .25 par le facteur Séquentiel. De tels résultats soulignent la nature ambiguë de l'échelle Acquisition et le caractère quelque peu artificiel de la distinction entre une mesure des processus et une mesure des acquis.

Particulièrement intéressantes pour notre propre recherche sont les analyses factorielles conjointes menées à partir des résultats de mêmes échantillons de sujets au K-ABC et au WISC-R. Elles nous offrent en effet la possibilité d'évaluer l'importance des processus séquentiels et simultanés dans la résolution des épreuves du WISC-R et donc de mieux comprendre les points communs et les divergences entre ces épreuves. Ainsi Kaufman et McLean (1987) ont fait passer le K-ABC et le WISC-R à un échantillon de 212 enfants normaux. Leur hypothèse est que les trois facteurs mis en évidence lors de l'analyse de l'échantillon d'étalonnage du K-ABC (Kaufman et Kamphaus, 1984) correspondent aux trois facteurs extraits lors de l'analyse factorielle des données d'étalonnage du WISC-R (Kaufman, 1975). Ils supposent que le facteur Séquentiel correspond au facteur Attention/Concentration, que le facteur Simultané correspond au facteur Organisation Perceptive et que le facteur Acquisition correspond au facteur Compréhension Verbale[4]. L'analyse factorielle séparée des résultats de chaque test fait apparaître les trois facteurs attendus pour chacune des matrices de corrélations. Les corrélations entre les résultats factoriels des sujets au K-ABC et au WISC-R sont de .74 entre les facteurs Acquisition et Compréhension Verbale, de .55 entre les facteurs Processus Simultanés et Organisation Perceptive et de .52 entre les facteurs Processus Séquentiels et Attention/Concentration. L'analyse factorielle de l'ensemble des résultats au K-ABC et au WISC-R fait apparaître, comme prévu, trois facteurs. Cette solution tri-factorielle se révèle la meilleure de toutes celles testées. Le premier facteur sature fortement les épreuves de l'échelle Acquisition au K-ABC et les épreuves du WISC-R faisant partie de l'ensemble Compréhension Verbale. Le second facteur sature nettement les épreuves de l'échelle Processus Simultanés au K-ABC et les épreuves du WISC-R faisant partie de l'ensemble Organisation Perceptive. Quant au troisième facteur, il sature les épreuves de l'échelle Processus Séquentiels au K-ABC et les épreuves du WISC-R faisant partie de l'ensemble Attention/Concentration, à l'exclusion de l'épreuve de Code. Cette dernière épreuve est en effet saturée modérément par le second facteur (.31) et par le troisième facteur (.30). Cette observation peut surprendre car, *a priori*, l'épreuve de Code semble faire appel essentiellement aux processus séquentiels. C'est d'ailleurs l'avis de Bannatyne (1974) qui range cette épreuve dans la catégorie séquentielle avec les épreuves d'Arithmétique et de Mémoire de Chiffres[5]. Mais sans doute sommes nous abusés par la forme des stimuli présentés aux sujets, laquelle est clairement séquentielle, alors que les processus de résolution impliqués dans cette épreuve sont, pour une part, simultanés. Rappelons à ce propos que, selon Das (1975), la nature des stimuli ne détermine pas automatiquement la nature des processus utilisés par les sujets pour traiter cette information.

Les mêmes auteurs (Kaufman et McLean, 1986) ont également réalisé l'analyse factorielle conjointe des résultats au K-ABC et au WISC-R de 198 enfants souffrant de troubles d'apprentissage. L'analyse factorielle distincte des deux ensembles de résultats permet de mettre en évidence l'organisation factorielle attendue pour les deux instruments de mesure. Elle est très proche de celle constatée chez les sujets normaux (Kaufman et McLean, 1987). Toutefois, l'épreuve de Code n'est ici que très modérément saturée par le facteur Attention/Concentration et n'est quasi pas saturée par les deux autres facteurs extraits par l'analyse. Les corrélations entre les résultats factoriels de ces enfants sont : de .45 entre le facteur Acquisition et le facteur Compréhension Verbale, de .66 entre le facteur Processus Simultanés et le facteur Organisation Perceptive et de .39 entre le facteur Processus Séquentiels et le facteur Attention/Concentration.

L'analyse factorielle de l'ensemble des résultats au WISC-R et au K-ABC permet de mettre en évidence une structure de trois ou quatre facteurs, ces deux solutions étant également défendables. La solution tri-factorielle fait apparaître trois facteurs qui saturent les épreuves des deux tests de la même façon que chez les enfants normaux (Kaufman et McLean, 1987). Un premier facteur sature fortement les épreuves de l'échelle d'Acquisition et celles de l'ensemble Compréhension Verbale. Un second facteur sature tout aussi fortement les épreuves de l'échelle Processus Simultanés et celles de l'ensemble Organisation Perceptive. Et enfin, un troisième facteur sature à un degré élevé les épreuves de l'échelle Processus Séquentiels et, dans le WISC-R, l'épreuve de Mémoire de Chiffres. Par contre, les deux autres épreuves du WISC-R appartenant à l'ensemble Attention/Concentration ne sont saturées que modérément (Arithmétique) ou pas du tout (Code) par ce troisième facteur. L'épreuve de Code n'est significativement saturée que par le second facteur qui détermine les épreuves dominées par le traitement simultané de l'information. Cette observation souligne à nouveau la difficulté de cerner la véritable nature des processus intervenant dans cette épreuve.

La solution avec quatre facteurs conduit à scinder en deux le premier facteur (Acquisition/Compréhension Verbale) et à permettre l'apparition d'un facteur, appelé Aptitude à la Lecture, qui sature surtout les épreuves de l'échelle Acquisition et, dans le WISC-R, les épreuves d'Information et d'Arithmétique. Quant au deuxième facteur (Processus Simultanés/Organisation Perceptive) et au troisième facteur (Processus Séquentiel/Attention), ils restent quasi inchangés dans cette seconde analyse factorielle.

Les deux recherches que nous venons de présenter (Kaufman et McLean, 1986; Kaufman et McLean, 1987) nous permettent d'éclairer les processus mis en jeu dans les épreuves du WISC-R. Les épreuves de l'échelle de Performance, à l'exclusion de l'épreuve de Code, sont nettement dominées par les processus simultanés. Les processus séquentiels sont, eux, surtout actifs dans l'épreuve de Mémoire de Chiffres et, dans une moindre mesure, dans l'épreuve d'Arithmétique. Le rôle modéré des processus séquentiels dans l'épreuve d'Arithmétique est surtout vraie chez les enfants souffrant de troubles d'apprentissage et dont les lacunes scolaires entravent fortement les performances dans ce domaine. Par contre, chez les sujets normaux, les acquis scolaires permettent de résoudre les items d'Arithmétique ce qui entraîne la mise en œuvre de processus séquentiels. La nature des processus impliqués dans l'épreuve de Code est plus obscure. Il est vraisemblable que des processus tant simultanés que séquentiels interviennent dans la résolution de cette épreuve. Mais des variations sensibles semblent exister entre les sujets quant au poids respectif de ces processus. Ainsi, des modes différents de résolution de cette épreuve seraient possibles et le choix d'un de ces modes dépendrait de préférences personnelles et, peut-être, de mécanismes compensatoires. Par exemple, les enfants souffrant de troubles d'apprentissage, chez lesquels une faiblesse des processus séquentiels a souvent été décrite[6], pourraient compenser cette faiblesse en utilisant une stratégie de résolution dominée par les processus simultanés.

Les épreuves faisant partie de l'ensemble Compréhension Verbale font, quant à elles, appel tant aux processus séquentiels qu'aux processus simultanés. Ni l'un ni l'autre de ces processus n'apparaît comme dominant. Une première hypothèse plausible est que ces épreuves impliquent l'intervention des deux types de processus à différentes étapes du traitement de l'information. Cette hypothèse peut d'ailleurs être généralisée à toutes les épreuves du WISC-R, même celles qui sont largement déterminées par un des deux processus. Ces dernières sont en effet toujours modérément saturées par le facteur opposé. Mais une seconde hypothèse est également vraisemblable. Il est en effet possible que la saturation des épreuves tant par le facteur Processus Séquentiels que par le facteur Processus Simultanés ne fasse que refléter l'existence de deux sous-groupes au sein des échantillons d'enfants. Face à une même tâche, certains choisiraient de préférence une stratégie de résolution qui impliquerait davantage les processus simultanés alors que les autres utiliseraient préférentiellement un traitement séquentiel de l'information pour résoudre le problème posé. Malheureusement, les données actuelles ne nous permettent pas de trancher entre les deux hypothèses proposées.

3.4. LE MODÈLE PIAGÉTIEN DE L'INTELLIGENCE

3.4.1. Application des épreuves de Piaget à l'évaluation intellectuelle

Inhelder semble avoir été la première, au début des années 40, à utiliser les épreuves piagétiennes dans le but d'évaluer les troubles du fonctionnement cognitif. Le point de départ de ses recherches n'est pas sans similitudes avec celui de Binet une quarantaine d'années plus tôt. C'est en effet pour améliorer le dépistage et le diagnostic des enfants souffrant de handicap mental qu'elle imagine d'appliquer certaines des épreuves qu'elle a mise au point avec Piaget lors de leur étude du développement des quantités physiques (1941). Elle considère que les tests classiques de développement global, utilisés jusque là pour diagnostiquer le handicap mental, sont des instruments insatisfaisants car, dit-elle, ils « mesurent davantage le rendement qu'ils n'analysent les processus eux-mêmes » (1943, p. 6). Le modèle génétique développé par Piaget lui paraît être un cadre de référence beaucoup plus informatif et plus fiable pour établir un diagnostic de débilité mentale. Elle émet l'hypothèse que la débilité de raisonnement se caractériserait par des arrêts et des fixations dans le cours des stades opératoires.

Les recherches de Inhelder ont donné une importante impulsion à l'application des épreuves piagétiennes en psychologie clinique. En observant que les débiles mentaux suivaient les mêmes étapes du développement cognitif que les sujets normaux mais s'arrêtaient en cours de route et n'achevaient pas la construction de leurs structures logiques, elle a en effet montré que le modèle piagétien était universel, valable pour tous les individus quel que soit leur retard intellectuel. Elle ouvrait ainsi la voie à l'utilisation des épreuves de Piaget, et partant de sa théorie, pour l'examen de sujets souffrant de pathologie cognitive. Au travers des travaux dans ce domaine, qui dès lors se sont succédés, nous pouvons trouver un certain nombre d'arguments en faveur de cette application. Nous allons brièvement les passer en revue.

Un premier argument, parmi les plus cités, provient de la déception des psychologues par rapport aux tests psychométriques classiques. A ces derniers, il est principalement reproché leur vacuité théorique. Comme nous l'avons vu dans le chapitre 1, les tests d'intelligence générale comme le Binet-Simon ou les échelles de Wechsler ont été construits de façon essentiellement empirique. Les items ont le plus souvent été choisis en fonction de leur caractère discriminant, plutôt que sur base de leur relation avec une théorie élaborée du fonctionnement cognitif. Le but des premiers psychométriciens était d'ailleurs d'évaluer le niveau intellectuel global des sujets et non de mettre en évidence des processus ou des opérations. Pour atteindre cet objectif, il fallait que les tests incluent une grande diversité d'items et que cette multiplicité fasse masse. C'est pour cette raison que Binet a été jusqu'à proclamer : «peu importe les tests pourvu qu'ils soient nombreux» (1911, p. 20). Cette conception de l'évaluation heurte de nombreux psychologues qui veulent comprendre et non seulement quantifier. Comme le disent Ajuriaguerra et Tissot : «En clinique, il est presque toujours plus important de saisir la structure d'un raisonnement ou d'une conduite que d'en mesurer les résultats.» (1966, p. 333). Les épreuves piagétiennes apparaissent dès lors comme LA réponse à ce souhait. Elles s'appuient sur un modèle global du fonctionnement cognitif qui permet de donner sens à toutes les conduites observées. Celles-ci sont référées à des stades qui, en lieu et place des coupures arbitraires des tests psychométriques, représentent les articulations naturelles du développement des activités cognitives.

La théorie opératoire, grâce à l'isomorphisme qu'elle postule entre toutes les conduites intellectuelles d'un même niveau, représente également un progrès par rapport au modèle multifactoriel de l'intelligence. Ce modèle, dont la forme la plus ambitieuse nous est donnée par Guilford (1967), aboutit à découper les performances des sujets en une multitude d'aptitudes que rien ne vient unifier. Il nous permet tout au plus d'obtenir un profil cognitif qui est plus une juxtaposition de résultats qu'une réelle structuration d'ensemble. Au contraire, en postulant une unité structurale entre toutes les conduites d'un stade donné, la théorie piagétienne nous permet de décrire le fonctionnement cognitif comme une organisation globale et cohérente; les performances à différentes épreuves ne sont dès lors que des manifestations particulières de cette organisation.

Le support de la théorie génétique, très séduisante pour l'esprit, a conduit certains cliniciens à un réel enthousiasme («En matière de pathologie des fonctions cognitives, les épreuves de la psychologie génétique sont incontestablement les meilleures dont nous disposions.» (Ajuriaguerra et Tissot, 1966, p. 333) et à beaucoup d'optimisme («On peut, en effet, espérer échapper par cette voie à l'empirisme qui a tant marqué la psychologie classique.» (Perron-Borelli et Perron, 1986, p. 74). D'autres se sont montrés plus modérés. Ainsi Huteau et Lautrey (1978), tout en reconnaissant que les épreuves de Piaget échappent à un certain nombre de critiques adressées aux tests classiques, soulignent qu'elles ne sont pas sans poser des problèmes d'application et d'interprétation. Mal utilisées, elles peuvent ne représenter aucun progrès. C'est ce qui se passe lorsque l'on se contente d'additionner les notes aux épreuves réussies et de faire correspondre un stade au total. «La notion de stade, utilisée ainsi fait rentrer par la fenêtre les inconvénients du Q.I. que l'on croyait avoir chassés par la porte en utilisant une épreuve opératoire.» (1978, p. 133).

Un second argument en faveur de l'utilisation des épreuves piagétiennes dans le champ des troubles cognitifs tient à la «méthode clinique» créée par Piaget. Cette méthode «vise à saisir ce qui se dissimule derrière l'apparence immédiate des choses» (Claparède, cité par Anthony, 1966, p. 341). Pour ce faire, le psychologue va construire une relation dynamique avec le sujet qu'il veut évaluer et, par une sorte d'empathie avec sa pensée, va tenter de saisir son mode de raisonnement. Ce n'est que de cette façon qu'il pourra atteindre les véritables capacités du sujet. On est loin de l'enregistrement neutre des performances, caractéristique des tests classiques. Ici, un véritable dialogue se crée entre l'examinateur et l'enfant qui, en confrontant ce dernier aux questions et aux contradictions, permet de comprendre véritablement son fonctionnement intellectuel.

Enfin, un troisième argument en faveur des épreuves piagétiennes est la possibilité qu'offre la théorie de Piaget d'articuler le fonctionnement cognitif avec le fonctionnement global de la personnalité. Cette possibilité n'a pas été voulue explicitement par Piaget. Ce n'était pas son objet d'étude. Mais il ne s'est jamais opposé à ce que d'autres jettent des ponts entre ses propres théories et diverses théories de la personnalité. Ainsi la notion piagétienne d'égocentrisme a pu être rapprochée du concept freudien de narcissisme (Anthony, 1966, p. 350). Mais ce sont surtout les notions d'accommodation et d'assimilation qui ont permis de créer des liens avec la psychologie dynamique. Par exemple, Bettelheim (1969) lorsqu'il présente le cas célèbre de Marsia décrit ainsi ses stéréotypies autistiques : elle agitait les doigts à hauteur du menton, et, dès qu'on lui mettait en mains un nouvel objet (balle, pâte à modeler...), elle l'agitait de la sorte de façon compulsive. Bettelheim conclut de cette observation que «l'enfant autistique ne s'accommode pas» (1969, p. 551). L'enfant autiste intègre toutes nouvelles situations dans un schème assimilateur figé et non approprié ce qui empêche l'évolution des structures cognitives. Plus récemment, Gibello (1984) a développé cette idée en mettant en relation les problèmes d'accommodation avec la prédominance, au niveau de la personnalité, des mécanismes d'identification projective. Nous pouvons voir, au travers de ces brefs exemples, combien la théorie piagétienne peut être riche d'explications pour la psychopathologie et peut s'intégrer harmonieusement dans une description globale du fonctionnement de la personnalité.

3.4.2. Épreuves piagétiennes et tests traditionnels d'intelligence

Les épreuves créées par Piaget et les tests d'intelligence traditionnels mesurent-ils une réalité différente? Cette question importante a reçu des réponses très diverses. Certaines sont des affirmations *a priori*, reflétant les préjugés de leurs auteurs. D'autres s'appuient sur une expérience clinique souvent riche et intéressante mais ne répondant pas aux exigences d'une recherche véritablement scientifique. Enfin, un certain nombre de réponses sont le fruit d'études empiriques plus rigoureuses. Celles-ci sont malheureusement assez hétérogènes du point de vue des tests et des épreuves utilisées comme du point de vue de leurs méthodes d'interprétation des données. Les comparaisons entre les résultats des différentes recherches se révèlent par conséquent très délicates[7].

Plusieurs chercheurs constatent une liaison assez étroite entre les performances aux épreuves de Piaget et aux tests intellectuels traditionnels. C'est le cas de Freyberg (1966), de Dudeck *et al.* (1969), de Little (1972), de Rubin *et al.* (1978), de Kingma et Koops (1983) et de Tock Keng Lim (1988).

D'autres chercheurs arrivent par contre à des conclusions diamétralement opposées. C'est le cas de Stephen *et al.* (1972), de DeVries (1974) et de DeVries et Kohlberg (1977). Pour ces auteurs, «les épreuves piagétiennes paraissent mesurer une intelligence différente et des acquis différents de ceux mesurés par les tests psychométriques» (DeVries, 1974, p. 753).

Comment comprendre les divergences de résultats entre les recherches que nous venons de citer? Selon Humphreys et Parsons (1979) les différents travaux qui aboutissent à une opposition entre épreuves piagétiennes et tests d'intelligence traditionnels souffrent toutes de sérieux problèmes méthodologiques qui invalident totalement leurs conclusions. Cette analyse de Humphreys et Parsons a eu d'importantes répercussions puisqu'elle a été à l'origine d'un débat assez houleux dans la revue «Intelligence» puis d'un symposium organisé en 1981 à Boston par la Society for Research in Child Development sur les questions de méthodologie de la recherche (Carroll *et al.*, 1984). Il faut reconnaître les critiques faites par Humphreys et Parsons sont en grande partie fondée. En respectant une méthodologie rigoureuse, ces auteurs ont d'ailleurs réanalysé les données de Stephen *et al.* (1972) et ont pu mettre en évidence un recouvrement important de la réalité mesurée par les épreuves piagétiennes et par les tests d'intelligence traditionnels. Carroll *et al.* (1984) aboutissent à des résultats similaires, avec quelques nuances cependant, en réanalysant les données de DeVries (1974) et de DeVries et Kohlberg (1977).

Ainsi, l'existence d'une liaison relativement étroite entre les épreuves piagétiennes et les tests traditionnels d'intelligence est un fait incontournable qu'il nous faut comprendre. Peu d'auteurs ont réellement tenté une élaboration théorique de cette liaison. Les travaux de Elkind (1969; 1981) méritent d'être mentionnés à ce propos.

David Elkind (1969; 1981) a en effet tenté un rapprochement théorique entre les conceptions piagétiennes et les conceptions psychométriques de l'intelligence. Selon Elkind, il existe une unité profonde entre ces deux approches de l'intelligence. Les seules différences «découlent uniquement de la manière dont les psychométriciens et Piaget abordent et regardent l'intelligence et non de divergences fondamentales touchant à la nature de l'intelligence elle-même» (1969, p. 323). Et plus loin, il ajoute : «ces différences (...) ne sont pas contradictoires mais plutôt complémentaires» (1969, p. 330). La position de Elkind n'est donc pas réductionniste. Unité ne veut pas dire pour lui identité. Au contraire, les deux approches, s'appuyant sur une base commune, nous donnent chacune un point de vue spécifique sur l'intelligence. Elkind se montre d'ailleurs très critique face à toute tentative de psychométrisation de l'approche piagétienne.

Elkind (1981) propose d'élargir le concept d'intelligence globale afin de pouvoir y inclure les aspects du fonctionnement mental spécifiques à chacune des deux approches. Il souhaite ainsi souligner les liens existants entre celles-ci tout en respectant leur originalité. Il rappelle à ce propos que la théorie piagétienne et la psychométrie se distinguent par les postulats qui sous-tendent leur démarche. Piaget postule que l'intelligence est organisée comme un tout gouverné par des règles. Cette organisation mentale évolue avec l'âge. Le but des épreuves que crée Piaget est donc de distinguer les formes d'organisation caractéristiques de chaque âge. L'objectif spécifique de l'évaluation piagétienne est, par conséquent, de mettre en évidence une «forme».

Le postulat sur lequel s'appuie la psychométrie est, lui, que l'intelligence existe comme une quantité qui peut être mesurée. Cet aspect de l'intelligence, nous pouvons l'appeler «trait». Celui-ci semble être une caractéristique assez stable de l'individu tout au long de sa vie. Le but de l'évaluation psychométrique est de quantifier ce trait en comparant les performances du sujet avec celles d'un échantillon représentatif de la population à laquelle il appartient. La spécificité de l'approche psychométrique est donc de s'intéresser à l'intelligence comme quantité alors que la spécificité de l'approche piagétienne est de s'intéresser à l'intelligence comme qualité. La conception élargie de g doit ainsi englober deux composantes essentielles : une composante «trait» (gt), invariable, et une composante «forme» (gf) qui, elle, varie au cours de l'évolution du sujet. Cette redéfinition de g a des conséquences pratiques. Une évaluation correcte de l'intelligence doit mentionner non seulement un score (gt) mais aussi une description de sa forme (gf).

Cela signifie-t-il que tout examen de l'intelligence devrait à la fois inclure un test psychométrique et des épreuves piagétiennes ? Les choses ne sont pas si simples car ces deux instruments ne sont pas des mesures pures de chacune des composantes de g. Elkind souligne en effet que la conception développementale de l'intelligence de Piaget contient implicitement une notion de trait. Assimilation, accomodation et équilibration sont des fonctions invariantes au travers des changements structuraux. Ces fonctions constituent la composante «trait» dans la théorie piagétienne car elles permettent d'apprécier des différences inter-individuelles[8]. C'est, entre autres, parce que leurs capacités d'assimilation, d'accomodation et d'équilibration ne sont pas les mêmes que les individus progressent différemment aux travers des stades. Elkind rappelle à ce propos les observations de Inhelder : les sujets les plus brillants intellectuellement étendent leurs opérations à une plus large gamme de contenus et ceci à un âge plus avancé que les sujets moins doués (1981, p. 107). C'est parce que la théorie de Piaget contient une composante «trait» que des corrélations positives entre les épreuves piagétiennes et les tests psychométriques sont observées. Inversement, la conception psychométrique contient implicitement une notion de «forme». Les différences d'âge mental ne sont en effet pas seulement des différences de vitesse de développement. Ce sont aussi des différences de qualité de raisonnement.

3.4.3. Le WISC-R à la lumière de la théorie piagétienne

L'élaboration théorique de Elkind est particulièrement intéressante pour le praticien. Elle implique en effet la possibilité d'analyser les différentes épreuves du WISC-R en termes piagétiens. Quelle opération suppose la résolution de telle épreuve et, à un niveau plus élémentaire, de tel item ? Elkind a entrepris de répondre à cette question en analysant certains sous-tests du WISC-R en termes d'opérations mises en jeu.

Elkind (1981) a ainsi fait passer à 60 enfants l'épreuve de Similitudes, le Goldschmid-Bentler (test piagétien évaluant l'acquisition des conservations) et diverses épreuves de créativité. Selon Elkind, sur base des corrélations entre les trois tests, on peut affirmer que l'épreuve de Similitudes n'est pas homogène quant à la réalité effectivement mesurée. « Une partie des items de Similitudes ont des corrélations significatives avec des mesures de pré-opérations, une autre partie avec des mesures d'opérations concrètes et une troisième partie avec une mesure de créativité » (Elkind, 1981, p. 116). Par exemple, la question « Quelle est la ressemblance entre une roue et une balle ? » fait surtout appel à une connaissance figurative pré-opératoire. Par contre, la question « Quelle est la ressemblance entre un piano et une guitare ? » demande clairement un raisonnement opératoire concret. Quant à la question « Quelle est la ressemblance entre l'eau et le sel ? », elle paraît faire essentiellement appel à la pensée divergente.

Elkind souligne également le manque d'homogénéité des items au sein d'autres épreuves du WISC-R. Ainsi, la Mémoire de Chiffres en ordre direct est du niveau pré-opératoire alors que la Mémoire de Chiffres en ordre inverse est, elle, du niveau opératoire concret. De même, l'épreuve de Vocabulaire est composée d'items significativement corrélés soit avec des épreuves pré-opératoires, soit avec des épreuves demandant une maîtrise des opérations concrètes. Les épreuves de Cubes et de Code semblent, quant à elles, être plus homogènes, leurs items étant tous corrélés avec des mesures opératoires concrètes.

Comme nous pouvons nous en rendre compte, l'idée d'utiliser le WISC-R pour évaluer le développement opératoire se révèle particulièrement intéressante. Malheureusement, les quelques résultats que nous venons de décrire sont les seuls qu'ait publié Elkind. Et comme aucun chercheur ne semble avoir pris le relais, ce type d'étude est resté en friche jusqu'à ce jour. Il y a pourtant là une voie très prometteuse de développement des méthodes d'évaluation intellectuelle.

CONCLUSION

Nous devons admettre que les modèles multifactoriels égalitaires, comme ceux défendus par Thurstone et Guilford, ne sont plus aujourd'hui défendables. L'accord de la majorité des chercheurs qui s'occupent du fonctionnement cognitif se fait à présent sur une organisation hiérarchique des aptitudes. Certaines de celles-ci interviendraient dans un grand nombre de performances intellectuelles alors que d'autres ne joueraient un rôle que dans un nombre restreint de situations. Les aptitudes à large spectre et celles à spectre plus étroit n'agiraient jamais de façon indépendante mais seraient toujours coordonnées et hiérarchisées. Le WISC-R, dans la mesure où il a été construit sur base d'une telle organisation des aptitudes, reste donc un test d'actualité. Ceci est d'autant plus vrai que les fondements théoriques de ce test ont pu être validés au moyen de méthodes d'analyse factorielle hiérarchique.

Nous avons vu que la théorie de Cattell de l'intelligence fluide et cristallisée nous a apporté un éclairage intéressant sur les formes d'intelligence impliquées dans les deux échelles du WISC-R. En particulier, l'échelle Verbale est apparue comme une assez bonne mesure de l'intelligence cristallisée. Par contre, l'échelle de Performance s'est révélée moins simple à cerner. Il n'est en effet pas correct d'affirmer qu'il s'agit là d'une mesure de l'intelligence fluide. Sur base des recherches de Gustafsson, il est plus conforme à la réalité de la considérer comme une bonne évaluation de la Visualisation Générale. L'intelligence fluide, quant à elle, serait peu ou prou mesurée par toutes les épreuves. Si nous admettons, à la suite de Gustafsson, que Gf est égal à g, nous pouvons en effet estimer que la saturation de chaque épreuve par le facteur g est une bonne évaluation de sa capacité à mesurer Gf. Rappelons que le fait qu'une épreuve mesure à la fois Gf et Gc n'est pas incohérent puisque ces deux intelligences sont intimement liées, la seconde étant une fonction de la première. Mais, une telle épreuve est alors de moindre intérêt pour le praticien puisqu'il ne lui est alors pas possible de distinguer l'action des deux types d'intelligence. Nous devons donc reconnaître que le WISC-R ne nous permet guère d'évaluer l'intelligence fluide, même si ce test est fortement saturé par g. En effet, nous ne devons pas oublier que le WISC-R est un test d'intelligence globale et que, à ce titre, il mesure une réalité plus large que g sans qu'il soit possible, dans la pratique, de distinguer les mesures de g et celles d'autres réalités.

Le modèle du traitement de l'information développé par Das nous a permis de nous intéresser aux processus mis en jeu dans le WISC-R. Il est certain que la dichotomie Processus Simultanés/Processus Séquentiels est une distinction fondamentale au niveau du traitement de l'information. Une convergente apparaît entre de nombreux auteurs quant à l'existence de cette distinction même si certains l'expriment en d'autres mots (analytique/holistique, linéaire/parallèle, successif/ simultané...). Mais, nous avons pu constater, au travers des recherches de Kaufman et de ses collaborateurs, que l'évaluation de ces processus était loin d'être simple. En effet, la plupart des tâches complexes font appel aux deux types de processus. De plus, il est fréquent qu'un même problème puisse être résolu soit au moyen de processus séquentiels, soit au moyen de processus simultanés, sans qu'il soit possible au psychologue de savoir quels sont les processus effectivement utilisés par le sujet qu'il évalue. Dans le K-ABC, Kaufman et Kaufman (1983) ont, malgré tout, réussi à inclure des épreuves qui se distinguent assez nettement du point de vue des processus qu'elles impliquent. Une distinction aussi marquée n'a malheureusement pas été observée au niveau des épreuves du WISC-R. Si certaines épreuves apparaissent comme de bonnes mesures des processus simultanés et d'autres comme comme de bonnes mesures des processus séquentiels, plusieurs autres font intervenir les deux types de processus. Une telle situation complexifie considérablement l'interprétation des performances puisque le clinicien ne peut savoir *a priori* quels processus a utilisé le sujet pour résoudre le problème posé.

Enfin, le modèle piagétien nous a ouvert à une conception constructiviste de l'intelligence particulièrement riche pour le praticien. Nous avons souligné, en nous appuyant sur différentes recherches empiriques, que l'approche piagétienne n'était pas contradictoire avec l'approche psychométrique traditionnelle. Ici les apports théoriques de Elkind se sont révélés très éclairants. Son idée de distinguer deux facettes au facteur g, gt (trait) et gf (forme), est très importante. Il ne voit pas là deux facteurs de groupe ni deux styles d'intelligence comme le sont l'intelligence fluide (gf) et l'intelligence cristallisé (gc). Pour Elkind, le facteur g reste bien une réalité unique. Mais les points de vue sur cette réalité unique peuvent varier. Le psychologue peut en effet s'intéresser à la vitesse de développement des structures et différencier quantitativement les sujets de ce point de vue ; il évalue alors gt. Il peut aussi porter son regard sur la forme du développement et distinguer les sujets selon la qualité des opérations qu'ils utilisent ; il évalue alors gc. Des instruments ont été créés pour évaluer spécifiquement chacune des ces dimensions de g. Cette spécificité doit être respectée. Les épreuves piagétiennes et les tests psychométriques doivent être vus, non comme antagonistes ou interchangeables, mais comme complémentaires.

Le respect de la spécificité des instruments ne doit cependant pas empêcher de reconnaître l'existence de ponts entre les deux. Le fait que des recouvrements existent entre les instruments rend possible un examen plus dynamique de l'intelligence. Des hypothèses peuvent être élaborées avec un type d'instrument et être, éventuellement, mise à l'épreuve avec l'autre. Nous songeons tout particulièrement à la possibilité d'analyser les performances des sujets au WISC-R en termes d'opérations et de continuer l'examen avec des épreuves piagétiennes sélectionnées en conséquence. Malheureusement, si beaucoup de chercheurs se sont intéressés à la dimension psychométrique des épreuves piagétiennes, nettement moins se sont penchés sur la dimension opératoire des tests psychométriques. Nous avons vu plus haut que Davis Elkind avait entamé cette analyse avec quelques épreuves du WISC-R.

En France, Longeot et ses collaborateurs (1970) ont mené une recherche similaire avec quatre sous-tests de la Nouvelle Echelle Métrique d'Intelligence (NEMI). Mais ce ne sont encore que les prémisses d'études qui devraient se poursuivre.

NOTES

[1] Ce test a été traduit en français en 1964 sur base de la troisième édition américaine (1958).

[2] Plus récemment, Guilford (1982) a augmenté à 150 le nombre de facteurs possibles en scindant le contenu figural en contenu visuel et contenu auditif. Il affirme avoir démontré l'existence de 105 de ces facteurs.

[3] «Le terme "intelligence" n'a jamais été défini de façon univoque et satisfaisante. L'analyse factorielle a clairement démontré qu'il n'est pas un phénomène univoque. [...] Les méthodes d'analyse multifactorielle [...] n'ont pas trouvé de facteur psychologique général au niveau des facteurs de premier ordre, et n'ont pas découvert de facteurs de second ordre qui puisse véritablement se réclamer du titre d'"intelligence".» (Guilford, 1956, p. 290).

[4] Rappelons que, suivant l'analyse de Kaufman (1975), le facteur Attention/Concentration explique essentiellement les épreuves d'Arithmétique, de Mémoire de Chiffres et de Code. Le facteur Organisation Perceptive explique, lui, les épreuves de l'échelle Performance (hormis Code). Et enfin, le facteur Compréhension Verbale explique surtout les épreuves de l'échelle Verbale (hormis Arithmétique et Mémoire de Chiffres).

[5] Nous parlerons plus longuement des catégories de Bannatyne dans le chapitre 5, lorsque nous discuterons de l'utilisation du WISC-R comme instrument de diagnostic de la dyslexie.

[6] Cf. chapitre 5, § 5.4.2.

[7] Pour une analyse critique détaillée de ces recherches, le lecteur peut se reporter à notre article «Les épreuves piagétiennes et les tests d'intelligence traditionnels évaluent-ils une même réalité? Revue de la littérature et tentative d'articulation.» *Revue de Psychologie et de Psychométrie*, à paraître.

[8] Ne s'intéressant pas aux différences inter-individuelles, Piaget n'est guère explicite sur les facteurs responsables des différenciations. Il parle bien des facteurs déterminant le développement cognitif mais il les envisage d'un point de vue général de psychologue généticien et non du point de vue de la psychologie différentielle. Pourtant nous croyons que les hypothèses d'Elkind ne déforment pas sa pensée mais la prolongent de façon cohérente. En effet, on peut raisonnablement supposer que les sujets se différencient par leur capacité innée et assez stable d'adapter et d'organiser leur pensée; sans que l'adaptation et l'organisation soient les seuls facteurs de différenciation puisque, selon Piaget, le développement de la pensée dépend également des échanges sociaux et de l'expérience (Piaget et Inhelder, 1941, p. XXV).

Chapitre 4
Le WISC-R et le problème du biais socio-culturel dans l'évaluation de l'intelligence

Tester l'intelligence n'est pas un acte neutre. Les résultats de cette évaluation peuvent en effet avoir de profondes répercussions dans la vie des sujets qui en sont l'objet. Que l'on songe en particulier à l'orientation en enseignement spécial et à la reconnaissance administrative du statut de handicapé mental. On comprend dès lors l'importance de la question du biais socio-culturel des tests d'intelligence. En effet, si les tests ne mesurent pas équitablement les membres de tous les groupes sociaux et culturels qui composent la population, les décisions prises sur base de leurs résultats pourront être considérées comme non valides. Nous avons, par conséquent, jugé nécessaire de consacrer tout un chapitre à cette épineuse question qui peut, selon les réponses données, remettre en cause l'utilisation même des tests intellectuels.

Dans un premier point, nous aborderons le problème du biais socio-culturel des tests du point de vue de ses répercussions sociales. Nous parlerons en particulier des décisions juridiques prises aux Etats-Unis à propos de l'utilisation des tests pour l'évaluation des minorités sociales et culturelles. Nous nous intéresserons ensuite à la question essentielle de ce qu'est un biais socio-culturel. De l'examen de cette question, nous dégagerons différentes méthodes permettant d'évaluer objectivement la présence de biais socio-culturels dans les tests intellectuels. Nous verrons alors quelles informations nous donnent ces méthodes à propos du

WISC-R américain. Toujours sur base de la version américaine du WISC-R, nous discuterons de l'intérêt d'utiliser des normes multiples pour résoudre le problème de l'évaluation des minorités sociales et culturelles.

Enfin, nous reviendrons à la version française du WISC-R pour constater l'absence de recherches sur ses éventuels biais socio-culturels. Une lacune est certainement à combler dans ce domaine. Nous avons voulu entamer cette tâche en présentant la distribution des Q.I. selon certaines des variables de stratification de l'échantillon d'étalonnage français. Il s'agit des variables «sexe» et «catégorie socio-professionnelle du chef de famille». Ces données représentent la base pour de futures recherches dont nous traçons ici les grandes lignes.

4.1. IMPLICATIONS JURIDIQUES ET SOCIALES DE LA MESURE DE L'INTELLIGENCE

Les tests d'intelligence générale, et en particulier les échelles de Wechsler, ont fait l'objet de nombreuses et souvent vives critiques concernant leur incapacité à évaluer correctement et impartialement les capacités intellectuelles des sujets appartenant aux différentes classes sociales et aux différents groupes culturels de la population pour laquelle ces tests ont été étalonnés. Ils sont accusés d'être biaisés et de favoriser certains groupes sociaux et culturels au détriment d'autres de ces groupes. Fréquemment, ce type de critiques est émis, non par des spécialistes du domaine des tests, mais par des personnes, non familières avec la psychométrie, dont les intentions politiques sont évidentes. Le débat est, par conséquent, rarement emprunt de la pondération et de la rigueur scientifique que l'on pourrait espérer. Ainsi, Michel Tort (1974), dans un ouvrage sur le Q.I. qui fit un certain bruit au moment de sa parution, ne peut s'empêcher d'émailler son texte de jugements à l'emporte-pièce et d'affirmations idéologiques prises comme des axiomes indiscutables. Malheureusement, la rigueur de la critique n'est pas à hauteur de la violence du discours. Huteau et Lautrey (1975) ont réalisé une analyse détaillée de l'argumentation de Tort et ont souligné son caractère pseudo-scientifique : «interprétation de faits sélectionnés ou déformés, raisonnements faux sur des faits correctement rapportés, assertions invérifiables, etc.» (p. 170). Bref, nous sommes sur le terrain de la polémique où chacun campe sur des positions outrancières et où aucun échange constructif n'est possible.

Aux Etats-Unis, la question du biais socio-culturel des tests intellectuels a dépassé la polémique et a été portée devant les tribunaux. Plusieurs parents ont en effet refusé que leurs enfants soient placés dans l'enseignement pour handicapés mentaux car ils reprochaient aux psychologues d'avoir utilisé des tests biaisés et inadaptés pour évaluer les minorités socio-culturelles. Le cas « Larry P. contre Riles » a, en particulier, fait couler beaucoup d'encre (Scarr, 1978 ; Bersoff, 1984 ; Elliot, 1987 ; Sattler, 1988). Dans cette affaire, les parents de Larry P. attaquèrent le Département de l'Education de l'Etat de Californie dont un des psychologues voulait placer leur fils dans l'enseignement pour handicapés mentaux. Ils argumentèrent qu'étant de race noire, et appartenant par conséquent à une culture différente de celle des blancs, leur fils avait été incorrectement évalué aux moyen de tests intellectuels inadéquats. En octobre 1979[1], le juge R. Peckham donna tort au Département de l'Education de l'Etat de Californie car, selon lui, les tests d'intelligence standardisés « sont racialement et culturellement biaisés, ont un effet discriminatoire à l'encontre des enfants noirs et n'ont pas été validés dans le but de placer de façon quasi permanente des enfants noirs dans des classes d'éducation séparées, sans issues et stigmatisantes pour les enfants appelés handicapés mentaux éducables » (cité par Sattler, 1988, p. 778). Par conséquent, selon le juge Peckham, les tests d'intelligence violent la loi sur l'éducation des enfants handicapés (Public Law 94-142) qui précise que les tests utilisés pour l'évaluation et le placement des enfants handicapés doivent être choisis et administrés de façon à n'être ni racialement ni culturellement discriminatoires. En 1984[2], pour la même affaire, la Cour d'Appel confirma le premier jugement.

Mais tous les cas similaires n'ont pas fait l'objet d'un jugement identique. Ainsi dans le cas « Parents in Action on Special Education contre J.P.Hannon » (7 juillet 1980)[3], le juge J. Grady, de la cour fédérale de l'Illinois, donna tort aux plaignants considérant que le WISC, le WISC-R et le Standford-Binet n'étaient biaisés ni du point de vue racial ni du point de vue culturel. Il précisa que, lorsque ces instruments sont utilisés avec d'autres critères d'évaluation, il n'y a pas lieu de voir les tests intellectuels comme étant la source de discrimination raciale. Dans le cas « Georgia State Conference of Branches of NAACP contre State of Georgia » (29 octobre 1985)[4], la Cour d'Appel, arriva aux mêmes conclusions que dans le jugement précédent. Le juge considéra que les procédures d'évaluation ne représentaient pas une discrimination à l'égard des enfants noirs et que la sur-représentation de ces derniers dans les classes pour retardés mentaux éducables n'était pas un argument pertinent contre les méthodes standardisées d'évaluation.

Ainsi, la question du biais socio-culturel dans les tests intellectuels, liée au respect de l'égalité d'opportunités auquel a droit chaque sujet, indépendamment de sa race et de sa culture, n'a pas reçu de réponse juridique claire et définitive. Mais est-ce vraiment aux juristes de répondre à cette question? Sattler (1988) rapporte plusieurs cas où les juges n'ont pas voulu trancher, considérant que le tribunal n'était pas le lieu approprié pour discuter de la qualité des tests et de la valeur des mesures éducatives prises sur base de leurs résultats. Il faut en effet reconnaître que le problème du biais des tests n'est pas stricto sensu une question juridique mais d'abord une question psychologique. Nous allons donc essayer d'y répondre, tout particulièrement dans le cas du WISC-R. Mais pour pouvoir atteindre cet objectif, il est d'abord nécessaire de répondre à une question qui semble souvent avoir été éludée. Qu'est-ce qu'en effet un biais?

4.2. LA NOTION DE BIAIS DANS LES TESTS INTELLECTUELS

Comme le constate Flaugher (1978), la définition de ce qu'est un biais dans un test n'est pas unique et définitive. Au contraire, il existe de multiples définitions de la notion de biais émises dans des univers discursifs très différents. Cette multiplicité découle de l'impact social et personnel des tests. En effet, chaque personne est un utilisateur effectif ou potentiel de tests et est susceptible de voir sa vie influencée peu ou prou par les résultats de ceux-ci. Tout individu ou groupe d'individus trouve donc légitime de donner son avis à propos des tests. De là découle une multitude d'opinions concernant les tests. Certains y voient la source de tous les maux alors que d'autres les considèrent comme des instruments tout puissants. Dans ces conditions, la question de savoir si les tests sont biaisés ou non donne lieu à des réponses souvent confuses et marquées par les *a priori*. La confusion est d'autant plus grande que tous les intervenants ne s'accordent même pas sur la définition de ce qu'est un biais.

Un reproche fréquent fait aux tests, et tout particulièrement aux tests d'intelligence, est de mettre en évidence une infériorité moyenne des résultats de certains groupes sexuels, sociaux, culturels ou raciaux par rapport à la moyenne des résultats de l'ensemble de la population auquel ces groupes appartiennent. De cette observation, certains concluent que les tests sont biaisés parce qu'ils ne reconnaissent pas à chacun l'égalité des chances. Les tests sont accusés de perpétuer la domination de certains groupes sur d'autres et d'être ainsi des instruments d'injustice sociale et culturelle.

Flaugher (1978) considère que cette critique des tests n'est généralement pas fondée. Elle repose en effet sur la confusion entre aptitude et acquisition. Les résultats d'un test d'intelligence peuvent en effet être conçus comme étant la mesure d'une aptitude, c'est-à-dire d'une capacité inscrite en chacun de nous, et donc impossible à modifier. Les résultats peuvent être également compris comme étant l'évaluation d'acquisitions nécessaires pour de nouveaux apprentissages et donc pour de nouvelles acquisitions. Si nous croyons qu'un test évalue une aptitude, face à de faibles résultats nous adopterons une attitude fataliste. Nous qualifierons le sujet de débile ou de retardé et nous affirmerons que nous ne pouvons pas grand chose pour lui. Nous l'orienterons alors vers une institution, voie de garage où le sujet sera parqué sans espoir. Si, par contre, nous croyons que le test évalue une acquisition, notre attitude sera beaucoup plus positive. Nous ne considérons plus que les performances du sujet représentent une caractéristique définitive et immuable de ses capacités. Nous les comprendrons comme étant le résultat d'expériences passées dont les conséquences pour l'avenir ne sont pas négligeables mais ne sont pas non plus inéluctables. Face à une personne dont les performances intellectuelles sont de faible niveau, nous tenterons donc de modifier ses conditions d'acquisition en proposant un cadre pédagogique adapté. Il ne s'agit plus ici d'exclure mais de réadapter. Ainsi, selon le sens que nous attribuons au résultats d'un test intellectuel, notre évaluation du sujet et notre intervention seront fondamentalement différentes.

Comme la plupart des critiques adressées aux tests d'intelligence partent du principe que ceux-ci sont des tests d'aptitudes et non des tests d'acquis, elles perdent considérablement de leur poids dès que l'on considère les tests d'intelligence comme des instruments permettant de mesurer un acquis et non une aptitude pure. En effet, le constat de différences de performances moyennes entre les groupes ne débouche plus alors sur l'exclusion et l'inégalité des chances. Les différences observées sont, au contraire, comprises comme une inégalité de résultats due aux conditions du milieu, inégalité qui demande à être corrigée par des moyens appropriés. De notre point de vue, ce qui est critiquable, ce n'est pas l'existence de différences de performances entre les groupes qui composent la population, c'est le sens que nous donnons à ces différences et l'utilisation que nous en faisons. Selon nous, l'observation de différences d'efficience est inévitable car elles reflètent les différences d'avantages offerts à chacun par son milieu. C'est l'absence de différence observée qui devrait poser problème et mettre en doute la qualité d'un test, et non l'inverse. Parce qu'il nous permettent de mettre en évidence les différences de performances entre les divers groupes qui composent la société, les tests ont une utilité sociale. Grâce à eux, nous pouvons en effet mettre en place des stratégies de remédiation qui tentent de donner à chacun les chances d'épanouissement et de réussite les plus égales possibles. Rejeter les tests intellectuels parce qu'ils soulignent des différences revient à attaquer le messager qui apporte la mauvaise nouvelle ou à casser le thermomètre qui indique la fièvre (Flaugher, 1978, p. 672).

Bien entendu, la distinction entre l'évaluation des aptitudes et l'évaluation des acquis est quelque peu caricaturale. Il n'y a pas plus de test d'aptitude pure que de test d'acquis pur. Toute performance mesurée par nos tests intellectuels est la résultante de l'interaction entre des capacités et des acquisitions. Le poids de chacune de ces deux composantes, nous l'ignorons. Mais ce dont nous sommes certains, c'est que le rôle des acquis antérieurs est loin d'être négligeable dans les performances actuelles. Nous ne pouvons par conséquent jamais utiliser les résultats des tests intellectuels comme s'ils représentaient le niveau d'une aptitude pure.

A présent que nous avons dissipé certains malentendus concernant le sens des résultats aux tests intellectuels, nous pouvons aborder la question des biais socio-culturels de façon plus rigoureuse. Selon Reynolds et Nigl, «un test doit être considéré comme biaisé du point de vue de sa validité prédictive lorsque les conclusions tirées du résultat de ce test ne sont pas faites avec la plus petite erreur aléatoire possible ou si il y a une erreur constante dans les inférences ou les prédictions faites à propos des membres d'un groupe particulier» (1981, p. 177). Le biais, tel qu'il est ici défini, à l'avantage de pouvoir être testé. Il n'est plus une question d'opinion mais d'évaluation statistique. Il est en effet possible de déterminer des critères précis nous permettant de vérifier si un test est biaisé ou non.

Nous considérons qu'un test ne présente pas de biais socio-culturels susceptibles de remettre en cause son utilisation dans tous les groupes de la population si sa validité différentielle est satisfaisante. La validité différentielle fait référence aux différences de validités d'un test dans les divers groupes de la population pour laquelle ce test a été étalonné. Si ces différentes sont faibles, nous pourrons affirmer que le test en question présente peu de biais d'origine socio-culturelle. Pour évaluer si un test est biaisé, nous devons par conséquent vérifier :

1. Que sa validité prédictive est bien identique dans tous les groupes. Pour ce faire, nous vérifions si il existe une différence significative entre les coefficients de corrélation calculés dans les deux groupes entre les résultats au test et les résultats à un critère. La même comparaison peut être faite en utilisant des droites de régressions. Dans ce cas, on calcule

pour chaque groupe la droite de régression entre les résultats au test et au critère puis on compare les deux droites selon leur pente et selon leurs intersections avec les axes.

2. Que sa validité conceptuelle est semblable pour chaque groupe. Autrement dit, on vérifie si le test mesure bien les mêmes aptitudes dans tous les groupes. Pour ce faire, la méthode la plus souvent utilisée est l'analyse factorielle.

3. Que sa validité de contenu est semblable pour chaque groupe. On vérifie ici si tous les items du test sont de bonnes mesures de l'intelligence pour tous les groupes. Cette vérification a l'inconvénient d'être souvent fort subjective. On se contente généralement de passer en revue tous les items et d'éliminer ceux qui paraissent inadaptés pour certains groupes socio-culturels. La limite de cette méthode est bien exprimée en anglais par l'expression ironique qui la désigne : « armchair validity ». Pour diminuer l'impact de la subjectivité du psychologue, l'examen des items est parfois fait par un groupe de psychologues et l'élimination des items biaisés est alors décidée sur base de l'ensemble des jugements. Mais les résultats ne semblent pas à la hauteur de l'effort fourni car les tests ainsi « nettoyés » des items biaisés ne donnent le plus souvent pas des résultats très différents de ceux obtenus avec les tests originaux (Flaugher, 1978 ; Sattler, 1988). Pour cette raison d'autres chercheurs ont utilisé une méthode non subjective et strictement empirique, pour analyser les items du point de vue de leur biais culturel. Cette méthode consiste à comparer les statistiques de difficulté de chaque item entre les différents groupes. Si un item apparaît, dans un des groupes, comme particulièrement difficile par rapport aux autres items, et que ce phénomène n'est pas constaté dans les autres groupes, nous pouvons suspecter cet item d'être biaisé. Dans ce cas, la difficulté de l'item semble déterminée par la culture et non par l'intelligence. Il y a alors lieu de l'écarter.

4.3. LE WISC-R EST-IL UN TEST BIAISÉ DU POINT DE VUE SOCIO-CULTUREL?

4.3.1. Les recherches américaines

4.3.1.1. Les résultats au WISC-R selon les variables de stratification de l'échantillon d'étalonnage

Aux Etats-Unis, la « Public Law » 94-142 et le jugement rendu dans l'affaire « Larry P. contre Riles » ont stimulé de nombreuses recherches à propos des éventuels biais dont souffrirait le WISC-R. Nous allons les passer en revue en respectant les trois catégories de validation différentielle que nous avons décrites plus haut. Mais avant d'aborder cette question, il est nécessaire de fournir certaines informations générales sur les performances des différents groupes qui composent l'échantillon d'étalonnage du WISC-R américain. Rappelons que cet échantillon, représentatif de la population américaine sur base du recensement de 1970, comprend 2200 sujets répartis en 10 groupes d'âges stratifiés selon les variables de sexe, de race, d'aire géographique, d'activité parentale et de type de résidence (urbaine ou rurale).

Kaufman et Doppelt (1976) ont publié les valeurs moyennes des Q.I. et leurs dispersions selon chacune de ces variables. Aucune différence significative n'apparaît entre les garçons et les filles ni entre les sujets d'origine rurale et ceux d'origine urbaine. Par contre, une différence d'environ 15 points est observée pour les trois Q.I. entre les enfants noirs et les enfants blancs, différence en faveur de ces derniers. La dispersion des résultats est semblable dans les deux groupes où l'écart-type tourne autour de 13 points pour chacun des Q.I. Des différences marquantes entre les moyennes sont également constatées selon les catégories professionnelles des parents. Les enfants blancs dont les parents exercent une profession libérale obtiennent en moyenne un Q.I. Total de 109 (catégorie la plus performante) alors que les enfants blancs dont le père est ouvrier non qualifié n'obtiennent en moyenne qu'un Q.I. Total de 92 (catégorie la moins performante). Une différence de 11 points est également observée entre ces deux catégories socio-professionnelles extrêmes dans le cas des enfants noirs.

Au vu de ces résultats, il n'est pas étonnant que la plupart des études sur la validité différentielle du WISC-R se soient centrées sur la comparaison des performances entre enfants blancs et enfants noirs et, dans une moindre mesure, entre enfants de milieux sociaux aisés et enfants de milieux sociaux peu favorisés. Certaines études se sont également intéressées aux performances de groupes appartenant à la population américaine mais n'ayant pas été inclus dans l'échantillon d'étalonnage du WISC-R, comme les Indiens ou les citoyens d'origine mexicaine. Le but de ces dernières études est de vérifier si divers biais n'empêchent pas de pouvoir appliquer le WISC-R à ces groupes culturels.

4.3.1.2. La validité prédictive

La validité prédictive a été étudiée tout particulièrement du point de vue racial. Ainsi, Reynolds et Hartlage (1979) ont comparé les performances d'adolescents blancs et d'adolescents noirs présentant tous des troubles d'apprentissage. Tous les sujets ont passé le WISC-R et les épreuves de lecture et d'arithmétique du Wide Range Achievement Test. Des droites de régression ont été calculées à partir des paires de résultats pour chaque race séparément. Ces droites ont ensuite été comparées selon la technique de Potthoff qui tient compte à la fois de la pente des droites et de leurs intersections avec les axes. Les auteurs constatent que les droites de régression des blancs et des noirs ne diffèrent pas significativement. Autrement dit, dans le cas présent, les résultats du WISC-R permettent une prédiction des performances de type scolaire aussi valable pour les sujets blancs que pour les sujets noirs. La validité prédictive du WISC-R est donc équivalente dans les deux groupes raciaux.

Reynolds et Nigl (1981) ont également comparé les résultats d'enfants blancs et d'enfants noirs au WISC-R et au Wide Range Achievement Test (WRAT). Tous leurs sujets présentent un niveau intellectuel normal faible ou limite. Pour chaque groupe, les corrélations ont été calculées entre les trois Q.I. du WISC-R et les épreuves de lecture et de calcul du WRAT. Les auteurs observent qu'au seuil de .05, les 10 corrélations ne se différencient pas de manière significative dans les deux groupes. La comparaison des droites de régression aboutit à la même absence de différence significative. Les auteurs en concluent qu'il ne semble pas y avoir de biais culturel du point de vue de la validité prédictive des tests d'intelligence. «Ces résultats indiquent que les enfants noirs et les enfants blancs qui obtiennent un faible résultat aux tests d'intelligence ont la même probabilité de réussite ou d'échec dans les classes d'enseignement normal.» (1981, p. 178).

Oakland et Feigenbaum (1979), quant à eux, ont réalisé une vaste recherche sur les différentes sources de biais au WISC-R à partir des performances de 436 enfants d'école primaire appartenant à trois groupes raciaux (blancs, noirs et hispaniques) et à deux classes sociales (moyenne et basse). En plus du WISC-R, les enfants ont également passé les épreuves de lecture et de mathématique du California Achievement Test. Les corrélations entre le Q.I. Total et les résultats en lecture et en mathématique ont été calculées pour chaque groupe racial et pour chaque classe sociale. Les corrélations calculées dans les deux groupes sociaux sont quasi identiques. Celles des noirs et des hispaniques sont également très proches. Par contre, les corrélations des blancs sont sensiblement plus élevées que celles des deux autres groupes raciaux, tout particulièrement entre le Q.I. et l'épreuve de lecture. Malheureusement, les auteurs n'ont pas testé la signification de la différence entre les coefficients de corrélations des différents groupes. Il nous faut donc prendre avec prudence leur conclusion selon laquelle le WISC-R présenterait un certain biais quant à sa capacité de prédire l'acquisition de la lecture (p. 974).

Enfin, une vaste étude sur 787 enfants a été menée par Reschly et Reschly (1979). Ce groupe est composé d'enfants du niveau primaire, appartenant à parts à peu près égales à 4 groupes raciaux : blancs, noirs, hispaniques et indiens. Tous les sujets ont passé le WISC-R et les épreuves de lecture et de mathématique du Metropolitan Achievement Test. Pour chaque groupe racial, les corrélations ont été calculées entre le Q.I. total et les épreuves de lecture et d'arithmétique. De plus, les auteurs ont calculé une note pour chacun des trois facteurs du WISC-R mis en évidence par Kaufman (1975). Ces trois notes factorielles ont ensuite été corrélées avec les deux épreuves de connaissance, et ceci pour tous les groupes raciaux. Les coefficients de corrélation apparaissent comme fort proches entre les groupes des enfants blancs, noirs et hispaniques. Par contre, les coefficients du groupe d'enfants indiens sont généralement plus faibles. Mais ici aussi la prudence s'impose au niveau des conclusions car les auteurs n'ont pas testé la signification statistique des divergences entre les coefficients des différents groupes raciaux.

4.3.1.3. La validité conceptuelle

La validité conceptuelle a fait l'objet d'un très grand nombre de recherches utilisant l'analyse factorielle. Ainsi, Reschly (1978) a étudié les résultats au WISC-R d'un échantillon de 1 040 enfants composé à parts égales de blancs, de noirs, d'hispaniques et d'indiens. Les matrices de corrélations de chacun de ces groupes ont été analysées selon la même méthode que celle utilisée par Kaufman (1975) pour l'échantillon d'étalonnage du WISC-R. Une analyse en facteur principal a donc été réalisée puis a été suivie d'une rotation varimax pour les solutions avec 2, 3 et 4 facteurs. La solution avec deux facteurs apparaît comme très semblable dans les quatre groupes. Les coefficients de congruence entre les facteurs des différents groupes sont en effet très élevés puisqu'ils varient de .97 à .99. Cette solution bi-factorielle recouvre la division du WISC-R en Verbal et Performance, et ceci pour tous les groupes. L'utilisation des deux sous-échelles du test apparaît ainsi comme pertinente pour les différents groupes raciaux. Reschly a également évalué le poids du facteur g dans chacun des groupes. Pour ce faire, il a comparé les saturations du premier facteur avant rotation. Il constate que le pourcentage de variance déterminée par ce facteur est quasiment la même dans les quatre groupes. De ces résultats, Reschly conclut que le WISC-R présente une validité conceptuelle semblable quelque soit la race des enfants. D'après lui, cette observation est une condition nécessaire, mais non suffisante, pour que nous puissions considérer le WISC-R comme un test impartial du point de vue racial.

Gutkins et Reynolds (1980 et 1981) arrivent aux mêmes conclusions en utilisant les mêmes méthodes d'analyse factorielle et de comparaison des facteurs. Dans leur première recherche (1980), ces auteurs comparent les performances de 142 hispaniques et de 78 blancs présentant tous des difficultés scolaires. La solution bi-factorielle apparaît comme très proche dans les deux groupes, les coefficients de congruence étant nettement supérieurs à .90. Ici aussi, les deux facteurs coïncident parfaitement avec l'échelle Verbale et l'échelle de Performance dans les deux groupes raciaux. Dans leur seconde recherche, Gutkins et Reynolds (1981) analysent les performances des 1 868 blancs et des 305 noirs de l'échantillon d'étalonnage du WISC-R. A nouveau, l'analyse factorielle permet d'extraire, dans chacun des groupes, deux facteurs quasi superposables aux échelles Verbale et de Performance. Les coefficients de congruence entre les facteurs extraits dans les deux groupes sont également très élevés.

Vance et Wallbrown (1978) se distinguent des recherches précédentes par l'utilisation d'une méthode d'analyse factorielle différente. Ils ont en effet étudié les performances au WISC-R de 150 enfants noirs souffrant de difficultés scolaires au moyen de la méthode d'analyse hiérarchique mise au point par R.J. Wherry. Les résultats mettent en évidence une réelle congruence de la structure factorielles des enfants noirs avec celle de l'échantillon d'étalonnage du WISC-R (Wallbrown *et al.*, 1975). Toutefois, le facteur g détermine ici une moindre part de la variance. A l'opposé, les deux facteurs de groupes, qui correspondent bien aux échelles Verbale et de Performance, ont un poids beaucoup plus important. Les auteurs proposent d'expliquer ce phénomène soit par la forte homogénéité de leur échantillon soit par la spécificité du fonctionnement cognitif des enfants de cet échantillon, sans qu'il soit possible de trancher entre les deux hypothèses sur base des seuls résultats de leur étude. Il faut toutefois remarquer que les recherches menées avec la même méthode d'analyse factorielle sur des groupes d'enfants souffrant de troubles cognitifs mettent d'habitude en évidence un facteur g plus faible que dans les groupes d'enfants normaux (Blaha et Wallbrown, 1984). La variable race ne semble dès lors pas un facteur explicatif pertinent.

Enfin, il nous faut parler d'une recherche quelque peu excentrique par rapport aux précédentes qui toutes s'intéressent aux différences ethniques et raciales. Dans celle-ci, Carlson, Reynolds et Gutkins (1983) étudient en effet les différences entre les performances d'enfants appartenant à des groupes socio-économiques différents. De l'échantillon d'étalonnage du WISC-R, les auteurs retiennent les enfants dont les parents exercent une profession de statut socio-économique élevé (N = 922) et les enfants dont les parents exercent une profession de faible statut socio-économique (N = 782). Ils forment ainsi deux groupes contrastés du point de vue socio-économique dont ils étudient les matrices de corrélations calculées à partir des résultats au WISC-R. L'analyse factorielle met en évidence dans chaque groupe deux facteurs correspondant aux échelles Verbale et de Performance. Les coefficients de congruence entre les facteurs des deux groupes sont particulièrement élevés puisqu'ils sont tous égaux à .99. Les auteurs concluent que : «ces données indiquent un haut degré de similitude entre les catégories socio-économiques extrêmes et donnent un nouvel argument en faveur de la division par Wechsler des sous-tests du WISC-R en échelle Verbale et de Performance.» (Carlson *et al.*, 1983, p. 322).

4.3.1.4. La validité de contenu

La validité de contenu a fait l'objet d'intéressantes recherches qui ont clairement montré le danger d'une évaluation subjective du biais socio-culturel des items. Ainsi, Sandoval et Miille (1980) ont comparé la méthode rationnelle (subjective) et la méthode empirique (quantitative) quant à leur capacité d'apprécier les biais socio-culturels de 45 items du WISC-R. Pour ce faire, ils ont demandé à 100 étudiants (38 noirs, 22 hispaniques et 40 blancs) d'évaluer si divers items du WISC-R étaient : a) plus faciles pour les noirs et les hispaniques que pour les blancs, b) plus faciles pour les blancs ou c) d'égale difficulté pour tous les sujets quelque soit leur race. Les items ont été sélectionnés sur base d'une analyse multivariée de la variance des données récoltées avec le WISC-R par Mercer et Lewis (1979). Cette analyse a permis de mettre en évidence plusieurs items significativement plus difficiles pour les noirs que pour les blancs, et plusieurs autres items significativement plus difficiles pour les hispaniques que pour les blancs. Tous les autres items sont apparus d'égale difficulté pour tous les sujets. De chacun de ces trois ensembles d'items, les auteurs ont tiré 15 items, constituant ainsi l'ensemble des items soumis aux jugements des étudiants. Les résultats de l'évaluation rationnelle se sont révélés surprenants. Les jugements des étudiants sont en effet le plus souvent opposés aux résultats de l'évaluation statistique. De plus, l'identité raciale des étudiants n'est pas apparue comme un facteur permettant d'améliorer la qualité de la sélection des items. Les auteurs en concluent que : «Ces résultats réfutent l'affirmation selon laquelle les jugements subjectifs peuvent être utilisés pour déterminer le biais des items sans l'aide d'évidences empiriques.» (Sandoval et Miille, 1980, p. 252).

Cette conclusion rejoint une observation similaire faite par Miele (1979, p. 163). L'item du sous-test Compréhension : «Que dois-tu faire si un enfant plus petit que toi commence à se battre avec toi?», avait été mis en évidence par Robert William, dans un documentaire CBS sur «le mythe du Q.I.», comme étant le type même de l'item biaisé du point de vue culturel. Or, constate Miele, cet item apparaît, sur l'ensemble des items du WISC-R, comme le 42e plus facile pour les enfants noirs. Par contre, il n'est que le 47e plus facile pour les enfants blancs. Autrement dit, cet item est relativement plus facile pour les noirs que pour les blancs sur base des résultats statistiques, ce qui est en totale opposition avec le jugement subjectif de William.

Sandoval, Zimmerman et Woo-Sam (1983) ont, eux, évalués la difficulté des items de l'échelle Verbale du WISC-R au moyen d'une méthode empirique. Ils ont étudiés les résultats de quatre groupes ethniques : anglo-américains, noirs, hispaniques et bermudiens. L'analyse des résultats de chaque échantillon a été réalisée item par item pour les cinq sous-tests verbaux. Le pourcentage de sujets réussissant un item a été à chaque fois évalué. Les corrélations entre ces pourcentages ont ensuite été calculées entre les différents groupes. Ces corrélations se sont révélées très élevées. Les courbes de difficultés des items de chaque sous-test sont en effet pratiquement identiques pour les enfants blancs, noirs et hispaniques. Les résultats des enfants bermudiens se démarquent quelque peu puisque les corrélations de leurs pourcentages avec ceux des enfants des trois autres groupes oscillent entre .88 et .98. De leurs résultats, les auteurs concluent que : «Apparemment, l'ensemble des items du WISC-R parvient à faire appel à des expériences semblables et à des bases culturelles communes aux enfants du groupe majoritaire comme aux enfants des groupes minoritaires.» (Sandoval *et al.*, 1983, p. 54).

4.3.1.5. Conclusion des études de validité différentielle

Les différentes recherches que nous venons de présenter ne sont pas en tous points comparables. Mais toutes semblent indiquer que la validité prédictive du WISC-R est pratiquement identique pour les enfants noirs et les enfants blancs. Les enfants d'origine mexicaine, bien que non représentés dans l'échantillon d'étalonnage, ne font pas, eux non plus, l'objet de prédictions forts différentes. Enfin, la seule étude qui se soit intéressée à la différence de validité prédictive du WISC-R entre les classes sociales, ne met en évidence aucun écart significatif entre les prédictions.

Du point de vue de la validité conceptuelle, il apparaît que la distinction entre échelles Verbale et échelles de Performance est pertinente pour tous les groupes raciaux et sociaux. Cette division de l'échelle selon deux grandes dimensions du fonctionnement cognitif est donc valable par delà les différences ethniques et sociales. Toutefois, nous avons constaté que la méthode d'analyse factorielle hiérarchique indiquait un moindre poids du facteur g dans le cas des enfants noirs souffrant de difficultés d'apprentissage. Le fait que deux variables puissent expliquer cette observation complique l'interprétation. Selon nous, des recherches complémentaires devraient permettre de donner un réponse précise à ce problème d'interprétation.

Enfin, la validité de contenu pose moins de problèmes que ne le laisse croire l'examen subjectif des items. Les items verbaux, en particulier, sont en effet souvent suspectés d'être plus biaisés que les items de performance. Or, la comparaison des pourcentages de réussite des items verbaux dans différents groupes ethniques n'indique en fait aucune différence majeure. Par conséquent, ces items apparaissent, dans leur ensemble, appropriés pour évaluer les différents groupes ethniques qui composent la population américaine. Des recherches complémentaires seraient toutefois intéressantes pour évaluer les éventuels biais des items de l'échelle de performance.

De l'ensemble des recherches américaines à propos de la validité différentielle du WISC-R, nous pouvons conclure que ce test ne semble pas biaisé du point de vue culturel et social. Autrement dit, le WISC-R paraît aussi valide pour évaluer les enfants quelle que soit leur origine culturelle et sociale. Si certaines catégories de sujets, en particulier les noirs et les enfants de milieux modestes, obtiennent un Q.I. significativement plus faible que le Q.I. moyen de la population, le WISC-R ne peut en être rendu responsable. Cette différence de Q.I. moyen n'est pas un artefact dû à l'inadaptation du test pour l'évaluation de certaines minorités socio-culturelles. Si différences il y a, elles découlent des différences de conditions éducatives qui favorisent ou non le développement intellectuel. Il est tout à fait normal que le test reflète de telles différences.

4.3.1.6. L'utilisation du WISC-R dans le SOMPA (System of Multicultural Pluralistic Assessment)

Qu'est-ce que le SOMPA?

Nous terminons notre analyse des critiques socio-culturelles du WISC-R américain par la présentation et la discussion d'une tentative de réponse au problème de l'évaluation des minorités sociales et culturelles : le «System of Multicultural and Pluralistic Assessment» (SOMPA).

Jane Mercer (1979) a imaginé cette méthode dans le but de répondre aux exigences de la «Public Law 94-142» dont nous avons déjà parlé plus haut (§ 4.1). Cette méthode combine une évaluation selon trois points de vue : le point de vue médical, le point du vue social et le point de vue «pluraliste» (pluralistic). L'évaluation médicale a pour but d'apprécier si l'enfant est biologiquement normal, c'est-à-dire s'il ne souffre d'aucun trouble organique. L'évaluation sociologique s'intéresse, elle, aux performances et à l'adaptation de l'enfant dans son groupe socio-culturel. Quant à l'évaluation «pluraliste», son but est d'apprécier le potentiel d'apprentissage de l'enfant. Ces trois évaluations doivent permettre de prendre des décisions d'éducation et de placement des enfants en évitant au maximum les biais sociaux et culturels.

Nous allons nous intéresser de plus près à l'évaluation pluraliste dans la mesure où elle se base sur les performances au WISC-R. Dans le SOMPA, les items et consignes de passation du WISC-R n'ont pas été modifiés. Par contre, les normes ont sensiblement changé puisqu'elles sont à présent multiples. En effet, Mercer considère qu'utiliser des normes uniques pour l'ensemble de la population américaine revient à nier l'hétérogénéité de cette population et à évaluer tous les sujets relativement à la culture dominante. L'utilisation de normes uniques est par conséquent injuste pour les sujets appartenant à des groupes culturellement minoritaires car elle aboutit à évaluer moins leurs capacités que leur conformité à la culture du groupe majoritaire. Pour Mercer, il est nécessaire qu'un enfant soit évalué par rapport aux sujets vivants dans les mêmes conditions sociales et culturelles. Pour ce faire, on met en évidence, au moyen de quatre échelles socio-culturelles, les caractéristiques du sujet du point de vue : de la taille de sa famille, de la structure de sa famille, du statut socio-économique de ses parents et de son acculturation urbaine. Les résultats bruts à ces quatre échelles sont ensuite transformés selon des normes spécifiques pour chaque groupe ethnique, à savoir les blancs, les noirs et les hispaniques. Les notes obtenues sont alors introduites dans une équation de régression multiple qui permet de transformer le Q.I., calculé selon les normes du WISC-R, en un Q.I. EPL («Estimated Potential Learning»). Ce dernier Q.I. est sensé, comme son nom l'indique, nous donner l'évaluation la plus exacte possible du véritable potentiel d'apprentissage des sujets.

Concrètement, cette transformation du Q.I. initial conduit à augmenter le Q.I. de nombreux sujets et à diminuer, par conséquent, le nombre d'enfants étiquetés comme handicapés mentaux. Sur base des normes multiples du SOMPA, plus un sujet sera marginal par rapport à la culture dominante, plus son Q.I. EPL sera élevé comparativement à son Q.I. calculé suivants les normes traditionnelles du WISC-R. Les normes du SOMPA ont été établies à partir d'un échantillon de 2085 enfants californiens, âgés de 5 ans à 11 ans 11 mois et appartenant, à parts égales, à trois groupes ethniques : les blancs, les noirs et les hispaniques.

Évaluation du SOMPA

Certains auteurs (par exemple, Kaufman, 1979, pp. 17-18) ont jugé avec bienveillance le SOMPA, le considérant comme un réel progrès dans l'évaluation des minorités socio-culturelles. D'autres, par contre, se sont montrés très critiques à son propos (Johnson et Danley, 1981; Jirsa, 1983; Sattler, 1988). Ces derniers reprochent au SOMPA de ne pas permettre de meilleures prédictions que le WISC-R utilisé avec les normes traditionnelles. Ils critiquent également le fondement même de la méthode, à savoir la sociologie de la connaissance. Nous allons examiner leurs différents arguments.

Johnson et Danley (1981) ont mené une recherche fort bien construite à propos des qualités prédictives du SOMPA et, plus particulièrement, du Q.I. EPL. Ils ont constitué deux groupes d'enfants dont la moyenne et la dispersion des Q.I. étaient les mêmes, selon les normes traditionnelles du WISC-R. Les deux groupes ont été choisis afin qu'un des deux soit considéré comme socialement défavorisé sur base des échelles socio-culturelles du SOMPA. Par conséquent, les Q.I. EPL des enfants de ce groupe ont été sensiblement augmentés par rapport à leur Q.I. original. Par contre, vu leur profil sociologique, le Q.I. EPL des enfants de l'autre groupe n'a pas été modifié par rapport à leur Q.I. original. Si l'hypothèse de Mercer est juste et que le Q.I. EPL prédit mieux la réussite des apprentissages que ne le fait le Q.I. calculé suivant les normes uniques, nous devrions nous attendre à observer de meilleurs apprentissages chez les enfants ayant les Q.I. EPL les plus élevés. Pour éprouver cette hypothèse, les auteurs ont présenté aux enfants des deux groupes deux tâches d'apprentissage. Ces tâches ont été choisies de façon à être les moins marquées possible par la culture dominante.

Johnson et Danley constatent que ni le Q.I. EPL, ni le Q.I. traditionnel ne sont de très bons prédicteurs de la réussite des apprentissages. Les corrélations entre les deux Q.I. et les deux tâches d'apprentissage sont en effet modérées (de l'ordre de .45). De plus, les corrélations des deux prédicteurs avec les apprentissages sont très semblables. Par conséquent, «l'évidence suggère que le WISC-R est aussi valide que le SOMPA pour prédire des performances de type scolaires évaluées par deux tâches d'apprentissage sélectionnées» (Johnson et Danley, 1981, p. 131). Sattler (1988, p. 354) fait remarquer que, si le Q.I. EPL n'est pas un meilleur prédicteur des apprentissages que le Q.I. traditionnel, son utilisation conduit à tromper les élèves, et leurs parents, sur leurs chances de réussite scolaire. Il peut en découler, pour les enfants, des expériences pénibles et des frustrations dont la responsabilité pourra être imputée au psychologue qui a proposé l'orientation scolaire. Par conséquent, pour Sattler, «l'utilisation du SOMPA n'est pas recommandée, étant donné sa validité inadéquate» (1988, p. 354).

Mais la validité du SOMPA n'est pas seule en cause, ses fondements conceptuels eux-mêmes peuvent être discutés. Jirsa (1983) souligne que le projet de Mercer est construit sur une sociologie de la connaissance. Pour Mercer, en effet, connaître est essentiellement un processus social. Selon ce point de vue, toutes les formes de connaissance ont une égale valeur et sont également appropriées. Par conséquent, la culture dominante n'est dominante que parce qu'elle est celle de la majorité. Dans ces conditions, si on souhaite évaluer avec justice les capacités cognitives d'un sujet, on ne peut comparer celles-ci qu'à celles des sujets présentant le même profil socio-culturel.

La sociologie de la connaissance est en fait réductionniste. Elle affirme en effet que le fonctionnement cognitif est entièrement déterminé par les conditions sociales et culturelles d'éducation. Cette conception des fondements de la cognition est discutable. Elle ne rend pas compte de la grande variabilité des résultats aux tests intellectuels des enfants appartenant à une même classe sociale. En effet, si les différentes classes sociales se distinguent par un Q.I. moyen parfois très différent, la variabilité des Q.I. au sein de chaque classe est assez semblable. Ainsi, à partir des résultats de l'échantillon d'étalonnage du WISC-R français, on constate que, dans le groupe des enfants de cadres supérieurs, la note la plus basse au Q.I. Total est de 65 et la note la plus élevée est de 144. Dans le groupe des enfants d'ouvriers, la note la plus basse au Q.I. Total est de 58 et la note la plus élevée est de 142. Dans ces deux groupes, socialement très contrastés, l'étendue des Q.I. est donc très semblable. Sur base de ces résultats, nous devons reconnaître que le milieu n'explique pas tout du fonctionnement cognitif et qu'il est nécessaire d'introduire d'autres facteurs de détermination.

De plus, la sociologie de la connaissance conduit au relativisme. En effet, comme toutes les conditions sociales et culturelles d'éducation se valent, toutes les formes de fonctionnement cognitif qui en découlent sont équivalentes. Or, il est faux de croire que tous les milieux fournissent un bagage d'égale valeur aux enfants qui en font partie. Comme le font remarquer Huteau et Lautrey, «l'intelligence n'est pas qu'une valeur sociale relative mais aussi une fonction psychologique» (1975, p. 186). Autrement dit, nous devons reconnaître que les conditions d'existence n'aboutissent pas à des modes de fonctionnement cognitif d'égale qualité. Certains se révèlent plus efficaces pour s'adapter à la société dans son ensemble. D'autres, par contre, sont efficaces dans un milieu restreint mais se révèlent peu efficients dans la société globale. Nier ces différences conduit à rejeter toute possibilité de remédiation et à accentuer les différences d'efficience entre les individus. En ce sens, le SOMPA apparaît comme une mauvaise solution à un vrai problème. Comme le souligne Jirsa : «Les manipulations statistiques des performances actuelles (le Q.I. au WISC-R) peuvent réussir à éliminer certains enfants des programmes spéciaux d'éducation, mais cela ne change en rien l'enfant du point de vue de son fonctionnement effectif.» (1983, p. 19).

4.3.2. Données françaises et perspectives de recherches

La question du biais socio-culturel des tests d'intelligence a donné lieu, en langue française, à divers ouvrages assez généraux et souvent polémiques (par exemple Tort, 1974). Mais les recherches objectives sur ce problème sont quasi inexistantes. Nous n'avons, en tout cas, trouvé aucune étude de ce genre au sujet du WISC-R. Cette lacune doit être comblée pour lever un certain nombre de suspicions qui pèsent sur ce test. Le praticien doit en effet connaître les possibilités et les limites de l'instrument qu'il utilise pour pouvoir défendre ses conclusions en connaissance de cause.

Les données de l'échantillon d'étalonnage du WISC-R représentent le point de départ obligé des recherches sur le biais. Nous avons donc analysé ces données selon les variables de stratification que sont le sexe et la catégorie professionnelle du chef de famille. Rappelons que l'échantillon d'étalonnage du WISC-R français (N = 1066) a été constitué en respectant, sur base des données de l'INSEE de 1975, la composition de la population française du point de vue : sexe, catégorie socio-professionnelle du père, répartition géographique et scolarisation (taux de redoublement). L'échantillon a été rassemblé avec beaucoup de soin et les pourcentages de sujets selon chacune des variables sont très proches de ceux de la population.

Tableau 4. — *Moyennes et écarts-types du Q.I. Total selon la variable Sexe.*

Groupes d'âges		Garçons	Filles	Différence
6 1/2	N Moyenne Ecart-Type	50 98,98 12,30	50 99,16 15,49	0,18
7 1/2	N Moyenne Ecart-Type	50 99,94 15,42	50 100,74 13,35	– 0,80
8 1/2	N Moyenne Ecart-Type	50 102,74 17,39	50 99,22 12,91	3,52
9 1/2	N Moyenne Ecart-Type	50 100,00 14,36	50 96,48 14,68	3,52
10 1/2	N Moyenne Ecart-Type	50 103,30 13,01	50 97,46 15,52	5,84
11 1/2	N Moyenne Ecart-Type	50 101,86 13,31	50 98,34 14,91	3,52
12 1/2	N Moyenne Ecart-Type	49 99,20 15,42	49 98,31 14,31	0,89
13 1/2	N Moyenne Ecart-Type	47 102,72 98,63	47 98,83 14,63	3,89
14 1/2	N Moyenne Ecart-Type	49 104,14 17,20	49 97,37 15,21	6,77
15 1/2	N Moyenne Ecart-Type	46 98,26 15,28	46 100,89 16,46	– 2,63
16 1/2	N Moyenne Ecart-Type	42 102,17 18,83	42 98,71 15,71	3,46
Total	N Moyenne Ecart-Type	1066 101,21 15,25	1066 98,48 15,23	2,73

Note : Différence = Moyenne des garçons - Moyenne des filles.

Les tableaux 4 et 5 présentent les moyennes et les écarts-types des Q.I. par âge et par sexe. Les résultats qui y sont rapportés nous ont quelque

Tableau 5. — *Moyennes et écarts-types des Q.I. Verbal et Performance selon la variable Sexe.*

Groupes d'âge		Q.I. VERBAL			Q.I. PERFORMANCE		
		Garçons	Filles	Diff. M	Garçons	Filles	Diff. M
6 1/2	N	50	50		50	50	
	Moyenne	98,14	100,12	− 1,98	100,28	98,26	2,02
	Ecart-type	12,48	15,03		14,17	15,63	
7 1/2	N	50	50		50	50	
	Moyenne	100,28	100,82	− 0,54	99,64	100,48	− 0,84
	Ecart-type	13,92	13,21		16,93	13,78	
8 1/2	N	50	50		50	50	
	Moyenne	102,28	101,14	1,14	102,60	97,24	5,36
	Ecart-type	16,77	12,07		17,27	13,39	
9 1/2	N	50	50		50	50	
	Moyenne	101,14	95,84	5,30	99,42	98,04	1,38
	Ecart-type	12,07	14,61		14,46	10,61	
10 1/2	N	50	50		50	50	
	Moyenne	103,64	97,96	5,68	102,40	97,32	5,08
	Ecart-type	14,48	15,13		12,13	14,62	
11 1/2	N	50	50		50	50	
	Moyenne	102,44	96,88	5,56	100,70	100,38	0,32
	Ecart-type	14,97	14,73		13,52	15,89	
12 1/2	N	49	49		49	49	
	Moyenne	98,55	98,98	− 0,43	99,92	98,02	1,9
	Ecart-type	16,16	14,35		14,12	15,26	
13 1/2	N	47	47		47	47	
	Moyenne	101,64	98,77	2,87	103,30	99,09	4,21
	Ecart-type	15,40	14,86		12,89	14,73	
14 1/2	N	49	49		49	49	
	Moyenne	103,08	97,39	6,41	104,44	97,94	6,50
	Ecart-type	16,81	15,64		17,84	14,01	
15 1/2	N	46	46		46	46	
	Moyenne	98,52	100,17	− 1,65	98,13	101,43	− 3,3
	Ecart-type	15,78	16,69		15,57	14,50	
16 1/2	N	42	42		42	42	
	Moyenne	101,79	99,57	2,22	102,19	98,86	3,33
	Ecart-type	18,18	14,36		17,94	16,21	
Total	N	1066	1066		1066	1066	
	Moyenne	100,95	98,86	2,09	101,18	98,80	2,38
	Ecart-type	15,45	14,59		15,22	14,73	

peu surpris. Nous ne nous attendions en effet pas à observer de telles différences entre les garçons et les filles. Avec le WISC-R américain, ces différences sont plus réduites : 2,4 points au Q.I. Verbal, 0,6 points au Q.I. de Performance et 1,8 points au Q.I. Total (différences calculées sur l'ensemble de l'échantillon de 2200 sujets et toutes en faveur des garçons. Kaufman et Doppelt, 1976).

Avec le WISC-R français, la différence entre garçons et filles est, dans le cas du Q.I. Verbal, semblable en amplitude et en orientation (2,09 points). Mais, dans le cas du Q.I. de Performance et du Q.I. Total, elle est sensiblement plus élevée (respectivement 2,38 points et 2,73 points). De plus, à certains niveaux d'âge, les différences sont parfois beaucoup plus élevées que ces valeurs moyennes. Ainsi, à 14 ans et demi, les différences entre les garçons et les filles sont de : 6,41 points au Q.I. Verbal, 6,50 points au Q.I. de Performance et 6,77 points au Q.I. Total. Toutefois, ces dernières valeurs doivent être nuancées car les résultats moyens des garçons de cet âge sont majorés par les performances exceptionnelles d'un sujet (Q.I.V. = 143, Q.I.P. = 151 et Q.I.T. = 152).

Nous avons testé les différences de moyennes aux trois Q.I. pour l'ensemble des garçons et des filles au moyen du test t de Student (test à une issue avec 1064 degrés de liberté). Les Q.I. moyens des garçons apparaissent très significativement plus élevés que ceux des filles. Les seuils de signification sont : .01 pour le Q.I. Verbal, .005 pour le Q.I. de Performance et .002 pour le Q.I. Total. Comment comprendre ces différences ? Au vu des écarts aux divers niveaux d'âge, il ne semble pas y avoir d'évolution génétique des performances selon le sexe. L'importance des différences varie en effet de façon apparemment aléatoire par rapport à l'âge. Il est vraisemblable qu'une partie des ces variations soit le reflet d'erreurs de mesure. Mais, la différence d'environ 2,5 points aux trois Q.I. constatée entre les garçons et les filles sur l'ensemble de l'échantillon (N = 1066) doit être reconnue comme une différence psychologique réelle. Le sens de cette différence peut faire l'objet de multiples hypothèses dont la discussion sort de notre sujet actuel. Nous nous bornerons à souligner que, du point de vue pratique, cette différence n'a pas beaucoup d'importance. Elle est en effet bien en deçà des limites de l'intervalle de confiance des trois Q.I. (cf. chapitre 2, § 2.3.2).

Le tableau 6 présente les moyennes et les écarts-types des Q.I. par catégories socio-professionnelles. Nous pouvons constater que ce sont les enfants de commerçants et d'artisans qui, en moyenne, obtiennent le Q.I. Total le plus bas (95,80). Ils sont immédiatement suivis par les enfants d'ouvriers (96,46). Les enfants de cadres supérieurs obtiennent, eux, le Q.I. Total le plus élevé (111,79). Ils sont suivis de près par les enfants de cadres moyens (110,72). L'écart entre le niveau moyen le plus élevé et le niveau moyen le plus faible est donc de 15,99 points, ce qui correspond à un peu plus d'un écart-type dans la distribution des Q.I. Toutefois, cette différence doit être relativisée. En effet, les deux groupes les plus faibles ne sont finalement pas très loin du Q.I. moyen de l'ensemble de la population[5] puisqu'ils ne s'en écartent que d'environ 4 points. Par contre, les deux groupes les plus performants se situent, en moyenne, à plus de 10 points de la moyenne de la population.

Tableau 6. — *Moyennes et écart-types des trois Q.I. selon la variable Catégorie Socio-Professionnelle.*

Catégories socio-prof.	N	Q.I. Verbal		Q.I. Performance		Q.I. Total	
		Moyenne	Ecart-type	Moyenne	Ecart-type	Moyenne	Ecart-type
1	88	98,90	13,26	96,86	15,07	97,75	14,09
2	86	96,98	13,84	97,52	14,79	95,80	16,96
3	96	113,49	14,13	107,22	13,85	111,79	14,13
4	116	110,97	12,64	108,08	13,70	110,72	12,77
5	108	98,60	13,89	100,35	14,62	99,33	13,61
6	547	96,04	13,92	97,74	14,65	96,46	14,13
7	25	100,84	14,06	101,64	14,99	101,28	14,42
Total	1 066	99,90	15,06	99,99	15,02	99,84	15,29

Note : Les catégories socio-professionnelles sont : (1) agriculteurs exploitants, (2) patrons de commerce, (3) professions libérales, cadres supérieurs, patrons de l'industrie, (4) cadres moyens, (5) employés, (6) ouvriers, personnel de service, salariés agricoles, (7) autres catégories (armée, police, artistes...).

L'ordre constaté entre les différents groupes au niveau du Q.I. Total se retrouve quasiment au niveau du Q.I. Verbal et du Q.I. de Performance. Nous pouvons cependant remarquer que l'écart moyen entre ces deux Q.I. varie, quant au sens, selon les groupes. Les enfants d'agriculteurs, de cadres supérieurs et de cadres moyens sont, en moyenne, meilleurs à l'échelle Verbale qu'à l'échelle de Performance. Par contre, nous observons le phénomène inverse pour les enfants de toutes les autres catégories sociales. Cette constatation n'est guère étonnante car un niveau verbal plus élevé que la moyenne a été fréquemment vérifié chez les enfants des classes sociales aisées (Mercy et Steelman, 1982).

Sur base des résultats que nous venons de présenter, des recherches similaires aux études américaines à propos de la validité différentielle du WISC-R seraient d'un grand intérêt pour la connaissance de la version française de ce test. Elles devraient, en particulier, étudier les différences de performances entre les enfants de milieux sociaux différents. A partir des données d'étalonnage, il serait déjà possible de comparer la validité conceptuelle et la validité de contenu selon l'origine sociale des enfants. L'étude de la validité prédictive demanderait un travail plus conséquent puisqu'il serait nécessaire de tester différents groupes avec le WISC-R et avec divers tests d'acquis scolaires. De telles recherches auraient comme principal intérêt d'enfin apporter des informations empiriques sur la question du biais socio-culturel des tests intellectuels, en lieu et place des habituels jugements subjectifs plus marqués par les *a priori* que par le désir de rigueur scientifique.

NOTES

[1] Larry P. v. Riles, U.S. District Court of the Nothern District of California, n° C-71-2270, October 11, 1979.
[2] Larry P. v. Riles, Ninth Circuit Court of Appeals, n° 80-4027, January 19, 1984.
[3] PASE v. Joseph P. Hannon, U.S. District Court of the Nothern District of Illinois Eastern Division, n° 74C3586, July 7, 1980.
[4] Georgia State Conference of Branches of NAACP v. State of Georgia, Eleventh Circuit Court of Appeals, n° 84-8771, October 29, 1985.
[5] Rappelons que le Q.I. moyen est, en théorie, de 100 dans l'ensemble de la population. Nous pouvons constater que le Q.I. Total moyen de l'échantillon est très proche de cette valeur théorique puisqu'il est égal à 99,84.

Chapitre 5
Méthodologie de l'interprétation : les fondements

Ce chapitre présente les principes méthodologiques essentiels qui devraient guider toute interprétation de protocoles du WISC-R qui se veut valide et fructueuse. Nous insistons tout particulièrement sur l'analyse statistique qui doit être le point de départ de l'interprétation qualitative.

Dans le § 5.1., nous abordons la question de la différence entre le Q.I. Verbal et le Q.I. Performance. Après avoir présenté les caractéristiques statistiques de cette différence, nous analysons en détail ce phénomène tel qu'il apparaît dans l'échantillon d'étalonnage du WISC-R. Sur base des résultats de cette analyse et d'une revue de la littérature récente sur cette question, nous discutons ensuite des interprétations possibles de la différence entre Q.I. Verbal et Q.I. de Performance.

Nous abordons ensuite un deuxième niveau d'analyse des performances, celui des notes standard. Nous présentons et discutons différentes méthodes d'analyse de la dispersion de ces notes. Nous en retenons une qui nous paraît particulièrement valable et pour laquelle nous avons calculé des valeurs de référence utiles au praticien. Nous appliquons ensuite cette méthode pour analyser la dispersion des notes dans l'échantillon d'étalonnage du WISC-R. De cette analyse, nous tirons un certain nombre de conclusions importantes pour le diagnostic des troubles cognitifs.

L'analyse de la dispersion nous conduit à l'appréciation qualitative des résultats de chaque épreuve. Nous présentons chacune des épreuves du WISC-R du point de vue de ses caractéristiques statistiques et du point de vue des aptitudes qu'elle mesure. Nous nous interrogeons ensuite sur la possibilité de mettre en évidence des profils de résultats typiques de certaines pathologies. Après avoir indiqué les limites de ce projet, nous nous intéressons plus longuement à l'un des rares profils retrouvés avec une certaine régularité dans les recherches, celui des enfants dyslexiques.

5.1. LA DIFFÉRENCE VERBAL/PERFORMANCE

5.1.1. Données statistiques

Après l'évaluation du Q.I Total, l'examen d'un protocole de WISC-R se poursuit habituellement par l'appréciation de la différence entre le Q.I. Verbal et le Q.I. de Performance. Cette appréciation doit, normalement, se faire en référence à l'erreur standard de mesure de la différence entre les deux résultats. Dans le chapitre 2, nous avons vu que cette valeur était de 12 points au seuil de 5%. Autrement dit, on considère que toute différence inférieure à 12 points entre le Q.I. Verbal et le Q.I. de Performance est vraisemblablement due à des variations aléatoires de nos mesures et qu'il n'y a donc pas lieu d'interpréter cette différence du point de vue psychologique. Bien entendu, le seuil de 5% que nous avons retenu est quelque peu arbitraire. Nous aurions tout aussi bien pu choisir 1% ou 10%. En fait, tout dépend du risque d'erreur que nous sommes prêt à accepter. En psychologie, le seuil de 5% est généralement reconnu comme un niveau suffisant et nous avons donc décidé d'utiliser 12 points comme valeur de référence.

Qu'une différence soit significative ne signifie pas qu'elle soit peu fréquente dans la population. Pour avoir une idée de l'importance de cette différence chez des enfants tout-venant, nous l'avons évaluée chez tous les sujets de l'échantillon d'étalonnage du WISC-R français (N = 1066). Dans cet échantillon, dont les caractéristiques ont été décrites dans le chapitre 2, la moyenne de la différence entre le Q.I. Verbal et le Q.I. de Performance est de 10,6 points et l'écart-type est de 8,2. Bien que cette moyenne n'atteigne pas le niveau de signification de 12 points, son importance mérite d'être soulignée. Elle est en effet bien plus élevée que ne le pensent, *a priori*, bon nombre de psychologues.

Dans le tableau 7, nous présentons l'effectif et le pourcentage cumulé de la différence Verbal/Performance. En regard de chaque valeur absolue de la différence, sont mentionnés le nombre et le pourcentage de sujets présentant une différence égale ou supérieure à cette valeur. Nous pouvons constater que 37 % des enfants ont une différence égale ou supérieure à 12 points. Présenter une différence Verbal/Performance significative est donc relativement fréquent puisque plus d'1/3 des enfants ont une différence atteignant ou dépassant même ce niveau. Ils sont encore plus d'1/4 à avoir une différence égale ou supérieure à 15 points. Et on trouve 14 % d'enfants (plus d'un sur 10) ayant une différence égale ou supérieur à 20 points.

Tableau 7. — *Différences Verbal/Performance pour l'ensemble de l'échantillon (N = 1066). Effectif cumulé et pourcentage cumulé.*

Diff. V/P (valeur absolue)	Effectif cumulé	Pourcentage cumulé
0	1066	100
1	1036	97
2	974	91
3	926	87
4	859	81
5	785	74
6	718	67
7	659	62
8	599	59
9	546	51
10	491	46
11	440	41
12	398	37
13	354	33
14	324	30
15	282	27
20	152	14
25	68	6
30	27	3
35	12	1

Les pourcentages que nous venons de présenter sont intéressants car ils montrent qu'une différence significative entre le Q.I. Verbal et le Q.I. de Performance est loin d'être un phénomène anormal, au sens d'exceptionnel et hors normes. Il s'agit, au contraire, d'un phénomène plutôt fréquent chez les enfants tout-venant. On ne peut donc d'emblée considérer une différence significative comme l'indice d'un problème cognitif. Ceci ne doit pas nous empêcher d'essayer de comprendre le sens des différences même si celles-ci sont compatibles avec un fonctionnement intellectuel normal. Il est en effet des cas où l'écart entre le Q.I. Verbal et le Q.I. de Performance est un des symptômes d'une organisation cognitive perturbée. Nous discuterons en détail de cette question dans les paragraphes suivants.

Tableau 8. — *Nombre et % de sujets dont la différence V/P est égale à 12 et plus (en valeur absolue). Données présentées par âge, sexe, Q.I. Total et catégorie socio-professionnelle.*

Ages	N	Diff. de 12 pts et + N	%	Sexe	N	Diff. de 12 pts et + N	%
6 et 1/2	100	40	40	Garçons	533	206	37
7 et 1/2	100	35	35	Filles	533	192	36
8 et 1/2	100	33	33				
9 et 1/2	100	42	42	Q.I. Total	N	N	%
10 et 1/2	100	33	33				
11 et 1/2	100	45	45	120 et +	102	33	32
12 et 1/2	98	37	38	110-119	181	65	36
13 et 1/2	94	37	39	90-109	518	194	38
14 et 1/2	98	34	35	80-89	164	57	35
15 et 1/2	92	35	38	79 et –	101	49	49
16 et 1/2	84	27	32				
Total	1 066	398	37	Cat. Prof.	N	N	%
				1	88	26	30
				2	86	32	37
				3	96	36	38
				4	116	44	38
				5	108	43	40
				6	547	206	38
				7	25	11	42

Note : Les catégories socio-professionnelles sont : (1) agriculteurs exploitants, (2) patrons de commerce, (3) professions libérales, cadres supérieurs, patrons de l'industrie, (4) cadres moyens, (5) employés, (6) ouvriers, personnel de service, salariés agricoles, (7) autres catégories (armée, police, artistes...).

Mais avant d'aborder ce problème, nous voudrions faire quelques commentaires sur les données présentées dans le tableau 8. Nous avons en effet calculé le nombre de sujets dont la différence Verbal/Performance est égale ou supérieure à 12 (en valeur absolue), selon les variables «Age», «Sexe», «Q.I. Total» et «Catégorie Socio-Professionnelle du chef de famille». Ce nombre a été à chaque fois traduit en pourcentage du groupe considéré. Nous avons calculé des χ^2 à partir des tableaux de contingences établis entre la variable «Différence Verbal/Performance»1 et les quatres variables citées plus haut. Au seuil de 5 %, aucun des χ^2 n'est significatif. Cela signifie qu'une différence significative entre Q.I. Verbal et Q.I. de Performance ne dépend ni de l'âge, ni du sexe, ni du niveau intellectuel global ni de la profession du chef de famille.

Toutefois, si la différence Verbal/Performance ne semble pas déterminée par la variable «profession du chef de famille» lorsque l'on s'en tient aux valeurs absolues, il n'en est plus de même lorsque l'on considère le sens de la différence (tableau 9). Nous avons en effet constaté, lorsque la différence Verbal/Performance est significative, qu'elle est en faveur du Q.I. Verbal pour 81 % des enfants dont le père est cadre supérieur ou exerce une profession libérale. Pour les enfants de cadres moyens, cette différence est également en faveur du Q.I. Verbal dans 68 % des cas. Par contre, pour les enfants d'employés et d'ouvriers, nous observons le phénomène inverse. La différence est alors, dans 60 % des cas, en faveur du Q.I. Performance.

Tableau 9. — *Nombre de sujets ayant une différence Verbal/Performance significative. Données présentées selon le sens de la différence (V > P ou P > V) pour les variables «Sexe», «Q.I. Total» et «Profession du Chef de Famille».*

	V > P	P > V	Total
Sexe			
Garçons	98	108	206
Filles	100	92	192
Q.I. Total			
120 et +	20	13	33
110-119	36	29	65
90-109	89	105	194
80-89	25	32	57
79 et −	26	21	49
Cat. Profess.			
1	17	9	26
2	17	15	32
3	29	7	36
4	30	14	44
5	17	26	43
6	82	124	206
7	6	5	11
Groupe Total	198	200	398

Note : Les catégories socio-professionnelles sont : (1) agriculteurs exploitants, (2) patrons de commerce, (3) professions libérales, cadres supérieurs, patrons de l'industrie, (4) cadres moyens, (5) employés, (6) ouvriers, personnel de service, salariés agricoles, (7) autres catégories (armée, police, artistes...).

Nous avons testé la relation entre la profession du chef de famille et l'existence d'un Q.I. Verbal significativement supérieur au Q.I. de Performance. Le χ^2 est significatif au seuil de 1 %. Autrement dit, nous pouvons affirmer que le sens des écarts significatifs entre Q.I. Verbal et

Q.I. de Performance dépend de la profession du chef de famille. Cette constatation rejoint celle faite par Kaufman (1976b) à partir des données d'étalonnage du WISC-R américain. Celui-ci constate en effet que les enfants dont le père exerce une profession libérale ont une intelligence plus verbale que les enfants d'ouvriers. Pour ces derniers, c'est l'inverse qui semble vrai.

Nous avons également testé la relation entre le sens de la différence significative Verbal/Performance et les variables «Age», «Sexe» et «Q.I. Total». Dans les trois cas, le χ^2 est non significatif. Par conséquent, nous ne pouvons affirmer que ces trois variables déterminent le sens des écarts significatifs entre Q.I. Verbal et Q.I. de Performance. Ces observations rejoignent celles de Kaufman (1976b) pour ce qui est de l'influence des variables «Age» et «Sexe». Par contre, Kaufman observe une relation très significative (p <.001) entre le Q.I. Total et le sens des différences significatives Verbal/Performance. Il constate que les sujets dont le Q.I. Total est égal ou inférieur à 79 ont moins souvent que les autres un écart significatif entre le Q.I. Verbal et le Q.I de Performance. Et lorsqu'un tel écart est relevé, il est plus fréquemment en faveur du Q.I. de Performance. Nous n'avons pas fait les mêmes constatations dans l'échantillon d'étalonnage français chez les enfants dont le Q.I. est plus petit ou égal à 79. Ceux-ci ne présentent pas moins fréquemment que les autres enfants de différences Verbal/Performance supérieures ou égales à 12. Et ces différences ne sont pas moins souvent en faveur du Q.I. Verbal.

5.1.2. Interprétation de la différence entre le Q.I. Verbal et le Q.I. Performance

5.1.2.1. Les principes d'interprétation

Dans le chapitre 2, l'analyse factorielle hiérarchique des données de l'échantillon d'étalonnage du WISC-R nous a permis de vérifier la cohérence des échelles Verbale et de Performance. Il existe en effet une communauté entre les différentes épreuves de chaque échelle et il est donc fondé de calculer un Q.I. spécifique pour chacune des échelles. Nous avons souligné que l'organisation des échelles de Wechsler, confirmée par l'analyse factorielle, correspondait, de façon assez précise, au modèle de l'organisation des aptitudes proposé par Vernon (1952). En particulier, les épreuves verbales sont saturées par un facteur qui nous a paru correspondre à v :ed. Quant aux épreuves de performance, exception faite de celle de Code, elles sont saturées par un deuxième facteur qui correspond, lui, à k :m. En d'autres termes, les échelles Verbale et de Performance paraissent représenter deux dimensions importantes du fonctionnement cognitif. Toutefois, cela ne signifie pas que les deux échelles soient homogènes. Elles constituent deux ensembles d'épreuves ayant toutes certains points communs mais possédant aussi chacune leur spécificité. Si nous nous reportons au tableau 3, nous pouvons en effet constater que les facteurs g, v:ed et k:m n'expliquent qu'une fraction de la variance des performances aux différentes épreuves. Cela signifie que d'autres facteurs, de spectre plus limité, doivent également déterminer le fonctionnement cognitif des sujets.

Cette dernière observation explique l'échec relatif des recherches qui ont tenté de mettre en relation les différences (du point de vue de leur amplitude et de leur sens) entre Q.I. Verbal et Q.I. de Performance et diverses formes de pathologies cognitives. Comme le fait remarquer Kaufman : «Virtuellement toute la littérature à propos de la relation Verbal/Performance [...] est affligée par les contradictions et un manque de succès dans l'identification des profils caractéristiques de groupes variés» (Kaufman, 1979, p. 25). En effet, certains auteurs ont rapportés des observations opposées réalisées sur des groupes de sujets apparemment similaires quant à leur pathologie. De même, des profils similaires ont été constatés dans des groupes de sujets souffrant de pathologies très différentes. Certains auteurs ont donc conclu que l'utilisation de la différence Verbal/Performance était de peu d'intérêt du point de vue diagnostic (par exemple, Ollendick, 1979, p. 568; Rutter, 1983, p. 190).

Nous ne sommes pas d'accord avec cette conclusion. Une analogie simple permettra de comprendre notre conception de l'utilisation diagnostic de l'index Verbal/Performance. En médecine, la fièvre est un symptôme extrêmement fréquent, présent dans des maladies très diverses. Les médecins ne rejettent pas pour autant ce symptôme sous prétexte que sa signification est multiple et ambiguë. Au contraire, ils accordent une grande attention à la présence de fièvre et à son intensité. Mais, ce symptôme, ils ne l'appréhendent jamais isolément. Au contraire, leur travail diagnostic consiste à intégrer la fièvre dans un syndrome signifiant. En fonction des autres symptômes présents, la fièvre apparaîtra alors comme un signe inquiétant ou, au contraire, sans valeur particulière. Le raisonnement que nous venons de présenter à propos de la fièvre, nous pouvons le tenir pour l'index Verbal/Performance. Pris isolément, cet index est, le plus souvent, insignifiant. Celui-ci ne prend en effet son véritable sens qu'en fonction des autres symptômes observés par le praticien. Il peut alors apparaître comme un signe important de dysfonctionnement intellectuel. Mais il peut aussi n'être qu'une variété du fonctionnement normal, sans signification pathologique. L'erreur de beaucoup de chercheurs a donc été de considérer la différence Verbal/Performance isolément, sans références aux autres caractéristiques cognitives des sujets. Dans ces conditions, ils ne pouvaient aboutir qu'à des conclusions ambiguës et contradictoires.

Pour interpréter la différence Verbal/Performance de façon rigoureuse, un certain nombre de règles méthodologiques doivent être suivies. La première est de tenir compte de l'erreur standard de mesure de la différence entre Q.I. Verbal et Q.I. de Performance. Rappelons qu'au seuil de 5 %, cette valeur est de 12 points. En d'autres termes, nous ne considérerons comme significatives que les différences égales ou supérieures à 12 points. Si la différence est inférieure à 12, nous l'interpréterons comme une variation aléatoire des performances, sans signification psychologique. Le second principe interprétatif à respecter est, lorsque la différence est significative, de toujours consulter les valeurs que nous avons calculées à partir des résultats de l'échantillon d'étalonnage du WISC-R (tableau 7). Le praticien pourra constater qu'une différence peut être significative et, en même temps, relativement fréquente dans la population normale. Il pourra ainsi apprécier la rareté ou non de la différence qu'il a pu observer chez le sujet testé. Cette seconde étape de l'interprétation de l'index Verbal/Performance est donc essentielle. Comme le souligne Kaufman, «une partie des résultats contradictoires des recherches est vraisemblablement due à la méconnaissance de la part des investigateurs de l'amplitude de l'écart Verbal/Performance chez des sujets normaux» (1979, p. 25). L'existence de différences significatives et cependant normales nous conduit à introduire un troisième principe d'interprétation de l'index Verbal/Performance. Il consiste à faire référence à d'autres données et à rechercher des informations complémentaires afin de donner son véritable sens à la différence observée. Car, rappelons-le, la différence Verbal/Performance prise isolément n'a aucun sens précis!

5.1.2.2. Recherches récentes sur la différence Verbal/Performance

Le milieu socio-culturel

La première interprétation possible de la différence Verbal/Performance, fait référence aux conditions sociales et culturelles d'éducation. Nous avons vu dans le § 5.1.1. qu'un Q.I. Performance significativement supérieur au Q.I. Verbal est statistiquement plus fréquent chez les enfants dont le père est employé ou ouvrier. Ce phénomène a été également observé par Kaufman (1976b) dans l'échantillon d'étalonnage du WISC-R américain, du moins pour les enfants d'ouvriers. Pour les autres catégories socio-professionnelles, les comparaisons sont plus difficiles dans la mesure où les regroupements professionnels utilisés par Kaufman ne sont pas identiques à ceux de l'échantillon d'étalonnage du WISC-R français. Toutefois, dans l'échantillon français comme dans l'échantillon américain, les enfants dont les parents exercent une profession libérale ont, beaucoup plus fréquemment que les autres, un Q.I. Verbal significativement supérieur au Q.I. de Performance.

Cette liaison entre le sens de la différence Verbal/Performance et la profession du chef de famille n'est pas étonnante. La relation existant entre le développement du langage de l'enfant et le langage effectivement parlé autour de lui est en effet évidente. Plusieurs recherches (par exemple Elardo *et al.*, 1977; Jordan, 1978; Mercy et Steelman, 1982) ont démontré que le milieu social exerçait une influence indéniable sur le niveau de développement verbal de l'enfant. Or, le Q.I. Verbal est, en partie, le reflet de l'apprentissage du langage. Nous avons en effet vu, dans le chapitre 3, que le Q.I. Verbal était pour une part déterminé par le facteur gc (intelligence cristallisée) qui est le fruit des apprentissages culturels et scolaires. Si ces apprentissages sont déficients ou inadéquats, le développement de l'intelligence cristallisée en sera affecté même si, au départ, l'intelligence fluide était d'un bon niveau. Dans ce cas, le pattern Performance > Verbal peut indiquer que les aptitudes intellectuelles initiales du sujet étaient bonnes mais que les expériences d'apprentissage n'ont pas été adéquates, ce qui a étouffé le développement de l'intelligence cristallisée et, par conséquent, déprime actuellement le Q.I. Verbal. On peut donc voir dans un tel profil, l'indice d'un potentiel à exploiter. Inversement, le pattern Verbal > Performance peut être la conséquence d'un apprentissage intensif. L'intelligence cristallisée a, dans ce cas, été surdéveloppée par rapport au niveau de l'intelligence fluide. Il est dès lors probable que nous ayons affaire à des sujets qui ont, au prix de grands efforts, atteint un bon niveau d'acquisition scolaire mais dont les capacités à faire face à de nouveaux problèmes intellectuels sont limitées.

Le style cognitif

Nous désignons par ce terme les modes d'appréhension et de résolution des problèmes permettant de distinguer des catégories bien spécifiques de sujets. Le style cognitif n'a aucune connotation pathologique. Il représente simplement une différence qualitative entre différents sujets du point de vue de leur fonctionnement intellectuel. La valeur de cette différence n'est nullement absolue mais est relative au contexte où les fonctions cognitives vont devoir s'appliquer.

La différence entre le Q.I. Verbal et le Q.I. Performance pourrait n'être qu'une différence de style cognitif. Comme le fait remarquer Kaufman : « Des individus peuvent simplement présenter une différence de facilité significative dans l'expression vocale de leur intelligence, en réponse à des stimuli verbaux, plutôt que dans l'expression manuelle, en réponse à des stimuli visuels-concrets. » (1979, p. 27). Cette interprétation est raisonnable dans la mesure où un écart significatif entre Verbal et Performance est tellement fréquent chez les sujets tout-venant qu'il n'est pas possible de l'interpréter systématiquement comme un signe pathologique. Nous devons donc considérer que la différence Verbal/Performance est, dans un certain nombre de cas, le reflet de modes de fonctionnement cognitif différents mais tout aussi valables les uns que les autres. Certains individus auraient une intelligence plutôt verbale et d'autres une intelligence plutôt non verbale.

Cette différence pourrait découler des conditions éducatives mais aussi de l'organisation cérébrale des sujets, en particulier de la spécialisation de leurs hémisphères cérébraux. C'est du moins ce que pense Kaufman. Selon lui, « une différence réelle entre l'intelligence verbale et non verbale peut refléter une plus grande dépendance par rapport à l'un ou à l'autre des hémisphères cérébraux » (1979, p. 27). L'hémisphère gauche étant spécialisé dans le traitement des stimuli linguistiques, on peut penser que VerbalPerformance est l'indice d'une plus grande efficience de cet hémisphère. Inversement, comme l'hémisphère droit est plus apte à manipuler les stimuli visuo-spatiaux, on peut supposer que Performance > Verbal représente un meilleur développement de cet hémisphère. Tout le monde n'est cependant pas d'accord avec une telle interprétation. Ainsi, Sattler (1981) réagit avec vigueur aux suggestions de Kaufman : « Je crois qu'il est allé trop loin en affirmant que certains sous-tests (par exemple Complètement d'Images et Assemblage d'Objets) semblent dépendre des processus du cerveau droit [...]. Je n'ai vu aucun corps de recherche dans ce domaine qui puisse supporter de telles inférences ou conclusions. » (Sattler, 1981, p. 31). Vraisemblablement, avant de pouvoir trancher cette question, des recherches complémentaires sont nécessaires, tout particulièrement dans le domaine de la neuropathologie.

Une différence significative entre Q.I. Verbal et Q.I. de Performance pourrait provenir du style cognitif dépendant/indépendant du champ. Rappelons que la dépendance et l'indépendance du champ représentent les deux pôles d'un continuum. A une extrémité, nous trouvons les sujets très autonomes par rapport aux informations extérieures (indépendants du champ) et, à l'autre extrémité, les sujets très dépendants par rapport à ces mêmes informations (dépendants du champ). Entre ces deux extrêmes, nous pouvons rencontrer une diversité de nuances dans l'abord de la réalité externe. Ce style cognitif est particulièrement manifeste lorsque le sujet est confronté à une tâche intellectuelle impliquant une perception visuelle. Les sujets indépendants du champ auront une grande facilité pour analyser leurs perceptions et pour changer de point de vue par rapport au champ perceptif. Par contre, les sujets dépendants du champ auront beaucoup de peine à se dégager de la perception d'ensemble. De même, ils resteront très attachés à leur premier point de vue et auront difficile d'en varier.

Kaufman fait remarquer que «le mode analytique de perception qui caractérise les sujets indépendants du champ facilite leurs performances aux sous-tests Complètement d'Images, Cubes et Assemblage d'Objets» (1979, p. 40). Il est en effet apparu que des épreuves du même type étaient saturées par le même facteur que les mesures d'indépendance du champ. Comme les trois épreuves en question appartiennent toutes à l'échelle de Performance, il est possible que l'index Performance > Verbal soit le signe d'un style cognitif indépendant du champ. Et inversement, Verbal > Performance pourrait être l'indice d'une grande dépendance du champ. Pour que cette interprétation puisse être retenue, il est impératif que les trois épreuves sensibles au style cognitif dépendance/indépendance du champ varient dans le même sens. Si c'est le cas, une confirmation pourra être obtenue par l'utilisation d'un test créé spécifiquement pour l'évaluation de la dépendance/indépendance du champ comme l'Embedded Figures Test (Oltman et al., 1971).

Les atteintes neurologiques

Diverses recherches menées au moyen du WISC avaient déjà souligné l'existence de liaisons entre la différence Verbal/ Performance et la présence d'atteintes neurologiques. Ainsi, les études de Holroyd et Wright (1965) et de Black (1974) montrent que les sujets dont la différence Verbal/Performance est élevée (25 points et plus dans la première étude, 15 points et plus dans la seconde) présentent significativement plus de dysfonctionnements neurologiques que les sujets dont la différence est faible (moins de 10 points). De plus, des perturbations neurologiques sont notées beaucoup plus fréquemment lorsque le Q.I. de Performance est plus faible que le Q.I. Verbal.

Moffit et Silva (1987) ont vérifié ces observations au moyen du WISC-R. Pour ce faire, ils ont testé un groupe de plus de 900 enfants à 7, 9 et 11 ans. Outre le WISC-R, ces sujets ont, à chaque âge, passé un test de lecture et d'écriture et un test d'aptitude motrice. Leurs éventuels problèmes de comportement ont été appréciés au moyen du Rutter Behavior Problem Checklist Child Scale, la forme A de ce questionnaire étant présentée aux parents et la forme B aux enseignants. Pour chaque enfant, les auteurs ont noté la présence ou l'absence d'atteintes neurologiques. Celles-ci ont été regroupées en quatre catégories selon l'origine du trouble (problèmes périnataux, traumatismes crâniens...). Les auteurs ont ensuite, pour chaque âge, divisé les enfants en deux groupes selon l'importance de leur différence Verbal/Performance. Ils ont considéré cette différence comme majeure lorsqu'elle ne se retrouvait que dans 10 % de la population. Ils ont donc pris comme critère de différentiation des deux groupes d'enfants 22 points de différence Verbal/Performance à 7 ans, 23 points à 9 ans et 24 points à 11 ans (Kaufman, 1976b).

Moffit et Silva se sont aperçus que les deux groupes ainsi constitués ne se distinguaient pas du point de vue de la fréquence des atteintes neurologiques. Ils n'ont pas non plus constaté de différence significative du point de vue des problèmes comportementaux et des aptitudes motrices. Par contre, alors qu'à 7 et à 9 ans la lecture et l'écriture ne diffèrent pas dans les deux groupes, les enfants de 11 ans dont l'écart Verbal/Performance est élevé ont des résultats significativement plus faibles pour ces deux mesures. Les résultats d'un test d'acquis scolaires appliqué uniquement à 11 ans vont dans le même sens. Là aussi, les enfants dont l'écart Verbal/Performance est élevé ont des résultats significativement plus faibles que ceux des autres enfants.

De leurs observations, les auteurs concluent que la différence entre le Q.I. Verbal et le Q.I. de Performance est d'une utilité discutable pour le diagnostic des troubles neurologiques. Cependant, ils reconnaissent que leurs critères de classification des atteintes cérébrales restent assez grossiers. « Des critères mieux délimités pour la sélection des cas auraient pu donner des résultats différents. » (Moffit et Silva, 1987, p. 773). En ce sens, cette recherche est prototypique de la plupart des études menées sur la même question. Toutes ces études n'appréhendent en effet la notion d'atteinte cérébrale que très globalement. Souvent, les sujets souffrant de troubles neurologiques sont rangés dans une seule catégorie et comparés à un groupe contrôle. Il est alors possible que, dans le groupe des sujets pathologiques, des symptômes neurologiques opposés s'annulent lorsque l'on calcule la moyenne. Quant on compare celle-ci à celle du groupe des sujets normaux aucune différence n'est alors observée. Même lorsque, comme dans l'étude de Moffit et Silva, on introduit certaines distinctions entre les sujets pathologiques, elles sont souvent grossières et peu pertinentes. Est-il en effet fondé de ranger les sujets selon la cause de l'atteinte neurologique plutôt que selon le résultat de cette atteinte ?

Nous croyons que la seule approche valable de la question des caractéristiques psychométriques des troubles cérébraux consiste à ne regrouper que des sujets présentant des altérations neurologiques très semblables. Mais, comme le fait remarquer Kaufman, trouver des enfants avec des lésions cérébrales bien localisées et obtenir des informations neurologiques précises à leur propos est loin d'être simple (Kaufman, 1979, p. 25). Ce n'est pourtant que dans ces conditions que des résultats valides et réellement utilisables pourront être obtenus. Certaines hypothèses intéressantes comme la relation entre les Q.I. Verbal et de Performance et la spécialisation hémisphérique pourraient alors être sérieusement mises à l'épreuve. Différents auteurs ont en effet avancé l'hypothèse que « un profil caractérisé par une différence nette entre, d'une part, les sous-tests faisant surtout appel aux fonctions verbales et, d'autre part, ceux faisant principalement appel aux fonctions visuo-spatiales est vraisemblablement, mais pas nécessairement, le produit d'une atteinte cérébrale latéralisée » (Lezak, 1983, p. 251). Jusqu'à ce jour, cette hypothèse n'a guère pu être éprouvée valablement.

Les troubles d'apprentissage

De nombreux auteurs ont pu observer une liaison significative entre l'index Q.I. de Performance > Q.I. Verbal et le niveau des acquis scolaires de l'enfant. Nous avons déjà constaté ce phénomène dans l'étude de Moffit et Silva (1987) présentée dans le § précédent. D'autres recherches récentes comme celle de Bloom *et al.* (1986) et celle de Kossanyi *et al.* (1989) aboutissent au même résultat.

Si nous nous référons à la théorie de l'intelligence fluide et cristallisée (Cattell, 1963), cette observation peut être aisément expliquée. Nous avons vu dans le chapitre 3 que l'intelligence cristallisée (gc) est une fonction de l'intelligence fluide (gf). Elle se développe en effet lorsque gf est confronté à des situations d'apprentissage structuré de type scolaire. Au fur et à mesure de sa constitution, gc va prendre une certaine autonomie par rapport à gf. De la même façon que l'argent attire l'argent, gc attire gc. Se crée en effet un véritable effet « boule de neige », où les apprentissages anciens permettent les nouveaux apprentissages. En d'autres termes, plus on a appris, plus on peut apprendre. Mais l'inverse est également vrai. Le sujet dont l'intelligence cristallisée est peu développée ne se trouve pas dans une situation optimale d'apprentissage et, par conséquent, son intelligence progresse moins vite que celle des autres enfants. Si cette analyse est exacte, nous devrions observer qu'un faible niveau d'intelligence cristallisée chez le jeune enfant aboutit ultérieurement à un niveau encore plus faible.

Différentes études vont dans le sens de cette hypothèse. En particulier, la recherche de Nichols *et al.* (1988) est très explicite à ce propos. Ces auteurs ont choisi de calculer, à partir des notes standard du WISC-R, un Q.I. factoriel Verbal et un Q.I. factoriel de Performance. Ils affirment en effet que le second facteur bipolaire dérivé de l'analyse en composantes principales sans rotation des données d'étalonnage du WISC-R est un très bon index des troubles d'apprentissage (Lawson et Inglis, 1984). Concrètement, le Q.I. factoriel Verbal est calculé à partir des notes de l'échelle Verbale quelque peu pondérées auquel vient s'ajouter le résultat de l'épreuve de Code. Le Q.I. factoriel de Performance est, quant à lui, dérivé des résultats pondérés aux épreuves de Performance, moins l'épreuve de Code. Les auteurs ont évalués ces deux Q.I. factoriels à partir des résultats au WISC-R de 224 enfants souffrant de troubles d'apprentissage. Ces enfants ont été testés une première fois entre 6 et 7 ans puis 3 ans plus tard. Les auteurs constatent qu'entre 6 et 7 ans, le Q.I. factoriel Verbal de ces enfants est significativement plus faible que celui des enfants normaux. Par contre, leur Q.I. factoriel de Performance ne diffère pas significativement de celui des enfants normaux. Lors du retest, 3 ans plus tard, Nichols *et al.* observent la même relation entre les deux Q.I. factoriels, mais accentuée. En effet, en moyenne, le Q.I. factoriel de Performance a augmenté alors que le Q.I. factoriel Verbal a diminué. Les auteurs avancent, comme explication de ce phénomène, l'idée d'une compensation des faiblesses verbales dans des activités non verbales. Pour notre part, nous voyons surtout, dans de tels résultats, une illustration du bien fondé de l'analyse du WISC-R en terme d'intelligence fluide et cristallisée.

La psychopathie

Déjà Wechsler (1944) constatait que les adolescents psychopathes présentaient généralement un Q.I. de Performance supérieur au Q.I. Verbal. Ce pattern Performance > Verbal caractéristique des délinquants est un des rares profils à avoir été retrouvé régulièrement dans les études ultérieures à celles de Wechsler. Parmi les recherches les plus récentes sur cette question, nous pouvons citer celle de Ollendick (1979). Cet auteur a examiné la différence Verbal/Performance de 121 adolescents délinquants. Il constate que 33,9 % d'entre eux ont une différence Verbal/Performance significative au seuil de 5 % et qu'ils sont encore 20,7 % à avoir une différence significative au seuil de 1 % (= 15 points). La direction de ces différences significatives est toujours Performance > Verbal. Comme 98 % des adolescents examinés appartenaient à des familles ouvrières, Ollendick a comparé leur index Verbal/Performance à celui des enfants d'ouvriers dans l'échantillon du WISC-R américain. Il observe que les adolescents délinquants diffèrent significativement des autres adolescents appartenant au même milieu, du point de vue de la fréquence des différences significatives Verbal/Performance et du point de vue du sens de cette différence. L'auteur conclut à l'existence d'une relation significative entre la délinquance et l'existence d'un Q.I. de Performance significativement supérieur au Q.I. Verbal. Mais il souligne qu'un tel profil est également observé dans d'autres pathologies et que, par conséquent, l'index Verbal/ Performance est, en soi, de peu d'utilité diagnostique.

Haynes et Bensch (1981) ont, eux, étudié l'index Verbal/Performance de 90 adolescents délinquants âgés de 14 et 15 ans. Parmi ceux-ci 54 étaient des récidivistes. Les auteurs émettent l'hypothèse que les délinquants récidivistes sont en majorité des psychopathes alors que les délinquants primaires constituent une population plus hétérogène. Ils observent que 70 % des récidivistes présentent un Q.I. de Performance supérieur au Q.I. Verbal, alors que les délinquants primaires ne sont que 42 % à présenter un tel profil. Cette différence de pourcentage se révèle très significative (p <.01). Par contre, le pourcentage Performance > Verbal observé chez les délinquants primaires n'est guère différent de celui rencontré dans la population dans son ensemble. Les auteurs pensent que la fréquence du profil Performance > Verbal chez les délinquants récidivistes est liée à un fonctionnement cognitif plus concret, caractéristique des psychopathes. Face aux problèmes, ceux-ci utilisent en effet plus le passage à l'acte que la médiation du langage.

Cette interprétation est corroborée par les résultats de la recherche de Culberton, Feral et Gabby (1989). Ceux-ci ont étudié la différence Verbal/Performance de 55 adolescents délinquants âgés de 13 à 16 ans. Ils constatent, eux aussi, que 70 % de ces délinquants ont un Q.I. de Performance supérieur au Q.I. Verbal. Parmi ces derniers, la moitié ont 8 points ou plus de différence entre les deux Q.I., 36 % ont 12 points de différence et 26 % ont 15 points de différence (Ollendick en observait 20,7 %). « Les calculs démontrent que le profil Q.I. de Performance > Q.I. Verbal est presque toujours attribuable à une intelligence verbale en-dessous de la moyenne. » (Culberton *et al.*, 1989, p. 658). Par contre, le Q.I. de Performance se situe, lui, dans les limites de la moyenne. Ces résultats confirment le déficit verbal caractéristique des délinquants psychopathes. Mais ces mêmes sujets présentent des aptitudes d'organisation perceptive, de conscience de l'environnement, de manipulation des objets familiers et de raisonnement non verbal assez proches de la normale.

5.2. L'ANALYSE DE LA DISPERSION

5.2.1. Les méthodes d'analyse de la dispersion

L'analyse de la dispersion (scatter) des notes standard est le fondement et le préalable nécessaire à toute interprétation clinique sérieuse des résultats au WISC-R. En effet, avant de voir dans tel ou tel résultat un signe pathologique ou la marque de la force ou de la faiblesse d'une aptitude quelconque, il nous faut déterminer si l'hétérogénéité apparente des notes standard est le fruit ou non d'une variation aléatoire. Autrement dit, nous devons vérifier si la dispersion observée est significative ou non. Si c'est le cas, nous pourrons alors, et seulement à partir de ce moment, parler d'une hétérogénéité réelle des processus cognitifs du sujet.

Soulignons qu'il n'est encore question que de la significativité des résultats. Le problème de la normalité ou non d'une dispersion est plus complexe et demande certaines informations complémentaires. Nous en reparlerons plus loin. Pour l'instant, nous voudrions passer en revue les différentes méthodes qui ont été imaginées pour analyser la dispersion. Nous aimerions mettre en évidence leurs qualités et leurs défauts. L'objectif étant de faire ressortir les qualités majeures d'une des méthodes présentées. Celle-ci mérite en effet, selon nous, d'être systématiquement préférée pour l'utilisation clinique.

5.2.1.1. La méthode de Wechsler

La méthode proposée par Wechsler (1944) concernait à l'origine l'échelle Wechsler-Bellevue. Elle a été utilisée ultérieurement pour les autres échelles créées par David Wechsler. Elle consiste à comparer chaque note standard à la moyenne des notes de l'échelle. Par exemple, si pour 10 sous-tests la somme totale des notes standard est de 93, la note moyenne sera de 9,3 points. C'est à cette valeur que sera comparé chaque résultat à un sous-test. Cette procédure est légitime dans la mesure où tous les sous-tests contribuent également à la note totale. Ils ont tous une moyenne de 10 et un écart-type égal à 3.

Wechsler suggère de ne calculer la dispersion sur l'échelle totale que si la différence entre la note Verbale et la note de Performance n'est pas trop grande. Si c'est le cas, il vaut mieux alors calculer séparément la dispersion pour l'échelle verbale et pour l'échelle de performance. Malheureusement, Wechsler reste imprécis sur la valeur nous permettant de choisir l'une ou l'autre procédure. Il parle d'une différence de 8 à 10 points entre la note verbale et la note de Performance. Mais nulle part il ne justifie ce critère.

Wechsler reste également fort vague sur la valeur significative de la différence d'une note par rapport à la moyenne. Selon lui, toute différence de plus de 2 points est significative. Mais ici non plus il ne justifie pas le choix de cette valeur. De plus, sans raison apparente, il affirme que cette valeur n'est utilisable que si la note totale du sujet est incluse dans l'intervalle 80-110. Si ce n'est pas le cas, la valeur significative devra être calculée en divisant la note standard moyenne par 4. Cette façon de faire aboutit à ce que la valeur significative varie parallèlement à la note totale. Plus la note totale sera élevée, plus la valeur significative sera grande et inversement.

On le voit, la méthode proposée par Wechsler est trop ambiguë et imprécise pour être opérationnelle. Elle devrait donc être rejetée. Dans un article de 1983, Dague arrive à cette même conclusion. Il propose « un nouveau mode d'utilisation des scatters. Il consiste à partir de la distribution des scatters dans la population d'étalonnage pour définir les valeurs qui pourront être considérées comme "normales" et celles qui seront significatives » (pp. 10-11). Dague considère que sont statistiquement normaux « les 50 % de scatters centrés sur la médiane de ces scatters » (p. 11).

La solution proposée par Dague nous paraît critiquable de plusieurs points de vue. Tout d'abord, et il le reconnaît lui-même, la définition des zones de significativité est un postulat. L'auteur les détermine en effet arbitrairement sans justification convaincante. Plus fondamentalement, la procédure de Dague doit être récusée car elle confond la question de la significativité et celle de la normalité. Nous pensons que ces deux aspects de la dispersion doivent être clairement distingués. Ce n'est en effet pas parce qu'une différence est statistiquement significative qu'elle devient *ipso facto* un signe pathologique. Croire cela, c'est s'appuyer sur le postulat implicite, très discutable, que le fonctionnement cognitif normal est homogène.

Quelle méthode d'analyse de la dispersion pouvons nous dès lors utiliser ?

Dans la 5e édition entièrement refondue de l'ouvrage de Wechsler (Matarazzo, 1972), nous constatons qu'il n'est plus fait mention de la procédure de Wechsler ni d'aucune autre méthode d'analyse statistique de la dispersion. La raison profonde de cette disparition est la faillite du projet d'établir des profils (pattern) cliniques caractéristiques à partir de la dispersion des notes standard. Pour Wechsler en effet, le but de l'analyse de la dispersion était de donner un fondement précis au travail de détermination des profils. Cette dernière recherche a abouti à des conclusions tellement contradictoires qu'elle en a perdu toute crédibilité (voir à ce propos l'importante revue de la question réalisée par G. Frank, 1983).

Doit-on dès lors revenir à une interprétation de l'hétérogénéité basée sur la seule intuition clinique? Nous ne le pensons pas. Au contraire, les bases statistiques de l'interprétation doivent être affirmées et clairement précisées. D'autres méthodes que celle de Wechsler existent. Nous allons à présent les décrire.

5.2.1.2. L'écart significatif par rapport à la moyenne

Nous retenons le principe de Wechsler qui consiste à comparer chaque note standard à la moyenne des notes standard de l'ensemble du test. Ce principe n'était pas en question. Ce qui posait problème, c'était la détermination du seuil de signification de la différence à la moyenne.

Cette question peut être résolue avec rigueur grâce à une formule développée par F.B. Davis (1959). Celle-ci permet de déterminer l'erreur standard (ou erreur-type) de mesure de la différence entre une moyenne et une des notes entrant dans le calcul de cette moyenne. Cette formule s'exprime par l'équation suivante :

$$\sigma_E((T/n) - X_i) = \sqrt{\frac{\sigma_E^2 T}{n^2} + \frac{(n-2)}{n} \sigma_E^2 X_i}$$

n = nombre de notes entrant dans le calcul de la moyenne
T/n = la moyenne des notes
$\sigma_E^2 T$ = La variance de l'erreur de mesure de la somme des n notes
$$= \sum_{i=1}^{n} \sigma_E^2 X_i$$
$\sigma_E^2 X_i$ = la variance de l'erreur de mesure d'une des notes entrant dans le calcul de la moyenne

L'utilisation de cette équation n'est correcte que si elle porte sur des notes comparables, ce qui est le cas des notes standard du WISC-R.

Pour chaque sous-test, nous avons calculé $\sigma_E((T/n)-X_i)$ en nous référant à l'erreur standard de mesure moyenne pour les 11 groupes d'âge[3] renseignée dans le manuel français (1981, p. 42). Les valeurs obtenues sont présentées dans le tableau 10. A partir de celles-ci, nous avons calculé les valeurs permettant de déterminer un intervalle à l'intérieur duquel les différences par rapport à la moyenne doivent être considérées, au seuil de .05, comme des variations aléatoires. Autrement dit, si la différence dépasse cet intervalle (en + ou en -), il y a 95 % de chance qu'elle reflète une variation réelle des aptitudes du sujet.

Pour illustrer cela, nous avons mentionné dans le tableau 10 les notes standard d'un sujet donné. Nous pouvons calculer l'écart (+ ou -) de chacune des notes particulières par rapport à cette moyenne. Cet écart est alors comparé à la valeur inscrite dans la dernière colonne. Nous constatons que Arithmétique (-3,8), Complètement d'Images (+ 3.2) et Code (-2.8) dévient significativement de la moyenne. Ces variations sont les seules susceptibles d'être interprétées. Les autres variations sont considérées comme des fluctuations aléatoires, donc sans signification psychologique.

Tableau 10. — *Erreur standard de mesure de la différence par rapport à la moyenne des notes de l'échelle Totale.*

Tests	Erreur stand. de mesure de la différence	Déviation minimum au seuil de .05	Exemple	
			Notes standard	Déviation de la moyenne
Information	1,1	± 2,2	9	− 0,8
Similitudes	1,3	± 2,5	11	+ 1,2
Arithmétique	1,5	± 2,9	6	− 3,8
Vocabulaire	1,2	± 2,4	9	− 0,8
Compréhension	1,5	± 2,9	10	+ 0,2
Compl. d'image	1,5	± 2,9	13	+ 3,2
Arr. d'images	1,6	± 3,1	9	− 0,8
Cubes	1,3	± 2,5	12	+ 2,2
Ass. d'objets	1,7	± 3,3	12	+ 2,2
Code	1,2	± 2,4	7	− 2,8
			98	= Somme des notes standard
			9,8	= Moyenne des notes standard

Le choix du seuil de .05 est évidemment arbitraire. Il représente le risque d'erreur que le clinicien est prêt à assumer. Nous aurions pu tout aussi bien prendre un seuil de .15 ou de .01. Partant de l'erreur standard de mesure de la différence, chacun peut en fait déterminer l'intervalle qui lui paraît acceptable. Il lui suffit pour cela de se référer à la table normale réduite où il trouvera la valeur par laquelle il devra multiplier $\sigma_E((T/n) - X_i)$ pour obtenir l'intervalle souhaité.

Le tableau 11 reprend les valeurs de référence pour une analyse de la dispersion réalisée sur l'ensemble de l'échelle. Cette façon de faire n'est pertinente que si l'écart entre l'échelle Verbale et l'échelle de Performance n'est pas trop grand. Dans le cas contraire, il nous faudra suivre une procédure similaire mais, cette fois, pour chaque échelle séparément. Les valeurs significatives pour les échelles séparées sont mentionnées dans le tableau 11. Il faudra recourir à ce second tableau lorsque la différence entre le Q.I. Verbal et le Q.I. de Performance sera significative. Nous avons choisi comme niveau de signification le seuil de .05. A ce niveau, la valeur moyenne pour les 11 groupes d'âge est de 11.77 (Wechsler, 1981, p. 46). Pour simplifier le travail du clinicien, nous préférons arrondir ce chiffre à 12. Ainsi, si la différence entre le Q.I. Verbal et le Q.I. de Performance est supérieure à 12 points, il faudra réaliser l'analyse de la dispersion pour chaque sous-échelle séparément.

Tableau 11. — *Erreurs standard de mesure de la différence par rapport à la moyenne des notes standard de l'échelle Verbale et de l'échelle de Performance.*

	Erreur standard de mesure de la différence	Déviation minimum au seuil de .05
Echelle Verbale		
Information	1,1	2,2
Similitudes	1,2	2,4
Arithmétique	1,3	2,5
Vocabulaire	1,1	2,2
Compréhension	1,4	2,7
Echelle de Performance		
Compléments d'images	1,4	2,7
Arrangements d'images	1,5	2,9
Cubes	1,2	2,4
Assemblages d'objets	1,6	3,1
Code	1,2	2,4

Soulignons que cette démarche s'appuie sur l'hypothèse d'une cohérence interne des deux sous-échelles. Cette hypothèse, nous avons pu la vérifier dans le chapitre 2 au moyen de l'analyse factorielle hiérarchique de données d'étalonnage du WISC-R français.

Les valeurs présentées dans les tableaux 10 et 11 ont été calculées sur base des 10 épreuves du WISC-R dont la passation est obligatoire. Dans la grande majorité des cas, les cliniciens s'en tiennent à ces épreuves et n'appliquent pas les deux épreuves optionnelles : Mémoire de Chiffres et Labyrinthes. Toutefois, comme nous le verrons par la suite, l'application régulière de l'épreuve de Mémoire de Chiffres peut se révéler très intéressante pour l'analyse clinique des performances. Nous avons donc jugé utile de fournir aux praticiens des valeurs de référence calculées sur base de 11 épreuves (les 10 épreuves obligatoires + l'épreuve de Mémoire de Chiffres). Ces valeurs sont présentées dans les tableaux 12 et 13. Comme nous pouvons le constater, elles ne divergent que très légèrement de celles des tableaux précédents.

Tableau 12. —*Erreur standard de mesure de la différence par rapport à la moyenne des notes de l'échelle Totale.*
(Valeurs calculées en incluant l'épreuve de Mémoire de Chiffres).

Epreuves	Erraur stand. de mesure de la différence	Déviation minimum au seuil de .05
Information	1,1	± 2,2
Similitudes	1,3	± 2,6
Arithmétique	1,5	± 2,9
Vocabulaire	1,2	± 2,3
Compréhension	1,5	± 2,9
Mém. Chiffres	1,2	± 2,4
Compl. d'images	1,5	± 3,0
Arr. d'images	1,6	± 3,1
Cubes	1,2	± 2,4
Ass. d'objets	1,7	± 3,3
Code	1,2	± 2,4

Tableau 13. — *Erreurs standard de mesure de la différence par rapport à la moyenne des notes standard de l'échelle Verbale et de l'échelle de Performance.*
(Valeurs calculées en incluant l'épreuve de Mémoire de Chiffres).

	Erreur standard de mesure de la différence	Déviation minimum au seuil de .05
Echelle Verbale		
Information	1,1	2,2
Similitudes	1,2	2,4
Arithmétique	1,3	2,5
Vocabulaire	1,1	2,2
Compréhension	1,4	2,7
Mémoire de Chiffres	1,2	2,3
Echelle de Performance		
Compléments d'images	1,4	2,7
Arrangements d'images	1,5	2,9
Cubes	1,2	2,4
Assemblages d'objets	1,6	3,1
Code	1,2	2,4

5.2.1.3. L'étendue de la dispersion

Une autre méthode d'évaluation de la dispersion est le calcul de l'étendue. Celle-ci se définit comme la différence entre la note la plus élevée et la note la plus faible apparaissant dans la distribution des notes standard. Il s'agit d'une mesure assez grossière de la dispersion puisqu'elle ne fait intervenir que les deux notes extrêmes de la distribution. Son utilité clinique est donc assez limitée. De plus, pour être vraiment opérationnelle, cette méthode suppose que nous connaissions l'étendue de la dispersion des sujets normaux à laquelle les résultats du sujet examiné pourront être comparés. Nous présentons ces données dans le § 5.2.2. consacré à l'analyse des données de l'échantillon d'étalonnage du WISC-R français.

Pour donner une première idée de l'importance de l'étendue de la dispersion chez des sujets normaux, nous pouvons citer les résultats obtenus par A.S. Kaufman (1976a) sur l'échantillon d'étalonnage américain. Il observe qu'en moyenne, la valeur de l'étendue est de 7 points (en note standard) avec un écart-type de 2,1 points. Des valeurs très proches sont trouvées quels que soient l'âge, le sexe, la race, le milieu socio-culturel et le niveau global de Q.I. Une telle valeur est très élevée. A tel point que, pris de doute, Kaufman a entièrement recalculé à la main l'étendue de la dispersion pour tout un groupe d'âge, confirmant que l'étendue moyenne de la dispersion est bien de 7 points (Kaufman, 1979, p. 196). Une telle valeur va à l'encontre des *a priori* de nombreux cliniciens. Kaufman a interrogé à ce propos plusieurs psychologues ayant une longue expérience d'utilisation du WISC. Tous ont estimé l'étendue moyenne des sujets normaux à 3-4 points...

5.2.1.4. La différence significative entre paires de sous-tests

Une dernière méthode d'évaluation de la dispersion consiste à comparer chacun des sous-tests deux à deux. Le manuel français renseigne à ce propos les différences significatives entre les notes standard au seuil de .15 (p. 46). Il suffit dès lors de vérifier si la différence entre deux sous-tests dépasse ou non la valeur indiquée dans le tableau. Si ce n'est pas le cas, la différence constatée est attribuée au hasard. Dans le cas contraire, la différence est jugée significative et donc susceptible d'une interprétation clinique.

Apparemment simple et évidente, cette méthode pose en fait un problème statistique sérieux qui doit nous la faire rejeter. Dans un article sur «L'analyse du profil comme inférence statistique simultanée.» (1982), A.B. Silverstein fait en effet remarquer que cette méthode n'est pertinente que si le psychologue choisit au hasard la paire à comparer. Dans ce cas, il est correct d'affirmer qu'une différence est significative au seuil de .15 (c'est-à-dire qu'il y a 15 chances sur 100 que nous commettions une erreur et que la différence observée soit en fait due au hasard). Mais, dans la pratique, le psychologue ne choisit pas les paires aléatoirement. Au contraire, il repère les notes les plus hautes et les plus basses et ne compare que les paires les plus contrastées. A ce moment, et le psychologue l'ignore, la probabilité de tirer une conclusion erronée est nettement plus grande que .15.

La méthode des comparaisons par paires souffre également d'inconvénients pratiques. En effet, elle nous donne une série d'informations dispersées à propos des aptitudes du sujet. Il est dès lors assez complexe d'intégrer ces diverses informations pour en tirer un profil clair et précis.

5.2.1.5. Conclusion

Notre examen critique des diverses méthodes d'analyse de la dispersion des notes standard au WISC-R nous a permis de mettre en évidence une procédure nettement plus rigoureuse que les autres. Elle a de plus l'avantage d'être facile à utiliser et de nous donner une vue claire des aptitudes du sujet. Elle représente le point de départ obligé de toute interprétation clinique sérieuse. Elle nous permet en effet de mettre en évidence les sous-tests dont l'écart à la moyenne est réellement significatif. Ce qui ne veut pas dire, nous l'avons déjà souligné plus haut, que la déviation des notes aux sous-tests en question aient *ipso facto* une signification pathologique. Nous reviendrons sur cette question dans le paragraphe suivant sur base de la dispersion des notes standard de l'échantillon d'étalonnage du WISC-R français.

5.2.2. La dispersion des notes standard dans l'échantillon d'étalonnage du WISC-R

5.2.2.1. L'étendue des notes standard

Comme nous l'avons souligné plus haut, l'étendue n'a qu'un intérêt clinique limité car elle est un indice de dispersion trop grossier pour le praticien soucieux de décrire avec précision le profil cognitif de ses patients. Pourtant, il nous a semblé intéressant de calculer cette valeur pour tous les sujets de l'échantillon d'étalonnage du WISC-R français. En effet, l'étendue nous fournit une première indication sur l'hétérogénéité du fonctionnement cognitif normal. De notre point de vue, une meilleure connaissance des caractéristiques psychométriques de l'intelligence des sujets normaux est une nécessité pour le clinicien. Trop souvent, celui-ci se contente d'étudier les sujets souffrant de pathologie cognitive en s'appuyant sur une représentation de l'intelligence normale simpliste et marquée par les préjugés.

Tableau 14. — *Moyennes et écarts-types de l'étendue des notes standard des sujets selon l'âge, le sexe et le niveau intellectuel global.*

Ages	N	Etendue des notes standard		Sexe	N	Etendue des notes standard	
		M	σ			M	σ
6 et 1/2	100	7,4	2,0	Garçons	533	7,4	2,3
7 et 1/2	100	7,7	2,1	Filles	533	7,1	2,1
8 et 1/2	100	6,8	2,0				
9 et 1/2	100	7,2	1,8				
10 et 1/2	100	7,1	2,1	Q.I. Total	N	M	σ
11 et 1/2	100	7,3	2,6				
12 et 1/2	98	7,4	2,1	120 et +	102	6,8	1,8
13 et 1/2	94	7,3	2,2	110 à 119	181	7,1	2,1
14 et 1/2	98	7,4	2,4	90 à 109	518	7,3	2,2
15 et 1/2	92	7,2	2,4	80 à 89	164	7,5	2,2
16 et 1/2	84	7,1	2,3	79 et −	101	7,7	2,2
Total	1066	7,3	2,2				

Nous avons calculé l'étendue sur base des 10 notes standard utilisées habituellement pour le calcul du Q.I. Total. Nous n'avons donc pas tenu compte des notes standard aux deux sous-tests facultatifs, à savoir Mémoire de Chiffres et Labyrinthes. Par conséquent, l'étendue est ici égale à la note standard la plus haute moins la note standard la plus basse dans l'ensemble des 10 notes considérées. Nous avons calculé la moyenne de cette étendue ainsi que l'écart-type sur l'ensemble de l'échantillon (N = 1066). Ces deux valeurs sont respectivement de 7,3 points et de 2,2 points. Dans le tableau 14, nous présentons également la moyenne de l'étendue et de l'écart-type par âge, sexe et niveau intellectuel global. Nous pouvons constater qu'il n'y a guère de variation de l'étendue suivant ces trois variables. Celle-ci est toujours d'environ 7 points avec un écart-type d'un peu plus de deux points. Ces valeurs sont quasi identiques à celles rapportées par Kaufman (1976a) à propos de l'échantillon d'étalonnage du WISC-R américain. Elles sont tout aussi élevées et remettent en cause bien des *a priori* sur les caractéristiques psychométriques de l'intelligence normale.

5.2.2.2. La déviation des notes par rapport à la moyenne des notes standard

L'évaluation de l'étendue des notes standard dans l'échantillon d'étalonnage du WISC-R français est d'un intérêt assez général. Elle nous procure en effet une information assez parlante à propos des caractéristiques psychométriques au WISC-R des sujets tout-venant. Mais l'intérêt pratique de cette évaluation est plus limité. Ce n'est pas le cas de l'évaluation, dans le même échantillon d'étalonnage, du nombre de notes standard déviant significativement de la moyenne de ces notes. Il s'agit d'une information très utile pour le praticien désireux d'appliquer la méthode d'analyse de la dispersion que nous défendons dans le § 5.2.1. Grâce aux résultats que nous présentons dans les tableaux 15, 16 et 17, celui-ci peut en effet comparer la dispersion observée chez un sujet particulier à celle relevée, en moyenne, dans un échantillon représentatif de la population.

Pour réaliser l'analyse de la dispersion dans l'échantillon d'étalonnage du WISC-R, nous avons tout d'abord scindé cet échantillon en deux sous-groupes. Suivant les principes exposés plus haut, nous avons en effet évalué séparément la dispersion selon que les sujets présentaient ou non une différence entre le Q.I. Verbal et le Q.I. de Performance égale ou supérieure à 12. Sur l'ensemble de l'échantillon (N = 1066), 398 sujets présentent une telle différence alors que 668 sujets ne présentent pas de différence significative entre les deux Q.I. Dans ce dernier cas, nous avons calculé, pour chaque sujet, la moyenne des 10 notes standard utilisées habituellement pour l'évaluation du Quotient Intellectuel Total (nous avons donc exclu les notes aux deux sous-tests facultatifs qui sont assez rarement appliqués). Nous avons alors compté le nombre de notes standard s'écartant significativement de cette moyenne. Pour déterminer quand une différence entre une note et la moyenne était significative, nous nous sommes reporté aux valeurs de référence présentées dans le tableau 9 (§ 5.2.1.).

Dans le tableau 15, nous indiquons le nombre moyen de notes standard s'écartant significativement de la moyenne pour l'ensemble de l'échantillon. Nous présentons également cette valeur, ainsi que l'écart-type, selon les variables «Age», «Sexe» et «Niveau de Q.I. Total». Nous pouvons constater qu'en moyenne, les enfants de l'échantillon ont 2 notes standard s'écartant significativement de la moyenne de leurs notes standard. L'écart-type est de 1,3. Ces deux valeurs se retrouvent chez tous les sujets quels que soient leur âge, leur sexe et leur Q.I. Total. Les légères variations de moyenne et d'écart-type que nous observons dans certains groupes ne nous paraissent pas, à première vue, avoir de signification psychologique. Nous ne voyons par exemple pas comment expliquer psychologiquement les variations de moyenne constatées suivant l'âge. Il est vraisemblable que ces variations soient de nature aléatoire. Du point de vue pratique, elles restent de faible ampleur et nous pensons donc qu'il est correct d'utiliser une moyenne de 2 et un écart-type de 1,3 comme valeurs de référence pour tous les sujets dont on évalue la dispersion sur l'ensemble de l'échelle (10 notes standard).

Tableau 15. — *Nombre de notes déviant significativement de la moyenne de notes standard de l'échelle Totale. Moyennes et écarts-types de ces notes selon l'âge, le sexe et le Q.I. Total.*

Ages	N	Nombre de notes déviant de la moyenne		Sexe	N	Nombre de notes déviant de la moyenne	
		M	σ			M	σ
6 et 1/2	60	2,2	1,5	Garçons	327	2,0	1,3
7 et 1/2	65	2,5	1,5	Filles	341	2,0	1,4
8 et 1/2	67	1,8	1,2				
9 et 1/2	58	2,2	1,1	Q.I. Total	N	M	σ
10 et 1/2	67	1,8	1,2				
11 et 1/2	55	2,1	1,5	120 et +	69	1,8	1,3
12 et 1/2	61	2,2	1,1	110 à 119	116	1,9	1,2
13 et 1/2	57	1,8	1,3	90 à 109	324	2,1	1,4
14 et 1/2	64	2,1	1,4	80 à 89	107	2,4	1,5
15 et 1/2	57	1,9	1,4	79 et −	52	1,9	1,2
16 et 1/2	57	1,8	1,5				
Total	668	2,0	1,3				

Il est intéressant de souligner que nos observations sont assez proches de celles faites par Kaufman (1976a) à partir des résultats de l'échantillon d'étalonnage du WISC-R américain (N = 2200). Lui aussi a calculé la moyenne et l'écart-type du nombre de notes s'écartant significativement de la moyenne des 10 notes standard de chaque sujet. Sa méthode est toutefois moins fine que la nôtre. D'une part, il a réalisé ce calcul pour tous les sujets quelque soit l'importance de la différence entre le Q.I. Verbal et le Q.I. de Performance. Et d'autre part, il a choisi d'utiliser la valeur unique de 3 points comme niveau de signification de la différence entre une note et la moyenne quelque soit le sous-test considéré. Kaufman observe que le nombre de notes déviant significativement est en moyenne de 1,7 avec un écart-type de 1,3. Il retrouve cette valeur quels que soient le sexe, la race et l'origine socio-culturelle des sujets. Une légère variation est notée en fonction des niveaux de Q.I. : les sujets obtenant 120 et plus ont des résultats un peu plus dispersés (moyenne =

2 et écart-type = 1,4). Ainsi, dans l'échantillon américain comme dans l'échantillon français, une certaine dispersion des notes standard est fréquente. Une majorité d'enfants tout-venant présente en effet une ou plusieurs notes déviant significativement de la moyenne de leurs notes standard. Au vu de ces résultats, Kaufman conclut qu'il est important pour les cliniciens de se débarrasser du stéréotype du profil «plat», soi-disant caractéristique de l'enfant normal (1976a, p. 166). Nos propres observations confirment ce jugement.

Lorsque la différence entre le Q.I. Verbal et le Q.I. de Performance était significative (égale ou supérieure à 12 points), nous avons calculé la dispersion pour chaque sous-échelle séparément. Pour chacune de celles-ci, nous avons utilisé la même méthode que pour l'échelle globale mais, cette fois, nous nous sommes référé aux valeurs de signification calculées pour les sous-échelles (§ 5.2.1., tableau 11) et non plus à celles calculées pour l'ensemble de l'échelle. Pour chaque sujet, nous avons donc calculé la moyenne des notes standard de l'échelle Verbale et la moyenne des notes standard de l'échelle de Performance. Nous avons ensuite calculé la différence de chaque note standard à la moyenne des notes de la sous-échelle correspondante. Puis nous avons compté, pour chaque échelle séparément, le nombre de notes s'écartant significativement de la moyenne.

Dans le tableau 16, nous présentons, pour l'ensemble des sujets (N = 398), la moyenne et l'écart-type du nombre de notes standard déviant significativement de la moyenne des 5 notes verbales. Nous mentionnons également cette moyenne et cet écart-type selon les variables «Age», «Sexe» et «Q.I. Total». Nous pouvons constater qu'au sein de l'échelle Verbale, les sujets ont, en moyenne, une note qui s'écarte significativement de la moyenne. L'écart-type de la distribution des notes déviantes est, en moyenne, de 0,9. Des variations sensibles de moyenne et d'écart-type sont notées selon les trois variables considérées. En particulier, on peut observer que l'importance de la dispersion des notes verbales tend à décroître avec l'âge. La moyenne du nombre de notes déviantes est en effet de 1,3 à 6 ans et 1/2 alors qu'elle n'est plus que de 0,8 à 16 ans et 1/2. Entre ces deux extrêmes, la décroissance paraît assez régulière. Toutefois, ces variations n'ont guère d'implications pratiques. Nous pensons en effet que le praticien peut se reporter aux seules valeurs calculées sur l'ensemble des sujets lorsqu'il désire comparer la dispersion des notes verbales d'un enfant particulier à celle des enfants tout-venant.

Tableau 16. — *Nombre de notes déviant significativement de la moyenne des notes standard de l'échelle Verbale. Moyennes et écarts-types de ce nombre selon l'âge, le sexe et le Q.I. Total.*

		Nombre de notes déviant de la moyenne				Nombre de notes déviant de la moyenne	
Ages	N	M	σ	Sexe	N	M	σ
6 et 1/2	40	1,3	1,1	Garçons	206	1,0	0,9
7 et 1/2	35	1,3	1,0	Filles	192	0,9	0,9
8 et 1/2	33	1,0	1,0				
9 et 1/2	42	1,0	0,9				
10 et 1/2	33	1,0	0,9	*Q.I. Total*	N	M	σ
11 et 1/2	45	0,8	0,9				
12 et 1/2	37	0,8	0,6	120 et +	33	1,1	1,1
13 et 1/2	37	0,9	0,9	110 à 119	65	0,9	0,9
14 et 1/2	34	0,8	1,0	90 à 109	194	1,0	0,9
15 et 1/2	35	0,8	0,8	80 à 89	57	0,9	0,9
16 et 1/2	27	0,8	0,9	79 et −	49	1,0	1,1
Total	398	1,0	0,9				

Dans le tableau 17, nous présentons, pour le même ensemble de sujets (N = 398), la moyenne et l'écart-type du nombre de notes standard déviant significativement de la moyenne des 5 notes de l'échelle de Performance. Nous avons également calculé les moyennes et les écart-types pour les variables «Age», «Sexe» et «Q.I. Total». Ici aussi, quelques variations sont notées selon ces variables. Toutefois, les variations en fonction de l'âge ne nous paraissent pas ici avoir de signification psychologique claire. De toute façon, nous croyons que, dans la pratique, il est fondé de ne se référer qu'aux valeurs calculées sur l'ensemble des sujets. Nous remarquons que, en moyenne, les enfants ont 1,2 notes standard s'écartant de la moyenne des notes de l'échelle de Performance. L'écart-type de la distribution du nombre de notes déviantes est, en moyenne, de 1,1.

Nous constatons que la dispersion au sein de l'échelle Performance est sensiblement plus élevée que celle au sein de l'échelle Verbale. Nous pensons que cette différence s'explique par la plus grande hétérogénéité de l'échelle de Performance. Nous avons déjà pu constater ce phénomène lors de l'analyse factorielle des données d'étalonnage. Les saturations sont en général moins élevées par le facteur k:m que par le facteur v:ed. De plus, la nature du facteur k:m est, pour plusieurs d'auteurs, moins évidente que celle du facteur v:ed. Nous croyons que ce manque de clarté du facteur k:m est le reflet d'une unité moins grande que celle qui caractérise le facteur v:ed. La dispersion légèrement plus importante que nous observons dans l'échelle Performance apparaît donc comme une manifestation de ce phénomène.

Tableau 17. — *Nombre de notes déviant significativement de la moyenne des notes standard de l'échelle Performance. Moyennes et écarts-types de ce nombre selon l'âge, le sexe et le Q.I. Total.*

Ages	N	Nombre de notes déviant de la moyenne		Sexe	N	Nombre de notes déviant de la moyenne	
		M	σ			M	σ
6 et 1/2	40	1,2	1,2	Garçons	206	1,2	1,1
7 et 1/2	35	1,1	1,1	Filles	192	1,2	1,1
8 et 1/2	33	1,0	1,0				
9 et 1/2	42	1,2	1,1				
10 et 1/2	33	1,4	1,2	*Q.I. Total*	N	M	σ
11 et 1/2	45	1,1	1,1				
12 et 1/2	37	1,1	1,0	120 et +	33	1,5	1,1
13 et 1/2	37	1,1	1,1	110 à 119	65	1,2	1,1
14 et 1/2	34	1,6	1,2	90 à 109	194	1,2	1,2
15 et 1/2	35	1,5	1,3	80 à 89	57	1,2	1,1
16 et 1/2	27	1,2	0,9	79 et −	49	1,3	1,0
Total	398	1,2	1,1				

Synthétisons à présent les résultats de notre analyse de la dispersion au sein des données d'étalonnage du WISC-R. Nous avons pu constater que le fait d'avoir une ou plusieurs notes s'écartant significativement de la moyenne des notes standard n'est pas un phénomène exceptionnel qu'il s'agisse des notes de l'échelle Totale, de l'échelle Verbale ou de l'échelle de Performance. Le praticien doit en tenir compte lorsqu'il analyse la dispersion des notes d'un sujet particulier. Il doit garder en tête qu'une différence significative n'est pas synonyme d'une note anormale. Le sens d'une note déviante ne peut apparaître qu'à la suite d'une interprétation où sont prises en compte les covariations des résultats aux différentes épreuves du WISC-R mais aussi certaines informations externes au test lui-même.

Pour aider le praticien a évaluer la fréquence dans la population de la dispersion observée chez un enfant particulier, nous avons indiqué dans le tableau 18 l'effectif et le pourcentage cumulé du nombre de notes déviant de la moyenne des notes standard dans l'échantillon d'étalonnage du WISC-R. Ces valeurs sont mentionnées pour l'échelle Totale, l'échelle Verbale et l'échelle de Performance. En regard du nombre de notes déviantes, nous avons indiqué le nombre et le pourcentage de sujets présentant un nombre de notes déviantes égal ou supérieur. On peut ainsi remarquer que 63 % des enfants ont 2 notes et plus s'écartant de la moyenne de leur 10 notes à l'échelle Totale. Il sont encore 35 % à avoir, toujours à l'échelle Totale, 3 notes et plus déviant significativement de la moyenne. A l'échelle Verbale, 62 % des enfants ont au moins une note s'écartant significativement de la moyenne et 1/4 des enfants ont au moins 2 notes déviant significativement de cette même moyenne. A l'échelle Performance, la dispersion est sensiblement plus importante puisque 67 % des enfants ont au moins une note déviant significativement de la moyenne et que plus d'1/3 des enfants ont même 2 notes ou plus s'écartant de la moyenne. Tous ces résultats doivent conduire le praticien à considérer la dispersion des notes au WISC-R avec plus de circonspection que par le passé. L'hétérogénéité des performances aux trois échelles du test n'est en effet pas, comme on le croit encore trop souvent, l'apanage des sujets souffrant de troubles cognitifs.

Tableau 18. — *Effectif cumulé et pourcentage cumulé du nombre de notes déviant significativement des moyennes des notes de l'échelle Totale, de l'échelle Verbale et de l'échelle Performance.*

Nombre de notes déviantes	Echelle Totale		Echelle Verbale		Echelle Perfor.	
	N	%	N	%	N	%
0	668	100	398	100	398	100
1	579	87	247	62	266	67
2	422	63	104	26	150	38
3	232	35	22	6	60	15
4	92	14	6	2	11	3
5	29	4	0	0	0	0
6	7	0				
7	0					

5.3. APTITUDES MESURÉES PAR CHAQUE SOUS-TEST

5.3.1. Information

Données statistiques

Le coefficient moyen de fiabilité[4], calculé pour les 11 groupes d'âge, est de .86 ce qui en fait l'épreuve la plus fiable de toute l'échelle. L'erreur standard de mesure est en moyenne de 1.12. La corrélation de cette épreuve est de .74 avec la note Verbale, .53 avec la note Performance et .71 avec la note Totale[5]. L'analyse factorielle hiérarchique montre que cette épreuve est, parmi toutes les épreuves du test, la plus saturée par le facteur g (.67). Sa saturation par le facteur v:ed est moyenne (.40).

Aptitudes mesurées

L'épreuve d'Information comprend 30 items présentés par ordre de difficulté. Les questions sont posées verbalement et le sujet doit répondre également de manière verbale. L'épreuve se passe sans limite de temps. Les réponses sont évaluées en référence à des réponses modèles présentées dans le manuel. Elles sont alors cotées 1 ou 0 points.

Pour Wechsler (1944), cette épreuve évalue les connaissances qu'un sujet moyen, ayant eu des opportunités moyennes, a eu l'occasion d'acquérir dans son milieu habituel. Cette épreuve ne fait donc pas appel à des connaissances spécialisées qui n'auraient pu être acquises que dans des conditions d'apprentissage très particulières. Wechsler reconnait que cette épreuve dépend largement des opportunités de se cultiver dont ont bénéficié les sujets. On est donc en droit de se demander si cette épreuve mesure réellement l'intelligence plutôt que les conditions d'éducation et la mémoire. Wechsler répond à cette critique en se référant à sa propre expérience. Déjà incluse dans le test Army Alpha, l'épreuve d'information s'est en effet révélée l'une des meilleures de toute la série. Sa corrélation est apparue comme très élevée avec la note totale. De plus, la courbe de distribution des notes à cette épreuve a une forme gaussienne et ne présente ni effet plancher ni effet plafond.

Nos propres résultats d'analyse factorielle vont dans le sens de ceux de Wechsler. Comme nous l'avons déjà souligné, cette épreuve est la plus saturée par le facteur g. Sa corrélation avec l'échelle Totale est de .71. Nous pouvons comprendre ces résultats si nous nous dégageons de l'idée fausse selon laquelle les connaissances seraient emmagasinées de façon passive et ne seraient donc que l'empreinte de notre milieu. Comme le fait remarquer Château : « L'appel dans une batterie, à des connaissances ou à des inférences simples qui, pour n'être pas complètement automatisées, n'en sont pas moins très automatisées, reflète l'activité intelligente qui leur a antérieurement donné corps, les a constituées : la statue témoigne du sculpteur. » (1983, p. 43). Ainsi, l'épreuve d'Information est une mesure indirecte de l'intelligence. Elle n'évalue pas l'intelligence à l'œuvre mais ses fruits, ce qui aboutit au même résultat. En fait, l'épreuve d'Information est le reflet de ce que Cattell (1963) définit comme l'intelligence cristallisée. C'est donc beaucoup plus qu'une simple épreuve de connaissance ou de mémoire.

A première vue, l'épreuve d'Information apparaît comme relativement hétérogène. Elle inclut en effet des items comme «Quelles sont les quatre saisons de l'année?», qui ne demandent que le rappel de connaissances acquises, et des items comme «Pourquoi l'huile flotte-t-elle sur l'eau?» qui font, eux, appel à une certaine réflexion sur base des connaissances acquises. Cette hétérogénéité est bien reflétée par l'analyse de cette épreuve selon le modèle S.O.I. de Guilford (Meeker, 1975). Les items y font, pour une part, appel à la mémoire et, pour une autre part, à la production convergente. Toutefois, l'hétérogénéité n'est sans doute qu'apparente. En effet, le coefficient de fiabilité a été calculé selon la méthode pair-impair qui est avant tout une mesure de la consistance interne. Or ce coefficient, nous l'avons vu, est relativement élevé (.86) ce qui dément l'impression d'hétérogénéité de l'épreuve.

5.3.2. Similitudes

Données statistiques

Le coefficient de fiabilité, calculé pour les 11 groupes d'âge, est en moyenne de .79. L'erreur standard de mesure est en moyenne de 1.39. La corrélation de cette épreuve avec la note Verbale est de .70, avec la note de Performance de .53 et avec la note Totale de .68. L'analyse factorielle hiérarchique met en évidence une saturation élevée de cette épreuve par le facteur g (.65) et une saturation moyenne par le facteur v:ed (.43).

Aptitudes mesurées

Cette épreuve est constituée de 17 items rangés par ordre de difficulté. La tâche demandée aux sujets est de trouver la ressemblance qui existe entre deux termes. Ceux-ci peuvent désigner des objets, des sentiments, des idées... Un certain nombre de règles de cotation, illustrées d'exemples, sont renseignées dans le manuel et permettent d'apprécier la qualité des réponses données. Selon leur qualité celles-ci reçoivent la note 2, 1 ou 0.

Pour Wechsler (1944), cette épreuve est, sans aucun doute, une des meilleures de l'échelle. Elle est en effet fortement saturée par le facteur g et sa corrélation avec le résultat global est assez élevée. Tout comme Wechsler, nous avons pu constater, grâce à l'analyse factorielle, l'importance de la saturation de cette épreuve par le facteur g. Nous avons également observé une bonne corrélation entre cette épreuve et la Note Totale, bien que qu'il ne s'agisse pas là de l'épreuve la plus indicative du niveau intellectuel global.

L'épreuve de Similitudes évalue avant tout la formation de concepts verbaux, c'est-à-dire l'aptitude à constituer des classes hiérarchisées s'emboîtant les unes dans les autres. Par exemple, lorsqu'on demande à l'enfant «quelle est la ressemblance entre une pomme et une banane?», celui-ci doit pouvoir comprendre que la classe des pommes et la classe des bananes sont incluses toutes deux dans une classe plus large et d'un degré supérieur dans l'abstraction qui est celle des fruits. Pour réaliser cette opération mentale, l'enfant doit pouvoir faire abstraction des détails pour se concentrer sur l'essentiel. De ce point de vue, l'épreuve de Similitudes est une source d'intéressantes informations qualitatives. Les sujets peuvent en effet donner des réponses de niveaux différents, reflet de la maturité de leur pensée. La réponse peut être de niveau concret et faire essentiellement référence aux qualités des objets (par exemple, la pomme et la banane ont toutes les deux une peau). La réponse peut aussi être de niveau fonctionnel et faire référence à l'usage des objets (par exemple, la pomme et la banane peuvent toutes les deux être mangées). Et enfin, la réponse peut être de niveau abstrait et faire référence à la classe commune d'appartenance des objets (par exemple, la pomme et la banane sont toutes les deux des fruits).

Plusieurs auteurs (Kaufman, 1979; Searls, 1986; Sattler, 1988) font remarquer que cette épreuve est également fonction des influences culturelles et sociales dont l'enfant est l'objet. D'autres déterminations sont sans doute aussi présentes mais restent méconnues faute de recherches spécifiques sur cette épreuve. Parmi les trop rares tentatives pour mettre à jour les véritables processus mis en jeu par l'épreuve de Similitudes, on peut citer l'étude de Elkind (1969, 1981). Celui-ci a fait passer, à 60 enfants, l'épreuve de Similitudes, le Goldschmid-Bentler (test piagétien évaluant l'acquisition des conservations) et diverses épreuves de créativité. Selon Elkind, sur base des corrélations entre les trois tests, on peut affirmer que l'épreuve de Similitudes n'est pas homogène quant à la réalité effectivement mesurée. «Une partie des items de Similitudes ont des corrélations significatives avec des mesures de pré-opérations, une autre partie avec des mesures d'opérations concrètes et une troisième partie avec une mesure de créativité.» (Elkind, 1981, p. 116). Par exemple, la question «Quelle est la ressemblance entre une roue et une balle?» fait surtout appel à une connaissance figurale pré-opératoire. Par contre, la question «Quelle est la ressemblance entre un piano et une guitare?» demande clairement un raisonnement opératoire concret. Quant à la question «Quelle est la ressemblance entre l'eau et le sel?», elle paraît faire essentiellement appel à la pensée divergente. Cette recherche de Elkind, pour intéressante qu'elle soit, ne constitue cependant que le point de départ pour d'autres études sur l'épreuve de Similitudes.

5.3.3. Arithmétique

Données statistiques

Le coefficient de fiabilité, calculé pour les 11 groupes d'âge, est en moyenne de .77. L'erreur standard de mesure est en moyenne de 1.55. La corrélation de cette épreuve avec la note Verbale est de .59, avec la note de Performance de .49 et avec la note Totale de .60. L'analyse factorielle hiérarchique met en évidence une saturation assez élevée par le facteur g (.61), une saturation relativement modérée par le facteur v:ed (.31) et une faible saturation par le facteur k:m (.10). C'est, avec l'épreuve de Mémoire de Chiffres, l'épreuve de l'échelle Verbale la moins saturée par le facteur v:ed.

Aptitudes mesurées

L'épreuve d'Arithmétique est constituée de 18 items. Les quatre premiers font simplement appel à la reconnaissance des nombres sur un support concret. Les items 5 à 15 sont de brefs problèmes posés oralement et que l'enfant doit résoudre mentalement. Les items 16 à 18 sont également des problèmes mais présentés cette fois par écrit. L'enfant doit lire l'énoncé à haute voix et résoudre la question mentalement. Le temps imparti à chaque item est limité. Si l'item est réussi dans les temps, le sujet est crédité de 1 point.

Wechsler (1944) affirme avoir voulu présenter aux sujets des problèmes pratiques dans des situations courantes. Il a eu soin d'éviter les difficultés verbales dans les énoncés. Les connaissances mathématiques requises sont toutes du niveau de l'école primaire. Il s'agit des quatre opérations, des fractions et des pourcentages. Wechsler constate que cette épreuve est bien corrélée avec les autres mesures de l'intelligence. Toutefois diverses variables extra-intellectuelles influencent indubitablement les performances. Il s'agit tout d'abord de l'apprentissage scolaire et de l'habitude du sujet de manipuler des chiffres. Les fluctuations de l'attention et des émotions (surtout de l'anxiété) jouent également un grand rôle dans la réussite de cette épreuve.

Nous avons constaté, grâce à l'analyse factorielle, que l'épreuve d'Arithmétique était fortement saturée par le facteur g mais beaucoup plus modérément par le facteur v:ed. Une très légère saturation par le facteur k:m est également observée. Une part importante de la variance des résultats à cette épreuve n'est expliquée par aucun des trois principaux facteurs du modèle hiérarchique de l'intelligence. Il nous faut donc envisager d'autres sources de détermination pour expliquer totalement les performances à cette épreuve.

Kaufman (1975) a réalisé une analyse factorielle en composante principale, suivie d'une rotation varimax, de la matrice de corrélations des données d'étalonnage du WISC-R américain. Il dégage trois facteurs dont un sature fortement les épreuves d'Arithmétique, de Mémoire de Chiffre et, plus modérément, l'épreuve de Code. Kaufman interprète ce facteur comme un facteur d'attention/concentration (freedom from distractability). En effet, ces trois épreuves font intervenir la mémoire à court terme, laquelle est particulièrement affectée par les troubles du contrôle mental.

Le facteur d'Attention, mis en évidence par Kaufman, recouvre précisément la catégorie séquentielle décrite par Bannatyne (1974). Cet auteur, dont nous parlons en détail dans le § 5.4.2., a rangé les épreuves du WISC-R en quatre catégories : Aptitude Spatiale (Arrangement d'Images, Cubes et Assemblage d'Objets), Aptitude à la Conceptualisation Verbale (Compréhension, Similitudes et Vocabulaire), Aptitude Séquentielle (Mémoire de Chiffres, Arithmétique et Code) et Connaissances Acquises (Information, Arithmétique et Vocabulaire). Bannatyne affirme que les enfants souffrant de dyslexie ont leurs notes standard les plus hautes en Aptitude Spatiale, leurs notes moyennes en Aptitude à la Conceptualisation Verbale et leurs notes les plus faibles en Aptitude Séquentielle. Ce phénomène repose sur l'hypothèse d'un déficit chez les mauvais lecteurs du point de vue de la vitesse et de la précision de l'encodage lexical.

Nous constatons ainsi une convergence des résultats de Kaufman et des hypothèses de Bannatyne à propos de la nature de processus impliqués dans l'épreuve d'Arithmétique. Celle-ci demande en effet un encodage correct de la séquence des énoncés. Si le sujet a des difficultés pour soutenir son attention, l'encodage sera déficient et la résolution du problème sera impossible. Le rôle de l'attention et de la concentration est également fort important durant la résolution du problème. Le sujet doit en effet retenir les résultats intermédiaires de ses calculs et les intégrer dans la suite des opérations.

Notons que Bannatyne inclut également l'épreuve d'Arithmétique dans la catégorie Connaissances Acquises. Le sujet doit en effet pouvoir comprendre l'énoncé verbal et, dans trois items, il doit même le lire. Il doit également avoir acquis des connaissances arithmétiques minimales. Par conséquent, la réussite des items dépendra, en partie, du niveau de scolarité atteint par le sujet.

5.3.4. Vocabulaire

Données statistiques

Le coefficient de fiabilité, calculé pour les 11 groupes d'âge, est en moyenne de .85 ce qui situe cette épreuve parmi les plus fiables de l'échelle. L'erreur standard de mesure est en moyenne de 1.20. La corrélation de cette épreuve avec la note Verbale est de .77, avec la note de Performance de .49 et avec la note Totale de .70. L'analyse factorielle hiérarchique met en évidence une saturation élevée de cette épreuve par le facteur g. (.65) et une saturation relativement élevée par le facteur v:ed. (.52). Parmi les épreuves de l'échelle Verbale, elle est celle qui est la plus fortement saturée par le facteur v:ed.

Aptitudes mesurées

L'épreuve de Vocabulaire est constitué de 32 mots rangés par ordre de difficulté et que l'enfant est invité à définir. Le manuel renseigne différents critères, illustrés par des exemples, permettant d'évaluer le plus objectivement possible la qualité des réponses. En fonction de celle-ci, le sujet reçoit 2, 1 ou 0 points.

Dans la première version de son test (1939), Wechsler avait inclus le sous-test de Vocabulaire comme épreuve optionnelle. Il pensait alors qu'elle était trop déterminée par le langage et pas assez par l'intelligence. Par la suite, sur base de son expérience clinique, Wechsler est revenu sur son premier jugement et a décidé de rendre obligatoire cette épreuve et de la faire intervenir dans le calcul du Q.I. Verbal et du Q.I. Total. Wechsler (1944) considère que cette épreuve est une excellente mesure de l'intelligence générale des sujets. Le nombre de mots qu'un individu connaît est en effet une mesure de son aptitude à apprendre. De plus, en définissant une série de mots, les sujets nous renseignent sur la qualité de leurs processus de pensée. En ce sens, cette épreuve est d'une utilité clinique indéniable et nous procure des informations bien au-delà de la seule intelligence. Wechsler cite à ce propos les caractéristiques de la pensée schizophrénique (persévérations, redondances, incohérences...) qui sont véritablement révélées par cette épreuve. Wechsler reconnaît que les performances à l'épreuve de Vocabulaire sont influencées par l'éducation et la culture et qu'il convient donc de relativiser les résultats lorsque l'on a affaire à un sujet étranger ne possédant pas bien la langue dans laquelle il est évalué.

Nos résultats d'analyse factorielle confirment l'affirmation de Wechsler pour qui l'épreuve de Vocabulaire est une des meilleures épreuves d'intelligence. Cette épreuve est en effet fortement saturée par le facteur g. De plus, sa corrélation avec la note Totale est relativement élevée. Nous pouvons tenir à propos de l'épreuve de Vocabulaire le même raisonnement que nous tenions au sujet de l'épreuve d'Information. La connaissance des mots ne résulte pas d'un simple enregistrement passif mais d'un véritable processus intellectuel. De la même manière qu'en cueillant les fruits nous sommes renseigné sur la qualité de l'arbre qui les porte, en évaluant l'étendue et la précision du vocabulaire d'un enfant nous sommes informé sur l'intelligence qui a permis de l'intégrer. Rappelons que l'épreuve de Vocabulaire est, pour Cattell (1963) le prototype du test d'intelligence cristallisée.

Cette épreuve est moins simple qu'il n'y paraît au premier abord. Lorsque l'on demande à un enfant de définir un mot, il ne se contente en effet pas d'aller rechercher dans sa mémoire une définition toute faite. Le plus souvent, cette définition l'enfant doit la construire sur base de son expérience verbale. Meeker (1975) a d'ailleurs décrit l'épreuve de Vocabulaire, sur base du modèle S.O.I. de Guilford, comme faisant appel à la cognition et non à la mémoire d'unité sémantique. De son côté, Kaufman (1979) souligne que cette épreuve évalue la formation de concept et le degré de pensée abstraite. Le test de Vocabulaire Actif et Passif (TVAP) de Deltour et Hupkens (1980) met particulièrement bien en évidence l'écart existant entre, d'une part, la compréhension d'un mot de vocabulaire et son identification (en l'occurrence indiquer une image qui le représente) et, d'autre part, la définition verbale de ce mot. Nous devons donc reconnaître que l'épreuve de Vocabulaire demande au sujet un effort de réflexion et d'abstraction, et ne se limite pas à de la pure reproduction.

5.3.5. Compréhension

Données statistiques

Le coefficient de fiabilité, calculé pour les 11 groupes d'âge, est en moyenne de .74. L'erreur standard de mesure est en moyenne de 1.51. La corrélation de cette épreuve avec la note Verbale est de .70, avec la note de Performance de .46 et avec la note Totale de .64. L'analyse factorielle hiérarchique met en évidence une saturation élevée de cette épreuve par le facteur g (.61) et une saturation moyenne par le facteur v:ed (.43).

Aptitudes mesurées

L'épreuve de Compréhension est constituée de 17 items rangés par ordre de difficulté. Il s'agit de questions de caractère pratique touchant à la vie sociale. Les réponses sont appréciées au moyen de critères et d'exemples donnés dans le manuel. Selon la qualité de sa réponse, le sujet est crédité de 2, 1 ou 0 points.

Wechsler fait remarquer que, depuis que cette épreuve a été créée par Binet, elle a été régulièrement reprise dans les tests intellectuels, preuve que les psychologues la considèrent comme une bonne mesure de l'intelligence. Pourtant, Wechsler reconnaît qu'«il est difficile de dire avec précision à quelles fonctions le test de Compréhension fait appel. A première vue, on peut le considérer comme un test de sens commun, et c'est ainsi qu'il a été appelé dans l'Army Test Alpha. La réussite à cette épreuve semble dépendre de la possession d'une certaine quantité d'informations pratiques et d'une aptitude générale à évaluer l'expérience passée» (Wechsler, 1958, p. 68). Wechsler apprécie tout particulièrement ce test comme source d'informations cliniques. En effet, la compréhension des questions et les associations que celles-ci suscitent sont non seulement le reflet de l'intelligence des sujets mais aussi de leur personnalité.

Cette épreuve n'ayant pas fait l'objet de recherches récentes, on retrouve à son propos des informations quasi identiques chez tous les auteurs (Zimmerman et Woo-Sam, 1973; Kaufman, 1979; Searls, 1985; Sattler, 1988). Tous considèrent que cette épreuve évalue essentiellement les connaissances pratiques du sujet et son aptitude à faire face à des problèmes de comportements sociaux. Une partie des items évalue également l'acquisition des conventions sociales et du sens moral. La réussite à cette épreuve présuppose donc une certaine éducation dans le milieu familial et scolaire. Meeker (1975), sur base du modèle S.O.I. de Guilford, considère qu'il s'agit là d'un test d'évaluation d'implications sémantiques.

Nous devons admettre que nous ne connaissons guère plus que Wechsler les processus réellement impliqués dans cette épreuve. Nous savons juste, sur base des corrélations et des résultats d'analyse factorielle, qu'il s'agit d'une assez bonne mesure de l'intelligence. Mais, une inspection superficielle des items laisse supposer une certaine hétérogénéité de la réalité mesurée. Des recherches précises sur la nature des processus en jeu dans les différents items nous paraissent nécessaires.

5.3.6. Mémoire Immédiate de Chiffres

Données statistiques

Le coefficient fiabilité[6], calculé pour les 11 groupes d'âge, est en moyenne de .81. L'erreur standard de mesure est en moyenne 1.29. La corrélation de cette épreuve avec la note Verbale est de .44, avec la note de Performance de .30 et avec la note Totale de .41. L'analyse factorielle hiérarchique met en évidence une saturation modérée par le facteur g (.38) et une saturation relativement faible par le facteur v:ed (.28). Il s'agit, au sein de l'échelle Verbale, de l'épreuve la moins saturée par les facteurs g et v:ed.

Aptitudes mesurées

L'épreuve de Mémoire Immédiate de Chiffres est composée de deux parties bien distinctes. Dans la première, le sujet doit répéter à haute voix une série de chiffres en respectant leur ordre de présentation orale. Dans la seconde partie, il doit répéter les chiffres entendus dans l'ordre inverse de leur présentation. Le sujet est évalué selon l'importance de la série de chiffres correctement répétée (7 nombres maximum) et selon le nombre d'essais nécessaires (2 maximum par série).

Wechsler (1944) reconnaît que, comme épreuve d'intelligence, l'épreuve de Mémoire de Chiffres est une des plus médiocres. Elle n'est en effet que peu corrélée avec les autres tests d'intelligence. De plus, elle n'est que faiblement saturée par le facteur g. Toutefois, Wechsler juge cette épreuve intéressante car elle nous permet d'évaluer un certain nombre d'aptitudes nécessaires au bon fonctionnement intellectuel. Elle permet en effet d'apprécier la qualité de l'attention du sujet et donc de pouvoir, éventuellement, diagnostiquer son manque de contrôle mental. Elle permet également d'évaluer la mémoire de routine dont l'importance dans l'exercice de l'intelligence est indéniable.

Nos propres résultats d'analyse factorielle permettent de confirmer le jugement le Wechsler. La Mémoire Immédiate de Chiffres n'est en effet que modérément saturée par le facteur g. La corrélation de cette épreuve avec la note Totale est également fort faible. Il s'agit, avec les épreuves de Code et de Labyrinthes, de l'épreuve la moins corrélée avec la performance globale à l'ensemble de l'échelle. L'épreuve de Mémoire de Chiffres est également faiblement corrélée par le facteur v:ed et ne l'est pas du tout par le facteur k:m. Par conséquent, sa nature pose problème puisqu'elle échappe en grande partie à la détermination des facteurs essentiels du modèle hiérarchique de l'intelligence.

Nous avons vu, à propos de l'épreuve d'Arithmétique, que l'analyse factorielle réalisée par Kaufman (1975) avait permis de mettre en évidence un facteur d'attention. Celui-ci sature particulièrement, outre l'épreuve d'Arithmétique, les épreuves de Mémoire de Chiffres et de Code. Nous avons aussi souligné la convergence entre ce troisième facteur et la catégorie séquentielle décrite par Bannatyne (1974) comme étant la plus faible chez les enfants mauvais lecteurs.

Les hypothèses de Bannatyne ont fait l'objet de nombreuses recherches dont les résultats sont partiellement contradictoires. Il semble que ces contradictions proviennent essentiellement de l'utilisation de groupes de sujets trop hétérogènes du point de vue de leurs troubles d'apprentissage. Récemment, Spafford (1989) a repris cette question en sélectionnant de façon très rigoureuse des sujets dyslexiques. Elle a ainsi pu démontrer que les enfants dyslexiques présentaient une faiblesse significative aux épreuves de Code et de Mémoire de Chiffres. Elle insiste tout particulièrement sur l'importance diagnostique de cette dernière épreuve. « L'épreuve de Mémoire de Chiffres évalue apparemment une importante composante impliquée dans la tâche de lecture. » (Spafford, 1989, p. 122). Vraisemblablement, il s'agit de l'encodage lexical qui est trop lent et trop imprécis. Dans le cas de Mémoire de Chiffres, le mauvais encodage implique une mauvaise mémorisation de la séquence de chiffres et donc une mauvaise reproduction de celle-ci.

Le phénomène est encore accentué lorsque les séries de chiffres doivent être répétées à rebours. « La représentation mentale de la séquence numérique doit non seulement être retenue plus longtemps [...] mais doit en plus être manipulée avant d'être répétée. » (Sattler, 1988, p. 154). Il est alors évident que, si l'encodage a été déficient, le résultat ne peut être qu'imparfait. La répétition des chiffres à rebours demande également une grande concentration et un faible niveau de stress. On a en effet pu démontrer que l'état de stress dans lequel se trouvait le sujet au moment de l'examen influençait de façon significative les performances à cette épreuve (Hodges et Spielberger, 1969).

L'épreuve de Mémoire de Chiffres est optionnelle et sa note standard n'intervient pas dans le calcul des Quotients. Beaucoup de praticiens omettent donc de la présenter aux sujets. Pourtant, vu son intérêt du point de vue diagnostic, nous pensons qu'elle devrait être systématiquement appliquée.

5.3.7. Complètement d'Images

Données statistiques

Le coefficient de fiabilité, calculé pour les 11 groupes d'âge, est en moyenne de .73. L'erreur standard de mesure est en moyenne de 1.64. La corrélation de cette épreuve avec la note Verbale est de .50, avec la note de Performance de .57 et avec la note Totale de .59. L'analyse factorielle hiérarchique met en évidence une saturation moyenne par le facteur g (.57) et assez modérée par le facteur k:m (.34). Dans l'échelle de Performance, il s'agit de l'épreuve la plus saturée par g.

Aptitudes mesurées

L'épreuve de Complètement d'Images est constituée de 26 items rangés par ordre de difficulté et présentés en temps limité (20 secondes par item). Il s'agit d'images incomplètes dont le sujet doit nommer ou montrer la partie manquante.

Wechsler (1944) considère cette épreuve comme la meilleure, avec celle de Cubes, au sein de l'échelle de Performance. Selon lui, elle évalue la reconnaissance visuelle et l'identification de formes familières. Elle demande au sujet de pouvoir discriminer l'essentiel de l'accessoire. Bien que le temps de passation soit limité, il ne semble guère avoir d'influence sur les résultats. Les sujets qui ne trouvent pas rapidement l'élément manquant ne réussissent en effet pas mieux si on leur accorde plus de temps. Wechsler reconnaît que la principale limite de cette épreuve est d'être assez peu discriminative pour les niveaux supérieurs d'intelligence. Les résultats ont alors tendance à se grouper à l'extrémité supérieure de l'échelle.

Nos résultats d'analyse factorielle confirment le jugement de Wechsler à propos de cette épreuve. Il s'agit en effet de l'épreuve de l'échelle de Performance la plus saturée par le facteur g. La saturation modérée de cette épreuve par le facteur k:m laisse supposer qu'elle est déterminée par d'autres aptitudes que la seule organisation spatiale. Bien entendu celle-ci joue un rôle important puisqu'il s'agit d'une tâche de discrimination visuelle. Mais cette épreuve fait aussi appel à la mémoire à long terme. Le sujet doit en effet comparer l'image actuelle de l'objet à la trace mnésique qu'il en a gardée. L'épreuve de Complètement d'Images semble aussi faire intervenir le style cognitif dépendance/indépendance du champ (Kaufman, 1979). Les sujets doivent en effet passer de la perception globale de l'image à son analyse en détail. Certains sujets peuvent avoir beaucoup de peine à modifier leur point de vue sur l'image en raison de leur style cognitif dépendant du champ. Ils restent alors attachés à la forme globale et sont incapables de repérer le détail manquant.

L'épreuve de Complètement d'Images nous paraît être constituée d'items relativement hétérogènes. Le coefficient de fiabilité rend cette hypothèse plausible. En effet, si ce coefficient est, pour l'ensemble des groupes d'âge, d'un niveau relativement satisfaisant (.73), il n'en est plus de même lorsqu'on l'évalue par groupe d'âge. Il tend alors à diminuer avec l'élévation de l'âge et avec l'augmentation du nombre d'items pris en considération. Certains items font d'évidence appel à un raisonnement de la part des sujets. C'est, par exemple, le cas de l'item 7 (le reflet de la poupée dans le miroir) et de l'item 23 (l'ombre de l'arbre). Par contre, d'autres items semblent ne demander qu'une connaissance figurale. Si l'enfant connaît l'objet, la bonne forme (au sens que donne à ce terme les théoriciens de la Gestalt) s'impose alors d'elle-même. C'est par exemple le cas de l'item 3 (l'ongle du doigt) et de l'item 8 (l'aiguille de l'horloge). Bien entendu, il ne s'agit ici que d'hypothèses qui demandent à être vérifiées expérimentalement.

5.3.8. Arrangement d'Images

Données statistiques

Le coefficient de fiabilité, calculé pour les 11 groupes d'âge, est en moyenne de .71. L'erreur standard de mesure est de 1.66. La corrélation de l'épreuve avec la note Verbale est de .49, avec la note Performance de .55 et avec la note Totale de .58. L'analyse factorielle hiérarchique nous révèle une saturation moyenne de cette épreuve par le facteur g (.55) et une saturation assez modérée par le facteur k:m (.31).

Aptitudes mesurées

L'épreuve d'Arrangement d'Images est constituée de 12 items rangés par ordre de difficulté et passés en temps limité. Chaque item est constitué d'une série d'images présentées dans le désordre. Le sujet est invité à ranger ces images de sorte qu'elles racontent une histoire cohérente. La cotation se fait sur base de la conformité de l'ordre au modèle et de la vitesse de résolution de l'item.

Pour Wechsler (1944), cette épreuve évalue l'aptitude à comprendre les situations dans leur ensemble. Dans la mesure où les histoires mettent en scène des situations humaines et pratiques, il serait tentant de qualifier cette épreuve de test d'intelligence sociale. Wechsler récuse cependant cette interprétation et préfère parler d'application de l'intelligence générale à des situations sociales.

Kaufman (1979) souligne que cette épreuve est saturée par le facteur Organisation Perceptive. L'appréhension correcte des stimuli joue donc un rôle important. Le sujet doit pouvoir distinguer l'essentiel de l'accessoire et tenter de saisir l'ensemble des images dans une histoire englobante. Il semble que, pour réussir la tâche, il faille absolument suivre ce processus de résolution. Il est en effet fort peu probable de réussir les items de cette épreuve au moyen d'une procédure par essais et erreurs. Au contraire, le sujet doit pouvoir faire preuve d'une aptitude à planifier et à organiser les séquences temporelles. L'épreuve d'Arrangement d'Images suppose donc que le sujet ait intégré les concepts temporels.

Sattler (1988) remarque que, dans certains cas, l'enfant à tendance à verbaliser l'histoire qu'il est en train de construire. Il émet l'hypothèse que cette verbalisation a un effet facilitant pour la résolution du problème et que, dans ce cas, l'épreuve d'Arrangement d'Images peut être considérée comme une mesure des processus séquentiels verbaux. Nous sommes réservé quant à la validité de cette hypothèse. Nos résultats d'analyse factorielle indiquent en effet une saturation quasi nulle (.08) de cette épreuve par le facteur v:ed. Le rôle du langage ne peut donc être que très réduit dans cette épreuve. Sattler souligne également l'impact du temps dans l'épreuve d'Arrangement d'Images. Plus le sujet est rapide, plus il reçoit de points. Par conséquent, tout ce qui peut ralentir la vitesse de résolution pénalise le sujet. Sattler cite à ce propos les comportements compulsifs (par exemple, la recherche de l'alignement parfait des images) chez les sujets obsessionnels.

Meeker (1975) considère que l'épreuve d'Arrangement d'Images fait surtout appel à la production convergente. Il n'y a en effet qu'une seule solution possible, laquelle doit être découverte par le sujet. Pourtant, Kaufman (1979) parle, à propos de cette même épreuve, de l'intervention de la créativité, c'est-à-dire de la production divergente. Selon nous, il serait plus correct de parler de souplesse de pensée. Pour découvrir la bonne solution, le sujet doit en effet envisager divers arrangements possibles. S'il s'attache rigidement à l'un des arrangements sans pouvoir en considérer d'autres, il aboutira le plus souvent à l'échec. Pratiquement tous les auteurs soulignent que l'habitude de lire des bandes dessinées est un facteur facilitant pour la réussite de cette épreuve. Bien que marquée par le bon sens, cette affirmation n'a cependant été vérifiée par aucune recherche.

5.3.9. Cubes

Données statistiques

Le coefficient de fiabilité, calculé pour les 11 groupes d'âge, est en moyenne de .84. L'erreur standard de mesure est de 1.29. La corrélation de l'épreuve avec la note Verbale est de .46, avec la note de Performance de .59 et avec la note Totale de .57. L'analyse factorielle hiérarchique nous révèle que cette épreuve est moyennement saturée par le facteur g (.56) et modérément par le facteur k:m (.43). C'est, avec l'épreuve de Code, l'épreuve la plus fiable de l'échelle Performance. Il s'agit également d'une des deux épreuves les plus saturées par le facteur k:m.

Aptitudes mesurées

L'épreuve de Cubes comprend 11 items rangés par ordre de difficulté et passés en temps limité. Elle consiste en une série de cubes que le sujet doit organiser de façon à reproduire un dessin modèle. Tous les cubes sont identiques et possèdent deux faces rouges, deux faces blanches et deux face à moitié rouge et à moitié blanche. Les réponses sont évaluées en fonction de la conformité au modèle et de la vitesse de résolution.

Le test des Cubes a été créé en 1920 par Kohs dans le but d'évaluer l'intelligence indépendamment du facteur langage. Wechsler (1944) considère cette épreuve comme la meilleure de l'échelle de Performance et même de l'ensemble du test. Elle est en effet, dit-il, bien corrélée avec la note Totale et avec la plupart des épreuves Verbales. Wechsler constate que la résolution des items peut se faire selon deux voies différentes : soit le sujet s'attache à la figure globale soit il l'analyse en ses composantes élémentaires. L'épreuve des Cubes apparaît ainsi comme une situation intéressante du point de vue clinique puisqu'elle nous permet de mettre à jour le type de processus cognitifs utilisés par les sujets. Cette épreuve est également d'un grand intérêt dans le domaine neurologique. Elle est en effet très sensible au vieillissement physiologique et, d'un façon générale, à toutes les altérations neurologiques. Wechsler rapporte à ce propos les recherches pionnières menées par Goldstein au début des années 40[7].

Du point de vue factoriel, nos propres résultats ne vont pas totalement dans le sens des affirmations de Wechsler. En effet, la saturation de l'épreuve de Cubes par le facteur g est modérée et sa corrélation avec la note Totale est assez moyenne. Par contre, elle est, avec l'épreuve d'Assemblage d'Objets, l'épreuve la plus saturée par le facteur k:m. Nous devons également souligner qu'elle est de loin l'épreuve la plus fiable de l'échelle de Performance et ceci à tous les âges.

Kaufman (1979) considère que cette épreuve fait surtout appel à l'organisation perceptive. Le sujet doit pouvoir analyser le dessin modèle en ses composantes élémentaires et, sur base de cette analyse, assembler les cubes pour réaliser le même dessin. La réussite demande donc d'appliquer la logique et le raisonnement à un problème de relations spatiales. Elle suppose aussi une certaine capacité de coordination visuomotrice. Kaufman souligne que le style cognitif dépendance/indépendance du champ et la capacité à travailler sous la pression du temps influence la performance du sujet.

Ces dernières années, l'épreuve de Cubes a suscité une importante vague de recherches en psychologie cognitive. Parmi celles-ci nous pouvons citer les études de Jones et Torgesen (1981), de Schorr *et al.* (1982) et de Spelberg (1987). La plupart des recherches se sont intéressées à la différentiation des sujets selon la stratégie de résolution utilisée : analytique ou synthétique. La stratégie analytique consiste à fragmenter la forme globale (un grand carré) en ses composantes élémentaires (4 ou 9 faces de cubes selon les items) puis à trouver une face de cube correspondant à chacune des composantes. La stratégie synthétique consiste, quant à elle, à manipuler les cubes pour arriver, par essais et erreurs, à reconstituer la forme globale.

Jones et Torgesen (1981) se sont demandés si la stratégie de résolution des items de Cubes n'évoluait pas avec l'âge. Ils ont également voulu vérifier si les sujets les plus âgés n'avaient pas tendance à vouloir placer correctement chaque cube avant de passer au suivant. Ces sujets manifesteraient ainsi un comportement plus cohérent que celui des plus jeunes enfants caractérisé, lui, par le manque de constance et l'impulsivité. Les auteurs ont filmé les performances, à neuf items de cubes, de 121 enfants appartenant à quatre groupes d'âge (6;5 ans, 8;5 ans, 10;5 ans et 17 ans). Ils ne constatent aucune différence importante entre les enfants les plus jeunes et les enfants les plus âgés du point de vue de leur stratégie de construction. Les enfants les plus âgés ne présentent pas non plus un comportement plus cohérent que celui des jeunes enfants. Il semble que la stratégie utilisée dépende essentiellement du type d'item. Comme le font remarquer les auteurs : « La configuration des cubes était si frappante dans beaucoup de dessins qu'elle influençait de façon décisive la manière d'analyser le dessin et de le construire chez un grand nombre des enfants jeunes et âgés. » (Jones et Torgesen, 1981, p. 328).

Schorr *et al.* (1982) ont analysé avec une grande précision les différents items de l'épreuve de Cubes. Ils ont émis l'hypothèse que les enfants qui utilisent une stratégie analytique ont de meilleures performances lorsque le nombre d'arêtes visibles à l'intérieur de dessin est important. C'est, par exemple, le cas lorsqu'un cube blanc est voisin d'un cube rouge. Par contre, les enfants qui utilisent une stratégie synthétique réussissent mieux lorsque le dessin représente une forme simple et possède donc peu d'arêtes intérieures. Schorr *et al.* ont étudié l'importance de ces stratégies dans un groupe d'enfants d'intelligence supérieure à la moyenne. Sur base des résultats de ce groupe, ils ont pu mettre en évidence une relation inverse très significative entre le nombre d'arêtes intérieures et le temps de réponse. En d'autres termes, plus le nombre d'arêtes intérieures est élevé, plus le temps de résolution de l'item est bref. Les auteurs en concluent que les sujets les plus efficients utilisent, de façon privilégiée, la stratégie analytique.

Cette recherche et ses conclusions ont été critiquées par Spelberg (1987). Celui-ci reproche à Schorr *et al.* de n'avoir utilisé que des enfants intellectuellement doués. Ils n'ont donc pu vérifier si les sujets moins doués utilisent une stratégie synthétique ou, éventuellement, une stratégie analytique mais de façon moins efficace. Spelberg a repris les hypothèses de Schorr *et al.* et les a testées sur un échantillon de 770 sujets âgés de 6 à 16 ans et représentatif de la population néerlandaise[8]. Il constate que, dans tous les groupes d'âge, une relation assez étroite existe entre le nombre d'arêtes intérieures et la performance à l'item. Plus il y a d'arêtes, plus la réponse est rapide. Comme une telle relation est caractéristique d'une stratégie analytique, Spelberg conclut que les sujets de son échantillon «pour la plupart utilisent une stratégie analytique et que les résultats présentent peu d'évidence quant à l'existence de sujets utilisant la stratégie synthétique. Cela ne signifie cependant pas que la stratégie synthétique ne soit jamais utilisée. Comme Jones et Torgesen (1981) l'ont suggéré, il est vraisemblable que le choix de l'une ou l'autre des deux stratégies dépende plus de la nature des stimuli que d'une préférence individuelle quant au processus.» (Spelberg, 1987, p. 104).

5.3.10. Assemblage d'Objets

Données statistiques

Le coefficient de fiabilité, calculé pour les 11 groupes d'âge, est en moyenne de .68. L'erreur standard de mesure est de 1.80. La corrélation de cette épreuve avec la note Verbale est de .40, avec la note de Performance de .60 et avec la note Totale de .53. L'analyse factorielle hiérarchique nous révèle que cette épreuve est moyennement saturée par le facteur g (.54) et par le facteur k:m (.50). Il s'agit sans conteste de l'épreuve de l'échelle la plus saturée par ce dernier facteur.

Aptitudes mesurées

L'épreuve d'Assemblage d'Objets est constituée de 4 items passés en temps limité. Il s'agit de petits puzzles que le sujet doit assembler sans aucun modèle. Pour les deux premiers items, il est informé de la nature de l'image à reconstituer ; pour les deux suivants, il doit lui-même découvrir de quoi il s'agit. Les réponses sont évaluées en fonction du nombre de juxtapositions correctes et de la vitesse de résolution du problème.

Wechsler (1944) souligne tout particulièrement les qualités cliniques de cette épreuve. En effet, la manière qu'a le sujet d'aborder la tâche se révèle très riche d'enseignement sur ses modes de pensée et sur les caractéristiques de sa personnalité. Comment le sujet réagit-il aux stimuli qui lui sont présentés et comment arrive-t-il à comprendre les relations entre les éléments isolés ? Cherche-t-il à résoudre le problème par essais et erreurs ou tente-t-il d'abord de construire une représentation mentale de l'objet à reconstituer ? Comment réagit-il face aux erreurs ? A-t-il alors tendance à persévérer ? Comme nous pouvons le constater, cette épreuve est une source d'informations qui vont bien au-delà de la simple mesure intellectuelle.

Notre analyse factorielle indique que l'épreuve d'Assemblage d'Objets est la plus saturée par le facteur k:m. Cette constatation n'est pas étonnante car il est évident que cette épreuve fait avant tout appel à la capacité d'organisation spatiale. Kaufman (1975) arrive à la même constatation au moyen d'une méthode d'analyse factorielle différente de la nôtre. L'épreuve d'Assemblage d'Objets apparaît en effet comme très saturée par le facteur qu'il nomme Organisation Spatiale. La tâche qui est demandée au sujet consiste à analyser les stimuli visuels et à leur donner sens. Cette analyse est suivie d'un effort de synthèse sous forme d'une représentation mentale de l'objet. La réalisation de l'assemblage lui-même suppose des capacités de coordination visuo-motrice. Durant cette réalisation, le sujet doit pouvoir faire preuve d'une certaine flexibilité d'esprit. Il doit en effet être capable de reconsidérer sa représentation mentale en fonction des informations qu'il recueille au fur et à mesure de la construction du puzzle.

Kaufman (1979) fait remarquer que le style cognitif dépendant du champ peut représenter un handicap important pour le sujet. Celui-ci peut en effet avoir de réelles difficultés à envisager divers points de vue sur les stimuli qui lui sont proposés. Il a alors tendance à persévérer dans ses erreurs, incapable de prendre du recul et de considérer d'une autre façon les pièces qui lui sont présentées. Cette épreuve étant chronométrée, la capacité de travailler sous la pression du temps est également un facteur de réussite. Tous les facteurs qui vont ralentir la performance vont donc pénaliser le sujet.

5.3.11. Code

Données statistiques

Le coefficient de fiabilité, calculé pour les 11 groupes d'âge, est en moyenne de .85. L'erreur standard de mesure est en moyenne de 1.25. La corrélation de cette épreuve avec la note Verbale est de .31, avec la note Performance de .29 et avec la note Totale de .34. L'épreuve de Code est ainsi, de toutes les épreuves, le plus médiocre prédicteur de la note Totale. L'analyse factorielle hiérarchique met en évidence une saturation relativement faible de cette épreuve par le facteur g et une saturation très faible par le facteur k:m. C'est, sans conteste, l'épreuve la moins saturée par les facteurs importants du modèle hiérarchique de l'intelligence.

Aptitudes mesurées

L'épreuve de Code est constituée de deux parties : l'une pour les enfants de moins de 8 ans et l'autre pour ceux de 8 ans et plus. Dans la première partie (Code A), on présente à l'enfant une série de formes géométriques (triangles, carrés...) dans lesquelles sont tracés des traits. A chaque forme géométrique correspond toujours le même type de trait (barre verticale, croix...). En-dessous de cette série modèle, se trouvent des formes identiques mais vides. La tâche de l'enfant est, sur base de la série modèle, de tracer dans chaque forme le type de trait qui lui correspond. L'objectif est de remplir un maximum de formes en 2 minutes. La seconde partie du test (Code B) suit les mêmes principes mais, au lieu de faire correspondre des formes et des traits, on fait ici correspondre des chiffres et des traits.

Wechsler (1944) considère que cette épreuve mesure l'intelligence en évaluant la rapidité et la précision avec lesquelles le sujet associe les symboles qui lui sont présentés. Il souligne que cette épreuve, du moins le Code B, n'est pas adaptée pour les sujets illettrés. Cette limitation explique la présence dans le WISC-R d'une épreuve optionnelle, celle des Labyrinthes, qui peut, le cas échéant, remplacer celle de Code. Wechsler remarque également que les performances à l'épreuve de Code sont sensiblement diminuées chez les sujets dont la capacité de concentration est réduite pour des raisons émotionnelles ou neurologiques.

Nous avons pu constater, grâce à l'analyse factorielle, que l'épreuve de Code était une mesure médiocre du facteur g. Dans l'ensemble de l'échelle, elle est d'ailleurs l'épreuve la moins saturée par ce facteur. Elle est également la moins saturée par le facteur k:m. Ces résultats posent la question de la nature de cette épreuve. Nous avons vu plus haut que

Kaufman (1975) avait mis en évidence un facteur d'attention saturant principalement les épreuves d'Arithmétique, de Mémoire de Chiffres et de Code. Ces trois épreuves ont également en commun d'appartenir à la catégorie séquentielle décrite par Bannatyne (1974) comme celle où les enfants dyslexiques obtiennent leurs plus mauvaises notes.

Sattler décrit l'épreuve de Code comme « une tâche de traitement de l'information faisant appel à la discrimination et à la mémoire d'ensembles de symboles visuels » (1988, p. 161). Il s'agit en fait de la seule tâche d'apprentissage dans l'ensemble de l'échelle. La vitesse de la performance, sur laquelle se base la cotation, dépend de la facilité et de la qualité de cet apprentissage. La performance dépend donc de l'attention du sujet et de sa mémoire à court terme. Elle est également déterminée par ses capacités de coordination visuo-motrice. A ce propos, il semble que la couleur joue un rôle facilitant dans cette épreuve. Lombard et Riedel (1978) ont en effet comparé les performances de 76 enfants à l'épreuve de Code du WISC (impression noire sur fond blanc) et à celle du WISC-R (impression bleue sur fond blanc). Ils se sont aperçus que la couleur augmentait de manière très significative les performances des enfants.

L'épreuve de Code demande aussi aux sujets de pouvoir travailler sous la pression du temps (Kaufman, 1979, p. 108). L'anxiété peut donc avoir un effet perturbateur sur la performance. Cette épreuve exige également un certaine précision mais sans rigidité. Un personne trop méticuleuse réalise en effet la tâche lentement et obtient donc un score médiocre. Enfin, cette épreuve est sensible aux atteintes neurologiques. Elle est décrite par tous les auteurs comme une des épreuves qui tient le moins bien en cas d'altération cérébrale (Pichot et Kourovsky, 1969).

5.3.12. Labyrinthes

Données statistiques

Le coefficient de fiabilité, calculé pour les 11 groupes d'âge, est en moyenne de .59. Il s'agit de l'épreuve la moins fiable de toute l'échelle. L'erreur standard de mesure est en moyenne de 2.02. La corrélation de cette épreuve avec la note Verbale est de .25, avec la note de Performance de .39 et avec la note Totale de .35. L'épreuve de Labyrinthes est ainsi, après l'épreuve de Code, le plus médiocre prédicteur de la note Totale. L'analyse factorielle hiérarchique met en évidence une saturation de cette épreuve assez faible tant par le facteur g que par le facteur k:m.

Aptitudes mesurées

Cette épreuve est constituée de 9 labyrinthes rangés par ordre de difficulté. L'enfant doit tracer un chemin jusqu'à la sortie du labyrinthe sans couper les lignes ni s'engager dans les voies sans issue. La passation se fait en temps limité. Les tracés sont évalués selon le nombre d'erreurs commises.

L'épreuve des Labyrinthes n'est présente dans le WISC-R que comme test optionnel. Cette épreuve est absente du WAIS. Dans le WPPSI, par contre, elle fait partie des épreuves régulières. Wechsler (1974, p. 8) l'a incluse dans le WISC-R car elle lui paraissait plus intéressante cliniquement et plus fiable que l'épreuve de Code. Il a toutefois choisi cette dernière épreuve comme épreuve régulière car elle est nettement plus rapide à faire passer et à corriger que l'épreuve des Labyrinthes.

L'épreuve de Labyrinthes a été présentée pour la première fois par Porteus en 1914 (Porteus, 1965). Son but était de proposer ainsi une échelle non verbale de développement intellectuel. Selon Porteus, ce test évalue la capacité du sujet à planifier son comportement. Il est très sensible à l'apprentissage et il est donc impératif de respecter l'ordre de présentation des items. Cette épreuve est également un test d'adaptation sociale. Porteus constate en effet que les performances des délinquants sont nettement inférieures à la normale. Ceux-ci, manquant de contrôle d'eux-mêmes, commettent beaucoup plus de fautes que les autres sujets.

L'épreuve des Labyrinthes du WISC-R est très peu utilisée dans la pratique clinique du fait de sa durée. Pour la même raison, elle est fréquemment exclue lors des recherches. Nous possédons par conséquent fort peu d'informations récentes à son propos. Selon Sattler (1988), l'épreuve des Labyrinthes évalue essentiellement la vitesse et la précision du contrôle visuo-moteur. Kaufman (1979) souligne qu'elle ne mesure pas exactement les mêmes aptitudes que l'épreuve de Code. Elle est en effet nettement plus saturée par le facteur Organisation Perceptive que ne l'est l'épreuve de Code. Pour cette raison, Kaufman conseille de ne pas considérer les deux épreuves comme interchangeables et, dans la mesure du possible, de les appliquer toutes les deux. Si cette dernière solution n'est pas réalisable, il recommande d'utiliser plutôt l'épreuve de Labyrinthes à la place de celle de Code A (enfants de moins de 8 ans) car elle est alors la plus fiable. Par contre, il recommande de préférer l'épreuve de Code B (enfants de 8 ans et plus) car la fiabilité de l'épreuve de Labyrinthes diminue fortement avec l'âge.

Pour notre part, nous avons pu constater, grâce à l'analyse factorielle, que l'épreuve de Labyrinthes était une mesure médiocre du facteur g. Il s'agit d'une des épreuves les moins corrélées avec la note Totale de l'échelle. Elle est également peu saturée par le facteur k:m ce qui pose question quant à la nature exacte des processus impliqués dans cette épreuve. Quant à son coefficient de fiabilité, il est à peu près égal à celui de l'épreuve de Code à 6;6 ans et à 7;6 ans Par la suite, ce coefficient est toujours beaucoup plus faible que celui de l'épreuve de Code. Par conséquent, il nous semble préférable de choisir systématiquement l'épreuve de Code plutôt que celle de Labyrinthes. Toutefois, il peut être intéressant de l'appliquer comme test supplémentaire car elle permet d'évaluer certaines aptitudes particulières comme la coordination visuomotrice et la capacité de planifier son comportement.

5.4. LES PROFILS DE NOTES STANDARD

5.4.1. Bilan des recherches

Dans la troisième édition de «La mesure de l'intelligence de l'adulte» (1944), Wechsler consacre une vingtaine de pages à l'analyse clinique des performances au Wechsler-Bellevue. Il s'intéresse à l'interprétation de la différence Verbal/Performance et, tout particulièrement, à l'analyse de la dispersion des notes standard. Son souhait est de pouvoir mettre en évidence des profils de notes (pattern) caractéristiques d'entités cliniques précises.

Sur base de son expérience clinique, Wechsler propose un certain nombre de profils et diverses hypothèses interprétatives les concernant. Il suggère que ceux-ci fassent l'objet de recherches statistiques dans le but de les valider. Il décrit des profils pour les catégories pathologiques suivantes : les atteintes cérébrales, la schizophrénie, la psychopathie, les névroses et la débilité mentale. Ces différentes catégories sont prises par Wechsler comme des entités homogènes auxquelles correspondent des profils relativement spécifiques. Toutefois, il exprime certaines réserves quant à la possibilité d'une liaison rigoureuse entre entités nosographiques et profils des notes standard. Son expérience clinique lui a en effet appris qu'il existe une certaine variabilité des profils de sujets souffrant d'une même pathologie. Ainsi, «de temps à autre, on trouve des patients qui réussissent bien un ou plusieurs des tests dont l'échec a été noté comme caractéristique de la schizophrénie» (Wechsler, 1944, p. 155). Par conséquent, selon Wechsler, il est hasardeux de poser un diagnostic, comme celui de la schizophrénie, sur la seule base du profil des notes standard.

Dans la quatrième édition de son ouvrage (1958), Wechsler développe sensiblement le chapitre consacré à l'interprétation de la dispersion. Il souligne à nouveau la difficulté de mettre en évidence des profils spécifiques de certaines entités nosographiques. Il remarque en particulier le problème posé par les « faux positifs », c'est-à-dire par les sujets normaux présentant le même profil que les sujets atteints de pathologie. Il explique ce phénomène par le manque de fiabilité des résultats aux différentes épreuves et par l'imprécision des critères de définition des catégories pathologiques. De plus, Wechsler fait remarquer que, même si ces catégories sont bien définies, des recouvrements existent entre les profils de différentes pathologies. Par exemple, les protocoles de schizophrènes et de sujets souffrant d'altérations neurologiques présentent des similitudes du point de vue de la dispersion des notes standard. Par conséquent, il est absolument nécessaire de faire référence à d'autres signes cliniques pour pouvoir poser un diagnostic. L'analyse de la dispersion ne nous permet pas de mettre en évidence des profils précis mais, tout au plus, de récolter des indices de certaines pathologies dont le sens devra être confirmé par d'autres informations que les données du test.

Depuis les années 40 jusqu'à la fin des années 60, une multitude de recherches ont été conduites sur la question de la dispersion des notes standard. Malgré les réserves explicites de Wechsler, de nombreux auteurs ont tenté de mettre en évidence des profils caractéristiques de certaines pathologies. Franck (1983) a réalisé une recension de ces différentes recherches dans les domaines du handicap mental, de la neuropsychologie et de la psychiatrie. La conclusion générale qu'il en tire est que tous ces travaux ont abouti à un échec. Aucun profil caractéristique n'a pu en effet être mis en relation avec une pathologie quelconque. Cet insuccès explique la désaffection progressive pour ce type de recherche au cours des années 70. Si bien qu'aujourd'hui, il n'y a plus guère que chez les sujets souffrant de troubles d'apprentissage que les psychologues cherchent encore à mettre à jour des profils spécifiques de notes standard. Nous en reparlerons plus en détail dans le § 5.4.2.

Pour l'instant, il nous faut comprendre les causes de l'échec des recherches sur les profils spécifiques. La première cause, déjà soulignée par Wechsler, est la fiabilité des épreuves prises individuellement qui est sensiblement plus faible que celle des trois Q.I. Pour la version française, elle va de .59 (Labyrinthes) à .86 (Information) avec une moyenne de .79. Cette valeur est à comparer à la fiabilité de .94 du Q.I. Total. La conséquence de cette fiabilité moindre est évidemment une erreur de mesure plus importante. De cette imprécision découle le phénomène des « faux positifs», dont nous avons parlé plus haut, ainsi que d'inévitables recouvrements entre les profils de sujets souffrant de pathologies bien distinctes.

La seconde cause de cet échec est la complexité des aptitudes et des processus mis en jeu dans chacune des épreuves. Nous avons pu constater dans le § 5.3 qu'aucune des épreuves ne mesure une aptitude ou un processus unique. Par conséquent, la réussite ou l'échec à l'une de ces épreuves ne peut s'expliquer de façon univoque. Deux sujets peuvent en effet échouer pour des raisons très différentes. De même, deux sujets peuvent réussir en faisant appel à des processus distincts. C'est donc une simplification de la réalité que de regrouper des sujets sur la seule base de leurs réussites et de leurs échecs. Cette simplification en rejoint une autre qui consiste à croire qu'un facteur unique détermine le mode de fonctionnement cognitif d'un sujet. Ainsi, l'hypothèse sous-jacente à la plupart des recherches sur le profil des sujets schizophrènes est que ce type de personnalité détermine entièrement le fonctionnement cognitif et que, par conséquent, tous les schizophrènes présentent les mêmes caractéristiques aux échelles de Wechsler. Cette hypothèse n'est évidemment pas défendable. Le fonctionnement cognitif a ses lois et sa cohérence propre. La personnalité n'est qu'un des facteurs qui peuvent l'influencer. Mais, en aucun cas, la personnalité (ou tout autre facteur) ne peut être isolée comme seul facteur explicatif.

Ainsi, contrairement à ce qu'ont pu penser certains auteurs (par exemple, Schafer et Rapaport, 1944, p. 283), la constitution de groupes pathologiques homogènes ne garantit nullement la mise en évidence de profils de notes standard caractéristiques. Si tant est qu'il soit possible de constituer de tels groupes. Nous ne devons en effet pas perdre de vue que la nosographie reste une schématisation du réel et que des variations sensibles existent au sein de chaque catégorie tant au niveau symptomatique que structural.

Faut-il dès lors renoncer à toute analyse du profil des notes standard ? Nous ne le pensons pas. Mais, si cette analyse se veut fructueuse, elle doit se faire dans une tout autre optique et sur des bases méthodologiques toutes différentes. Nous croyons qu'une des erreurs de nombreux chercheurs a été d'utiliser les échelles de Wechsler pour des fonctions autres que celles pour lesquelles elles ont été créées. Ces échelles ne sont ni des tests de personnalité ni des épreuves neurologiques, même si les traits de personnalité et les atteintes neurologiques peuvent se manifester au travers des performances cognitives. N'ayant pas été construites pour ce type de diagnostic, les échelles de Wechsler ne peuvent servir dans ces domaines que de source accessoire d'informations.

L'analyse du profil doit se centrer sur la fonction essentielle des échelles de Wechsler : l'évaluation du fonctionnement intellectuel. A un premier niveau, celui du Q.I. Total, cette évaluation doit d'abord être quantitative et globale. A un second niveau, celui des Q.I. Verbal et de Performance et celui des notes standard, elle peut être plus qualitative et plus spécifique. Le but est alors de réussir à saisir les caractéristiques du fonctionnement cognitif de chaque sujet particulier et de mettre en évidence tant ses compétences que ses faiblesses. Pour atteindre cet objectif, l'analyse du profil est un des moyens possibles. Mais il n'est pas le seul. L'analyse des erreurs peut également se révéler très intéressante. En effet, certains sujets peuvent obtenir un score identique à une épreuve mais se distinguer fortement quant au type de réponses erronées. Ainsi, Berte et Efremenko (1971) ont comparé les performances de deux groupes d'enfants à l'épreuve des Cubes (adaptée par Goldstein). Le premier groupe était constitué de 40 filles d'intelligence normale et le second de 40 filles souffrant de handicap mental léger. Les auteurs constatent que « plus que le nombre des erreurs, c'est leur qualité et surtout la réaction qu'elles engendrent qui discriminent les sujets d'intelligence normale des sous-normaux » (1971, p. 10). Autrement dit, si nous souhaitons arriver à une compréhension intime du fonctionnement cognitif des sujets, il sera souvent nécessaire de dépasser le quantitatif et de nous intéresser au contenu des réponses et aux attitudes des sujets en cours d'examen.

Quant à l'analyse du profil, comment la concevoir ? Bon nombre d'auteurs l'ont envisagée à la manière du botaniste. Pour ceux-ci, il s'agit en effet d'un travail de classement. Chaque profil obtenu est comparé aux profils caractéristiques de différentes pathologies. Le psychologue vérifie ainsi la coïncidence éventuelle avec un profil type. Nous avons vu plus haut que cette démarche s'est révélée peu fructueuse et nous en avons déjà analysé les diverses raisons. Actuellement, plusieurs auteurs (Kaufman, 1979 ; Sattler, 1988) s'accordent pour considérer l'analyse du profil à la manière du travail du détective. Le but de l'analyse n'est plus de ranger le sujet dans une catégorie générale mais de parvenir à comprendre la spécificité du fonctionnement sous-jacent aux performances observées. Comme le souligne Kaufman, « chaque nouveau profil de WISC-R devrait représenter un défi afin de prouver de façon positive que les aptitudes de l'enfant ne se réduisent pas à une valeur numérique ni même à une série de valeurs » (1979, p. 133).

Le point de départ de l'interprétation du profil est l'analyse de la dispersion des notes standard. Une fois mises en évidence les notes déviant significativement de la moyenne, le psychologue va pouvoir repérer les épreuves dont les résultats covarient. Connaissant les aptitudes partagées par ces épreuves, il va alors émettre des hypothèses sur les forces et les faiblesses du sujet. Ces hypothèses vont ensuite être confrontées aux autres informations dont il dispose, qu'il s'agisse des données recueillies durant l'examen ou en dehors de celui-ci. Eventuellement, d'autres investigations peuvent être entreprises (tests, interview, complément d'anamnèse) dans le but de compléter cet ensemble d'informations. Selon les résultats de la confrontation, les hypothèses de départ seront considérées comme validées ou, au contraire, de nouvelles hypothèses devront être posées. Sur base des hypothèses retenues, il restera enfin à décrire de façon synthétique les caractéristiques du fonctionnement cognitif du sujet.

Nous reviendrons plus en détail sur cette procédure d'interprétation dans le chapitre suivant. Mais, avant cela, nous voudrions développer quelque peu les études récentes menées sur les profils d'enfants souffrant de troubles d'apprentissage. Il s'agit en effet du dernier domaine où la recherche d'un profil spécifique soit encore d'actualité. Nous pourrons ainsi constater les limites de cette démarche mais aussi en retenir certaines hypothèses intéressantes.

5.4.2. Les profils de dyslexiques

Dans un article de 1968, Bannatyne suggère une recatégorisation des notes obtenues au WISC par les sujets souffrant de dyslexie d'origine génétique. Il propose de ranger les notes standard en trois catégories : la catégorie Spatiale (Cubes, Assemblage d'Objets et Complètement d'Images), la catégorie Conceptuelle (Vocabulaire, Similitudes et Compréhension) et la catégorie Séquentielle (Mémoire de Chiffres, Code et Arrangement d'Images). Sur base de ses propres recherches, Bannatyne (1971) constate que les dyslexiques d'origine génétique obtiennent leurs meilleurs résultats dans la catégorie Spatiale, leurs résultats intermédiaires dans la catégorie Conceptuelle et leurs résultats les plus faibles dans la catégorie Séquentielle.

Très rapidement, les hypothèses de Bannatyne ont stimulé de nombreuses recherches qui ne se sont pas toutes limitées aux sujets souffrant de dyslexie héréditaire. En réalité, la plupart des chercheurs ont utilisé des échantillons de mauvais lecteurs sans tenir compte de l'étiologie de ce trouble d'apprentissage. Lors d'une première revue de 25 études consacrées aux catégories de Bannatyne, Rugel (1974) constate que, malgré l'hétérogénéité des échantillons, le profil Spatial > Conceptuel > Séquentiel est beaucoup plus fréquent chez les mauvais lecteurs que chez les sujets ne présentant pas de trouble d'apprentissage. Toutefois, Rugel suggère de modifier quelque peu la composition de la catégorie Séquentielle. En effet, dans une majorité de recherches, l'épreuve d'Arrangement d'Images n'est pas plus faible chez les mauvais lecteurs que chez les sujets bons lecteurs. Rugel propose donc de la remplacer par l'épreuve d'Arithmétique qui est, elle, beaucoup plus discriminative. L'inclusion de cette épreuve dans la catégorie Séquentielle n'est pas étonnante car elle fait appel à la mémoire des séquences verbales. Or, selon Bannatyne, la difficulté majeure des dyslexiques est justement de retenir dans la mémoire à court terme des séquences auditives ou visuelles, surtout si elles sont non signifiantes pour le sujet. Toutefois, la substitution suggérée par Rugel est avant tout empirique. De plus celui-ci souligne que si l'hypothèse de Bannatyne est plausible, il est également possible d'expliquer les phénomènes observés comme résultant d'un trouble de l'attention.

Suite aux suggestions de Rugel, Bannatyne (1974) a marqué son accord pour modifier la composition de la catégorie Séquentielle et pour y remplacer l'épreuve d'Arrangement d'Images par celle d'Arithmétique. Depuis lors, des dizaines de recherches ont été conduites sur base de cette nouvelle catégorie Séquentielle. Les résultats en sont plus que mitigés. Nous allons brièvement examiner les conclusions que l'on peut en tirer.

La première constatation que l'on peut faire est que la catégorie des sujets chez lesquels on a voulu retrouver le profil de Bannatyne s'est élargie progressivement. On est ainsi passé des dyslexies héréditaires aux troubles de lecture en général pour enfin arriver à la catégorie fourre-tout des troubles d'apprentissage. Dans ces conditions, il n'est pas étonnant que de nombreux auteurs aient constaté une grande hétérogénéité des profils au sein des groupes de sujets souffrant de troubles d'apprentissage. En effet, si, au niveau des moyennes de groupe, le profil de Bannatyne est souvent mis en évidence, il n'en est pas de même au niveau des résultats individuels. Ainsi Gutkin (1979) constate que, dans son échantillon d'enfants souffrant de troubles d'apprentissage, seuls 30 % des blancs et 20 % des chicanos présentent le profil de Bannatyne. Le même auteur fait remarquer que, si l'on tient compte des différences entre les catégories dues à des variations aléatoires, ces proportions tombent respectivement à 2 % et à 0 %. La même constatation est faite par Henry et Wittman (1981). Ceux-ci constatent que, dans leur groupe d'enfants en difficulté d'apprentissage, un peu plus de la moitié présentent le profil de Bannatyne. Mais, si l'on utilise des critères statistiques plus rigoureux pour considérer qu'une catégorie est effectivement supérieure à une autre, le pourcentage de sujets présentant le profil de Bannatyne se réduit alors à 5 %.

Ces derniers auteurs mettent le doigt sur un problème éludé dans plusieurs recherches : la signification statistique de la différence entre les trois catégories constitutives du profil de Bannatyne. Ce problème se pose tant au niveau des moyennes de groupes qu'au niveau des profils individuels. De trop nombreux chercheurs se sont satisfaits de retrouver le profil Spatial > Conceptuel > Séquentiel en négligeant le fait que les moyennes utilisées pour dresser ce profil n'était pas toujours statistiquement distinctes. Quant à la signification de la différence dans les profils individuels, la plupart des chercheurs n'y ont pas prêté attention, ne s'intéressant qu'aux profils de groupes. Or cette question nous paraît essentielle car c'est à ce niveau d'analyse des résultats que se situe le praticien. Si celui-ci veut réaliser une évaluation correcte des catégories de Bannatyne, il doit impérativement tenir compte de l'erreur standard de mesure de la différence entre les notes aux trois catégories. Lorsque la différence observée entre les catégories est plus faible que l'erreur, elle doit alors être considérée comme non significative et non sujette à une interprétation en termes psychologiques.

Selon nous, cette précaution méthodologique n'est pas encore suffisante. Nous pensons qu'il est nécessaire d'également tenir compte de l'homogénéité de chaque catégorie. En effet, la note d'une catégorie peut masquer des écarts parfois très sensibles entre les notes standard qui la composent. Lorsque cette situation se présente, il nous paraît incohérent de vouloir encore utiliser les catégories de Bannatyne. Celles-ci reposent sur le principe d'une communauté de processus entre les épreuves d'une même catégorie. Si un processus fonctionne mal, par exemple si la mémorisation des séquences auditives est déficiente, le sujet devra obtenir une note également faible aux trois épreuves qui y font appel. Si ce n'est pas le cas et qu'une ou deux notes seulement sont faibles dans la catégorie considérée, nous devrons alors admettre que le déficit ne provient pas du processus caractérisant la catégorie. Dans ce cas, l'analyse selon le modèle de Bannatyne devra être abandonnée.

Tant le manque de rigueur statistique que l'imprécision dans la définition des syndromes psychopathologiques expliquent sans doute l'observation de «faux positifs» et de «faux négatifs» dans plusieurs recherches. Ainsi, Ryckman (1981) observe un pourcentage non négligeable (43 %) de sujets souffrant de troubles d'apprentissage dont le profil au WISC-R est totalement plat (aucune note ne déviant significativement de la moyenne des notes standard). D'autres auteurs observent d'importants recouvrements entre les profils obtenus par les enfants souffrant de troubles d'apprentissage et par ceux présentant d'autres pathologies. Henry et Wittman (1981) constatent ainsi que le profil de Bannatyne ne permet pas de discriminer les enfants ayant des troubles d'apprentissage de ceux souffrant de perturbations émotionnelles ou de handicap mental. Dans une étude longitudinale conduite sur 4 ans, McKay, Neal et Thompson (1985) remarquent, quant à eux, que le profil de Bannatyne ne permet pas de distinguer les mauvais lecteurs qui le restent de ceux qui réussissent à surmonter leur difficulté de lecture.

Dans ces conditions, il n'est pas étonnant que le profil de Bannatyne soit actuellement jugé par de nombreux cliniciens comme de peu d'intérêt pour la pratique diagnostique. Il n'apparaît en effet pas comme un moyen fiable pour discriminer les sujets souffrant de troubles de lecture. Faut-il dès lors oublier les catégories de Bannatyne et renoncer à utiliser le WISC-R comme moyen de diagnostic des dyslexies? Nous ne le croyons pas, à condition d'envisager tout autrement les méthodes de recherche dans ce domaine. Les comparaisons de moyennes et de profils de groupes se sont en effet révélées d'un faible intérêt puisqu'elles masquent le plus souvent une forte variabilité intra-groupe. Nous pensons que les recherches devraient à présent porter sur les profils individuels.

C'est le point de vue qu'ont adopté Vance, Wallbrown et Blaha (1978) en conduisant une recherche exploratoire sur les profils d'enfants souffrant de troubles de lecture. Ils se sont aperçus que, dans leur échantillon (N = 128), cinq profils étaient particulièrement fréquents. Sur base de ces profils, ils ont pu classer 75% de leurs sujets, les 25% restant ne présentant que partiellement un de ces profils ou ne pouvant être rapprochés d'aucun de ceux-ci. Sur base de cette catégorisation, les mêmes auteurs (Wallbrown et al., 1979) ont tenté de saisir les faiblesses spécifiques aux sujets de chaque catégorie et d'élaborer pour chacune de celles-ci une stratégie de remédiation. Il est intéressant de remarquer qu'un des profils décrit par Vance, Wallbrown et Blaha (1978) est assez proche du profil de Bannatyne. Dans ce profil, les sujets obtiennent leurs notes les plus basses en Information, Arithmétique et Mémoire de Chiffres (mais pas en Code). Ce profil est également à rapprocher du profil ACID (Arithmétique, Code, Information et Mémoire de Chiffres — «Digit Span») décrit par plusieurs auteurs comme fréquent chez les dyslexiques (Kaufman, 1981; Spafford, 1989). Le profil de Bannatyne apparaît ainsi comme un cas particulier et non plus comme un profil général.

Ainsi, plutôt que de vouloir retrouver systématiquement un profil déterminé, les chercheurs devraient être plus attentifs à la variété des profils chez les sujets qualifiés de dyslexiques; cette variété étant sans doute le reflet d'une diversité au sein du groupe pathologique considéré. Il serait également nécessaire de ne plus se limiter à la seule constatation des profils et d'essayer de comprendre ce qu'ils signifient, de quel fonctionnement intellectuel ils sont la manifestation. Nous avons déjà souligné l'interrogation de Rugel (1974) par rapport à la signification de la catégorie Séquentielle décrite par Bannatyne. Kaufman (1981) revient avec force sur cette question et souligne la nécessité d'une meilleure compréhension tant théorique que clinique de nos observations.

5.5. LE WISC-R ET LES AUTRES ÉCHELLES DE WECHSLER

5.5.1. WISC-R et WISC

Bien que le WISC-R ait été publié voici déjà 10 ans (1981), il est fréquent que les praticiens aient à comparer les performances d'un même sujet au WISC et au WISC-R. Les psychologues n'ont en effet pas toujours été prompts au changement. Et il n'est pas rare, aujourd'hui encore, de rencontrer des praticiens utilisant toujours l'ancienne version de l'échelle de Wechsler. Comme nous allons le voir, les différences de résultats aux deux instruments sont parfois très sensibles et doivent conduire le praticien à abandonner l'usage du WISC. Prendre aujourd'hui des décisions sur base des résultats à ce dernier test est une faute à la fois méthodologique et déontologique.

Le WISC et le WISC-R ont été construits sur le même modèle : même type d'épreuves, même organisation d'ensemble et même mode de calcul des quotients. Pourtant, des différences très sensibles existent entre les deux instruments. Beaucoup d'items ont changé et plusieurs consignes et règles de cotation ont été modifiées. Mais c'est surtout par leur étalonnage que les deux tests se distinguent. Le WISC avait été étalonné sur 200 sujets (100 garçons et 100 filles) sélectionnés sur base des variables d'habitat et d'établissement scolaire. Comme nous l'avons vu dans le § 2.5., l'échantillon d'étalonnage du WISC-R est de meilleure qualité puisqu'il est, non seulement, plus important (N=1066) mais qu'il est surtout mieux constitué. En effet, cet échantillon est représentatif de la population française du point de vue des variables suivantes : le sexe, la catégorie socio-professionnelle du chef de famille, la localisation géographique et la scolarisation. De plus, les normes du WISC ont indubitablement vieilli puisqu'elles datent des années 50. Depuis cette période, les caractéristiques intellectuelles de la population se sont sensiblement modifiées. Comme l'ont montré plusieurs études (Flynn, 1984; Flynn, 1987; Flieller *et al.*, 1986), le niveau intellectuel moyen a significativement et régulièrement augmenté dans les pays occidentaux depuis l'après-guerre.

Cette observation est confirmée par l'évolution des performances des enfants au WISC et au WISC-R.

Deux études comparatives entre le WISC et le WISC-R ont été réalisées par Vercoustre (1985). Dans la première, 185 sujets (98 garçons et 87 filles), qui avaient été testés avec le WISC dans le cadre d'un examen psychologique, ont été évalués après une période de 12 à 24 mois au moyen du WISC-R. Cet échantillon n'est pas représentatif de l'ensemble de la population puisqu'il est constitué en grande partie d'enfants souffrant de difficultés scolaires et/ou psychologiques. Il nous donne cependant une première information à propos de l'écart de résultats entre les deux tests. En moyenne, la différence entre les Q.I. Verbal est de 2,57 points (écart-type = 8,23). Entre les Q.I. de Performance, elle est de 10,21 points (écart-type = 10,21). Et entre les Q.I. Total, elle est de 7,30 points (écart-type = 7,64). Ces différences sont toutes en faveur du WISC. Autrement dit, nous constatons qu'en moyenne, le WISC surestime les sujets, tout particulièrement au niveau du Q.I.P. et du Q.I.T. Vercoustre souligne que, plus le Q.I. Total est faible, plus les différences entre les résultats aux deux instruments sont marquées.

Dans une seconde recherche, le même auteur (Vercoustre, 1985) a recueilli les résultats au WISC de 80 sujets (40 garçons et 40 filles) âgés de 10 ans 1/2 (+ 6 semaines). Les caractéristiques de cet échantillon sont très proches de celles de l'échantillon d'étalonnage. Il est ainsi possible de comparer les performances moyennes de ces enfants à celles des sujets du même âge qui ont servi à étalonner le WISC-R. Dans ce groupe de sujets «normaux», on observe qu'en moyenne, le WISC surestime le Q.I. de Performance de 10,5 points et le Q.I. Total de 6 points. Par contre, le Q.I. Verbal est du même ordre de grandeur avec les deux instruments.

Par conséquent, le praticien doit être très prudent lorsqu'il compare les performances d'un même sujet au WISC et au WISC-R. Il doit en effet se rappeler que le WISC surestime le Q.I. de Performance et le Q.I. Total. Cette surestimation est d'autant plus importante que le Q.I. Total est bas. Cette constatation doit stimuler les psychologues à renoncer définitivement à l'usage du WISC puisqu'il conduit à une appréciation sérieusement biaisée des compétences des sujets.

5.5.2. WISC-R, WAIS-R et WPPSI

Le WISC-R, le WAIS-R et le WPPSI possèdent une même structure. Tous les trois permettent en effet de calculer un Q.I. Verbal, un Q.I de Performance et un Q.I. Total. De plus, chacune des sous-échelles est constituée d'épreuves assez semblables quant à leur principes et quant à certains leurs items. Les trois instruments permettent de couvrir une étendue d'âges qui correspond presque à l'entièreté de la vie d'un individu. Avec les différentes échelles de Wechsler, il est possible d'évaluer un même sujet de sa petite enfance jusqu'à sa mort. Le WPPSI couvre la période qui va de 4 ans 1 mois et 15 jours à 6 ans 7 mois et 15 jours. Le WISC-R couvre, lui, la période qui va de 6 ans 4 mois à 16 ans 7 mois et 30 jours. Et enfin le WAIS-R couvre la période qui va de 16 ans à 79 ans. Il y a donc un léger recouvrement des périodes propres à chaque échelle.

Le postulat de continuité entre les trois échelles de Wechsler soulève deux questions importantes chez les praticiens : Peut-on réellement compare les performances d'un même sujet aux différentes échelles ? Lorsque l'âge du sujet est inclus dans les normes de deux échelles, laquelle faut-il choisir ?

La seconde question est la plus simple et ne concerne que des cas peu nombreux. Le principe sur lequel doivent s'appuyer les praticiens est de toujours utiliser l'échelle la plus sensible, c'est-à-dire celle qui discrimine le mieux les sujets. Concrètement, lorsque nous souhaitons évaluer un individu que supposons doué, nous avons intérêt à prendre l'échelle de niveau supérieur. En effet, utiliser l'échelle de niveau inférieur risque de nous confronter à un effet «plafond». Dans ce cas, le sujet réussit aisément tous les items et nous sommes donc incapables de situer son niveau exact de compétence. La seule chose que nous puissions alors dire est que le sujet se situe au-delà d'une certaine limite sans que nous sachions où exactement. Si, par contre, nous utilisons l'échelle de niveau supérieur, nous avons alors à notre disposition une série d'items plus difficiles ce qui rend possible une évaluation plus fine des compétences du sujet.

Inversement, lorsque nous avons affaire à un sujet que nous supposons limité intellectuellement, nous avons intérêt à choisir l'échelle de niveau inférieur pour éviter l'effet «plancher». En effet, l'échelle de niveau supérieur risque de ne contenir que des items trop difficiles pour le sujet. Celui-ci échouera donc à tous les items et nous serons incapables de situer son véritable niveau. Dans ce cas, l'échelle de niveau inférieur se révélera beaucoup plus discriminative puisqu'elle contient plus d'items faciles.

La question de la comparaison entre les résultats aux différentes échelles de Wechsler est plus complexe. En langue française, nous possédons en effet peu de données empiriques pour y répondre complètement. Les seules données à notre disposition concernent la relation entre le WISC-R et le WAIS-R (Wechsler, 1989, pp. 45-46). Les deux épreuves ont été passées par un échantillon de 60 sujets âgés de 16 ans à 16 ans 7 mois. Un intervalle de 3 à 6 semaines a séparé les deux passations. Pour éviter un effet d'ordre, une moitié des sujets a d'abord passé le WAIS-R alors que l'autre moitié débutait par le WISC-R. La corrélation entre les Q.I.Verbal est de .55. Entre les Q.I. de Performance, elle est de .68. Et elle est de .61 entre les Q.I.Total. Les coefficients de corrélation entre les notes standard aux différentes épreuves varient de .32 (Compréhension) à .79 (Mémoire de Chiffres et Code). Comme nous pouvions nous y attendre, plus les items sont semblables d'un test à l'autre, plus la liaison entre les performances est étroite. Par contre, nous constatons que certaines épreuves dont la dénomination est identique mais dont les items sont très différents semblent évaluer des réalités quelque peu distinctes. C'est principalement le cas des épreuves de Vocabulaire, de Compréhension et d'Assemblages d'Objets. Ainsi, bien que les performances au WISC-R et au WAIS-R soient voisines, une certaines variabilité des résultats entre les deux tests doit être soulignée. Elle doit nous inciter à la prudence lorsque nous comparons les performances d'un même sujet recueillies au moyen des deux instruments.

Concernant les relations entre WISC-R et WPPSI, nous ne possédons que des données américaines. Dans une première recherche (Wechsler, 1974), 50 enfants ont été évalués au moyen des deux instruments. Les coefficients de corrélation sont respectivement de .80 entre les échelles Verbales, de .80 entre les échelles de Performance et de .82 entre les échelles Totales. Deux autres recherches (Rasbury *et al.*, 1977 ; Quereshi et McIntire, 1984) obtiennent des coefficients du même ordre. Il semble donc exister une liaison étroite entre les résultats aux deux tests. Toutefois, en l'absence de recherche spécifique à propos de la liaison entre les résultats aux deux échelles françaises, la stabilité des performances entre le WPPSI et le WISC-R reste pour nous une hypothèse.

NOTES

[1] Il s'agit d'une variable dichotomique où une différence inférieure à 12 est notée 0 et une différence égale ou supérieure à 12 est notée 1.

[2] Une démonstration précise de cette équation peut être trouvée dans l'article de F.B. Davis (1959).

[3] L'utilisation d'une valeur moyenne pour tous les âges est motivée par le souci de proposer une procédure simple à utiliser. Elle est également justifiée par le fait que l'erreur standard de mesure de chaque test reste relativement stable avec l'âge.

[4] Calculé selon la méthode pair-impair et corrigé par la formule de Spearman-Brown (Wechsler, 1981, p. 40).

[5] La note Verbale est égale à la somme des 5 notes standard de l'échelle Verbale. La note de Performance est égale à la somme des 5 notes standard de l'échelle de Performance. La note Totale est égale à la somme des 10 notes standard de l'échelle Totale. Chaque note particulière étant incluse dans le calcul de la note Totale et de la note de l'échelle à laquelle elle appartient (Verbale ou Performance), les coefficients de corrélation ont été corrigés pour pallier les effets de la contamination (Wechsler, 1981, p. 60).

[6] Pour les épreuves de Mémoire de Chiffres et de Code, le coefficient de fiabilité a été calculé selon la méthode test-retest (Wechsler, 1981, p. 40).

[7] Le test utilisé par Goldstein est cependant quelque peu différent de celui de Wechsler. Les cubes sont en effet de quatre couleurs et non de deux comme dans le WISC-R. De plus, dans le but d'affiner son diagnostic, Goldstein a imaginé de donner une aide de plus en plus importante aux sujets en fonction de leurs échecs (Goldstein, 1941).

[8] Il s'agissait en fait des données devant servir à l'étalonnage du WISC-R néerlandais.

Chapitre 6
Méthodologie de l'interprétation : la pratique

Ce chapitre a pour but de proposer une démarche concrète d'interprétation des protocoles de WISC-R. Pour ce faire, nous allons reprendre, de façon synthétique, bon nombre d'informations développées dans les chapitres antérieurs mais, cette fois, d'un point de vue pratique.

Notre méthode d'interprétation s'appuie sur les qualités métriques du test aussi bien que sur nos connaissances actuelles des aptitudes et des processus mis en jeu dans les différentes épreuves. Malheureusement, comme nous avons pu nous en rendre compte dans le § 5.3, ces connaissances restent encore parcellaires. Notre schéma d'interprétation ne permet donc pas d'arriver à une analyse des résultats aussi fine que nous l'aurions souhaitée.Toutefois, les limites de nos connaissances présentes ne réduisent nullement la validité de ce schéma. Au contraire, nous croyons qu'il représente un cadre interprétatif de base qui ne pourra être qu'enrichi par l'approfondissement de nos connaissances à propos des épreuves du WISC-R.

6.1. INTERPRÉTER LE Q.I. TOTAL

Quand ?

Depuis que Binet, au début de ce siècle, a suggéré d'évaluer l'intelligence de manière globale et quantitative, ce type d'approche des capacités cognitives a fait l'objet d'innombrables critiques. Pourtant, dans la pratique clinique, le Q.I. Global reste une information largement utilisée. Et nous croyons que c'est avec raison. Le Q.I. Global est en effet un index particulièrement utile pour le diagnostic, à condition de reconnaître ses limites et de ne pas vouloir lui faire dire plus qu'il ne peut. Contrairement à d'autres auteurs (par exemple, Kaufman, 1979) qui négligent le Q.I. Total et portent toute leur attention sur les notes standard, nous soulignons la nécessité de commencer toute analyse de protocole de WISC-R par une appréciation de ce Q.I. Total. Cela ne signifie pas que celui-ci possède, dans tous les cas, une grande valeur. Pour que le Q.I. Total puisse être considéré comme un index signifiant, certaines conditions doivent en effet être réunies. Nous allons les examiner.

Il n'y a de sens à interpréter le Q.I. Total que si la différence entre le Q.I. Verbal et le Q.I. de Performance n'est pas trop importante. La grandeur de cette différence doit être évaluée sur base de sa signification statistique. Nous avons vu dans le § 5.1.1 que la différence Verbal/Performance doit être d'au moins 12 points pour être considérée comme significative au seuil de 5 %. Plus la différence sera supérieure à cette valeur, plus le Q.I. Total perdra de son sens en tant qu'index du fonctionnement cognitif global de l'individu. En effet, le Q.I. Total n'a de valeur que s'il est sous-tendu par une certaine homogénéité des performances aux différentes épreuves. Si ce n'est pas le cas, le Q.I. Total tend à perdre sa signification et à voiler une hétérogénéité du fonctionnement intellectuel parfois pathologique. Il est alors aussi absurde d'en tenir compte que de se fier à un diagnostic de bonne santé qui serait posé sur base de très bons résultats à tous les examens médicaux hormis à ceux du scanner cérébral qui mettraient en évidence une tumeur maligne.

La différence de 12 points entre les Q.I. Verbal et de Performance n'est pas une limite absolue permettant de décider de façon tranchée si, oui ou non, le Q.I. Total doit être pris en compte. Il s'agit plutôt d'une référence relative. En effet, nous avons déjà souligné que le niveau de signification retenu, en l'occurrence 5 %, n'est pas dénué d'arbitrarité. Nous aurions pu tout aussi bien choisir 1 % ou 10 %. Par conséquent, la valeur de 12 points, plutôt que d'être une limite stricte, doit nous indiquer une marche à partir de laquelle le Q.I. Total perd petit à petit de sa valeur. Ainsi, une différence de 13 points entre Verbal et Performance ne prive pas le Q.I. Total de tout intérêt. Par contre, une différence de 25 points lui enlève toute signification.

Le Q.I. Total perd également de sa consistance lorsque la dispersion des notes standard est importante. Dans le § 5.2, nous avons mis en évidence une méthode d'analyse de cette dispersion particulièrement fiable et informative. Elle consiste à calculer la différence entre la moyenne des notes standard et chacune de celles-ci, et à ne parler de dispersion que lorsque cette différence est statistiquement significative. L'analyse de la dispersion dans l'échantillon d'étalonnage du WISC-R nous a permis de constater qu'en moyenne, les protocoles présentaient deux notes significativement déviantes. Une certaine dispersion des notes standard n'est donc nullement anormale. Pour cette raison, nous pensons que seule une dispersion importante conduit à retirer de sa valeur au Q.I. Total. Plus les notes déviantes seront nombreuses, plus l'intérêt du Q.I. Total diminuera. Ainsi, trois notes déviantes diminuent sensiblement la valeur du Q.I. Total; quatre ou cinq notes déviantes lui ôtent une grande part de son intérêt.

Comment ?

L'interprétation correcte du Q.I. Total exige que nous tenions compte de l'intervalle de confiance qui englobe le résultat obtenu. En effet, toute mesure au moyen du WISC-R étant entachée d'erreurs, notre évaluation de l'intelligence reste toujours une approximation. La capacité intellectuelle du sujet ne peut donc être identifiée avec la valeur obtenue. Nous devons, au contraire, considérer qu'elle se situe à l'intérieur d'une zone entourant cette valeur. L'intervalle de confiance représente cette zone. Dans le § 2.3.2, nous avons vu qu'il est égal à + et - 6 points autour de la note obtenue. Par exemple, si le sujet obtient un Q.I. de 104, nous devrons considérer que son véritable niveau intellectuel se situe dans l'intervalle allant de 98 à 110.

Cette notion d'intervalle de confiance est importante car elle relativise la note obtenue. Elle a d'évidentes répercussions lorsque nous avons affaire à des sujets dont les capacités intellectuelles sont assez proche de la limite de la débilité légère, c'est-à-dire d'un Q.I. de 70. L'imprécision de notre mesure nous oblige alors à tenir compte d'autres informations que du seul Q.I. pour pouvoir poser un diagnostic de handicap mental.

Au-delà des chiffres, quel sens a le Quotient Intellectuel Total ? La réponse à cette question n'est pas simple et des divergences, parfois importantes, existent entre les auteurs. Pour notre part, nous restons très proche des conceptions de Wechsler sur la question. Nous comprenons le Q.I. Total comme un index de la capacité du sujet d'agir *en général* avec intelligence. Nous utilisons ici le terme «agir» dans un sens très large puisqu'il peut recouvrir tant un comportement moteur qu'une pensée verbale ou une interaction sociale. Agir avec intelligence signifie, par conséquent, être capable de maintenir son adaptation face à des problèmes de nature très différente : problèmes pratiques, interpersonnels, abstraits...

Le fait que le Q.I. Total soit un index très général entraîne certaines limites dans son utilisation. En vertu du principe de correspondance (§ 2.1), il ne peut en effet prédire avec précision aucune performance particulière. Il doit, au contraire, être interprété comme une probabilité générale d'agir avec intelligence. Nous pouvons donc uniquement prédire que le sujet se comportera globalement de façon plus ou moins intelligente.

Le Q.I. Total nous informe sur les capacités intellectuelles *actuelles* du sujet. Contrairement à certaines idées reçues, le WISC-R ne nous permet pas de révéler un potentiel intellectuel. Du moins si l'on entend par là une capacité cachée qui pourrait se manifester à l'avenir et que seul le test à la propriété de révéler aujourd'hui. Le WISC-R n'a pas de telles vertus magiques. Par contre, si les conditions de passations sont optimales, le WISC-R peut nous informer sur la capacité intellectuelle maximale d'un sujet. Cette capacité constitue une aptitude présente susceptible de s'actualiser dans les diverses situations de la vie quotidienne. Ce que cette aptitude sera dans l'avenir, nous l'ignorons. Nous pouvons, tout au plus, émettre des hypothèses à ce propos. Le principe de stabilité du quotient intellectuel n'est en effet que le reflet d'une tendance moyenne dans la population. Au niveau individuel, des variations, parfois sensibles, sont toujours possibles. Elles seront d'autant plus probables que le sujet est jeune et donc plastique.

Enfin, le Q.I. Total représente une capacité intellectuelle relative. Comme pour la majorité des mesures en psychologie, nous ne pouvons définir de zéro absolu au niveau de l'intelligence. Les graduations de l'échelle que nous utilisons pour évaluer l'intelligence sont déterminées à partir d'un point de référence toujours arbitraire. Dans le cas présent, il s'agit des performances moyennes d'un échantillon représentatif de la population à l'intérieur de laquelle nous voulons appliquer le test. Les performances que nous allons enregistrer avec ce test seront donc toujours relatives à la population de référence utilisée pour l'étalonnage. Le Q.I. Total ne peut, par conséquent, jamais être pris comme une valeur absolue, indépendante du temps et de la culture.

6.2. INTERPRÉTER LES Q.I. VERBAL ET DE PERFORMANCE

Quand ?

L'interprétation des Q.I. Verbal et de Performance est avant tout l'interprétation de leur différence. Lorsque celle-ci est petite, il n'y a généralement pas lieu de s'intéresser à ces quotients. En effet, le Q.I.

Total est alors une source d'information suffisante à propos des capacités intellectuelles du sujet. Dans ce cas, se pencher sur les Q.I. Verbal et de Performance nous permet tout au plus de qualifier d'homogène le fonctionnement cognitif que nous sommes en train d'évaluer.

Pour être l'objet d'une interprétation, la différence entre le Q.I. Verbal et le Q.I. de Performance doit être statistiquement significative. Nous avons déjà mentionné qu'au seuil de 5 %, la différence devait atteindre au minimum 12 points. Plus la différence excédera cette valeur, plus l'interprétation des Q.I. Verbal et de Performance devra retenir notre attention. En effet, il s'agit alors de la manifestation d'un fonctionnement cognitif particulier dont le sens devra être interprété.

Pour que nous puissions interpréter les Q.I. Verbal et de Performance, une autre condition devra être remplie. La dispersion au sein de chacune des deux échelles ne devra pas être trop marquée. Si c'est le cas, la valeur des Q.I., en tant qu'index général de fonctionnement, perdra de son importance et même, si la dispersion est très forte, deviendra quasiment nulle. La méthode d'évaluation de la dispersion au sein des échelles Verbale et de Performance est la même que celle que nous avons retenue pour évaluer la dispersion au sein de l'échelle Totale. Elle consiste à ne retenir que les notes standard qui s'écartent significativement de la moyenne des notes de l'échelle considérée. Dans les tableaux 16 et 17, nous avons pu constater que les sujets de l'échantillon d'étalonnage du WISC-R présentaient, en moyenne, une note déviant significativement de la moyenne des notes standard; et ceci tant dans l'échelle Verbale que dans l'échelle de Performance. Une certaine dispersion des résultats dans ces échelles est donc loin d'être anormale. Il nous faut en tenir compte. Concrètement, l'intérêt des Q.I. Verbal et de Performance diminuera au fur et à mesure que la dispersion augmentera. Nous pensons qu'une dispersion de deux notes et plus au sein des échelles Verbale et de Performance doit nous amener à formuler de sérieuses réserves sur la valeur des Q.I. qui y correspondent.

Comment ?

L'interprétation des Q.I. Verbal et de Performance doit commencer par la détermination d'un intervalle de confiance autour des notes obtenues. Nous avons vu dans le § 2.3.2 que, pour le Q.I. Verbal, cet intervalle correspondait à + et - 6 points autour de la note obtenue. Pour le Q.I. de Performance, l'intervalle de confiance est de + et - 8 points autour de la note obtenue. Comme nous l'avons déjà souligné à propos du Q.I. Total, le calcul de l'intervalle de confiance doit nous permettre de relativiser la note obtenue en tenant compte des inévitables erreurs de mesure.

L'interprétation des Q.I. Verbal et de Performance est particulièrement influencée par l'importance de la différence entre ces deux résultats. Plus elle sera grande, plus les deux échelles apparaîtront comme les mesures de deux dimensions du fonctionnement cognitif significativement distinctes. L'importance de la différence entre le Q.I. Verbal et le Q.I. de Performance peut être évaluée en se référant aux valeurs mentionnées dans le tableau 7. Y sont reprises les différences Verbal/Performance cumulées pour l'ensemble de l'échantillon d'étalonnage du WISC-R. Nous avons déjà souligné combien une différence significative était fréquente dans la population normale. Le clinicien devra en tenir compte afin d'éviter d'interpréter systématiquement les différences significatives en termes pathologiques. Rappelons le avec vigueur : une différence significative du point de vue statistique n'est pas *ipso facto* anormale et, encore moins, l'indice d'un fonctionnement cognitif pathologique.

Sur base des résultats de l'échantillon d'étalonnage (tableau 7), nous pouvons estimer que 37 % des enfants présentent une différence Verbal/Performance statistiquement significative (12 points et plus). Il faut atteindre une différence de 20 points pour que la fréquence tombe à 14 %. Au-delà de 25 points de différence, la fréquence n'est plus alors que de quelques pour-cent. De cette observation, nous devons conclure qu'une différence relativement importante entre le Q.I. Verbal et le Q.I. de Performance n'empêche pas un fonctionnement intellectuel relativement bon, c'est-à-dire permettant une adaptation correcte aux exigences de la vie quotidienne. A moins de prétendre que près de 40 % des enfants souffrent de perturbations cognitives, ce qui est d'évidence absurde. Ce n'est que lorsque la différence devient majeure (+ de 20 points) que l'on peut considérer qu'elle est l'indice d'un réel dysfonctionnement intellectuel. On peut en effet remarquer que de telles différences sont beaucoup plus fréquentes chez les sujets souffrant de troubles d'apprentissage. Cette différence est-elle la cause ou la conséquence du trouble d'apprentissage ? La question reste ouverte.

Une autre information dont nous devons tenir compte pour interpréter la différence Verbal/Performance est le sens de cette différence. Elle est un indice important pour nous permettre de comprendre le mode de fonctionnement intellectuel des sujets. Nous avons en effet pu constater (§ 5.1.2.2.) que certains styles cognitifs et certaines perturbations intellectuelles se manifestaient par une différence dont le sens est bien spécifique.

Nous devons également insister sur le principe interprétatif suivant : une différence entre le Q.I. Verbal et le Q.I. de Performance ne peut être interprétée en l'absence d'autres informations concernant le sujet. Autrement dit, connaître l'importance et la direction de la différence n'est pas suffisant pour nous permettre de tirer des conclusions sur la signification de cette différence. Sur base du protocole de WISC-R, nous pouvons tout au plus émettre des hypothèses. Leur confirmation découlera de la récolte d'informations concordantes provenant de l'anamnèse, de l'examen de personnalité et d'autres investigations au niveau cognitif (évaluation de la structuration spatiale, du langage...). Les informations que nous avons rassemblées dans le § 5.1.2.2. à propos de l'interprétation de la différence Verbal/Performance ne peuvent donc représenter que des suggestions. En aucun cas, elles ne doivent être utilisées de façon automatique et irréfléchie.

6.3. INTERPRÉTER LA DISPERSION DES NOTES STANDARD

Quand ?

Sur base de la méthode d'analyse de la dispersion précédemment décrite (§ 5.2.1.2.), il n'y a lieu d'interpréter que les notes s'écartant de la moyenne des notes standard de l'échelle considérée. Toutes les autres variations observées doivent, par conséquent, être considérées comme des variations dues à l'erreur de mesure et donc dénuées de signification psychologique.

Rappelons que la dispersion se calcule sur l'échelle Totale lorsque la différence entre le Q.I. Verbal et le Q.I. de Performance n'est pas significative, c'est-à-dire lorsqu'elle est inférieure à 12 points. Dans ce cas, on se référera au tableau 12 pour vérifier si la différence entre une note quelconque et la moyenne des notes standard est, oui ou non, significative au seuil de 5 %. Par contre, lorsque la différence entre le Q.I. Verbal et le Q.I. de Performance sera égale ou supérieure à 12 points, la dispersion sera évaluée pour les deux sous-échelles séparément. On se reportera alors au tableau 10 qui reprend, pour chaque échelle séparément, les valeurs à partir desquelles l'écart par rapport à la moyenne des notes standard est significatif.

Lorsqu'aucune note ne dévie significativement de la moyenne des notes standard et que nous n'observons donc aucune dispersion signifiante, l'analyse du protocole doit se limiter aux Q.I. Total, Verbal et de Performance. En effet, les notes standard ne nous apportent alors aucune information supplémentaire par rapport à celle que nous procurent ces trois quotients. Nous pouvons alors parler d'homogénéité à propos de chaque dimension du fonctionnement cognitif que représentent ces trois mesures.

Comment ?

Interpréter la dispersion signifie donner un sens aux résultats qui s'écartent de la moyenne des performances du sujet. Pour ce faire, il importe de repérer les covariations entre les notes déviantes. En effet, lorsque deux notes ou plus varient dans le même sens, il est probable qu'il s'agit de la manifestation d'aptitudes ou de processus communs aux épreuves considérées.

Tableau 19. — *Aptitudes et processus mis en jeu dans les différents sous-tests.*

	(i)	(s)	(a)	(v)	(c)	(m)	(ci)	(ai)	(cu)	(ao)	(co)	(l)
- attention/concentration			x			x					x	
- aptitude numérique			x			x					x	
- aptitude séquentielle			x			x					x	
- compréhension verbale	x	x	x	x								
- connaissances acquises	x	x	x	x	x							
- coordination visuomotrice									x	x		x
- dépendance/indépendance du champ							x		x	x		
- expression verbale		x		x	x							
- flexibilité de pensée								x		x		
- formation de concepts verbaux		x		x								
- intell. cristallisée	x	x	x	x	x							
- intelligence sociale						x		x				
- mémoire à court terme		x				x					x	
- mémoire à long terme	x	x	x					x				
- mémoire auditive		x				x						
- mémoire visuelle							x				x	
- organisation percep.							x	x	x	x		x
- organisation temporelle								x				x
- précision										x	x	
- processus simultanés								x	x	x		
- raisonnement verbal			x	x		x						
- reproduction percep.									x		x	
- supporter la pression du temps						x	x		x	x	x	x
- vitesse motrice									x	x	x	x

Note : (i) information, (s) similitudes, (a) arithmétique, (v) vocabulaire, (c) compréhension, (m) mémoire, (ci) complément d'images, (ai) arrangement d'images, (cu) cubes, (ao) assemblages d'objets, (co) code, (l) labyrinthes.

Pour aider le praticien à élaborer des hypothèses sur base des covariations observées, nous avons synthétisé, dans le tableau 19, les aptitudes et processus mis en jeu dans les différents sous-tests. Nous devons reconnaître que ce tableau est incomplet car, comme nous l'avons souligné à plusieurs reprises dans le § 5.3., nous manquons d'informations à propos de plusieurs épreuves. Les recherches futures devraient permettre de compléter petit à petit cette première synthèse. Notre tableau actuel reprend, pour chaque épreuve, les aptitudes et les processus qui y sont dominants. Cela ne signifie nullement que ces aptitudes et processus sont totalement absents des épreuves pour lesquelles ils ne sont pas mentionnés. Ils y sont seulement moins importants. Par exemple, nous avons mentionné l'expression verbale à propos de l'épreuve de Compréhension car elle y joue un grand rôle. Par contre, nous n'avons pas cité cette aptitude à propos de l'épreuve d'Arithmétique où, pourtant, elle intervient. Dans ce cas, nous avons jugé que l'expression verbale n'intervenait que de façon marginale et ne pouvait guère expliquer les variations de performances entre les sujets. Il nous faut également souligner que les informations rassemblées dans ce tableau ne s'excluent pas l'une l'autre. Une épreuve peut en effet faire appel à plusieurs aptitudes et à plusieurs processus de résolution. Enfin, nous pouvons remarquer que toutes les aptitudes renseignées ne sont pas uniquement de nature cognitive. Certaines sont du ressort de la personnalité. Ainsi, la capacité à travailler sous la pression du temps intervient indiscutablement dans plusieurs épreuves et peut, dans certains cas, expliquer les médiocres performances de certains sujets.

Les informations mentionnées dans le tableau 19 ne doivent jamais être utilisées de façon irréfléchie. En effet, les hypothèses émises à partir de l'observation de la dispersion des notes standard ne peuvent être validées que par un travail d'enquête qui, souvent, devra sortir des limites du protocole. Tout comme la différence Verbal/Performance, l'analyse de la dispersion ne peut donc faire l'objet d'une interprétation automatique. Nous espérons avoir clairement démontré qu'une interprétation mécanique, consistant à faire correspondre un profil type à un diagnostic précis, n'est plus aujourd'hui de mise. Au contraire, l'interprétation de la dispersion est une tâche ardue qui demande rigueur et créativité. Et ceci, sans que le succès soit toujours à la clef. Les informations que nous avons pu recueillir à propos du sujet ne nous permettent en effet pas toujours de trancher entre plusieurs hypothèses concurrentes. Il peut donc arriver que le sens de certaines dispersions de notes standard nous échappe. Il vaut mieux alors faire aveu d'ignorance plutôt que de se lancer dans des interprétations sans fondement.

6.4. UN SCHÉMA D'ANALYSE DES PROTOCOLES DE WISC-R

Dans la figure 4, nous reprenons de façon schématique la démarche d'analyse des protocoles de WISC-R que nous venons de décrire en détail ci-dessus. Ce schéma représente un arbre de décision. Il propose en effet une démarche d'analyse conditionnelle de la forme «si x, alors y». Celle-ci doit permettre au praticien de mener à bien l'interprétation des résultats en un minimum de temps et sans crainte d'avoir négligé certaines informations essentielles.

Comme tout schéma, celui-ci simplifie quelque peu les choses. Nous ne devons pas perdre de vue que les valeurs qui y sont renseignées ne sont que des points de repères. Elles ne sont en aucun cas des valeurs absolues. Le praticien devra en tenir compte et être capable de nuancer son interprétation; tout particulièrement lorsque les valeurs obtenues seront proches de celles mentionnées dans la figure 7.

Nuancer le résultat chiffré n'est possible que si le psychologue utilise le WISC-R en respectant une certaine philosophie de l'évaluation. Cette philosophie consiste essentiellement à n'utiliser les tests intellectuels que dans le cadre d'une évaluation globale du sujet. Sont alors prises en compte non seulement ses capacités cognitives mais aussi le fonctionnement de sa personnalité et ses conditions sociales d'existence. Cette philosophie de l'évaluation consiste également à se départir d'une attitude passive, où l'on se borne à enregistrer les réussites et les échecs, au profit d'une attitude plus active où le psychologue est attentif à toutes les particularités des performances du sujet. Cette attitude active ne signifie nullement le non respect de la standardisation du test. Au contraire, le respect des procédures de passation et de cotation étant la condition d'une évaluation valide, il est impératif que l'action du psychologue se coule dans ces règles. Cette action consiste, par exemple, à faire préciser la définition d'un mot au-delà des nécessités de la cotation. Les associations qui s'en suivent peuvent en effet se révéler utiles pour la compréhension tant du fonctionnement cognitif que de la personnalité du sujet. L'évaluation active consiste également, pour certaines épreuves, à réaliser le testing des limites. Il s'agit, une fois les résultats enregistrés selon les critères du manuel, de continuer l'évaluation en offrant au sujet des aides systématiques successives. Cette façon de faire permet souvent d'affiner notre diagnostic en éclairant avec plus de précision la démarche du sujet et ses errances éventuelles.

Figure 7. — *Schéma d'analyse du WISC-R.*

Si la différence Verbal/Performance est inférieure à 12 points **et** le nombre de notes déviantes est limité à 2,

Alors l'interprétation doit être centrée sur le *Q.I. Total*. Des informations complémentaires peuvent être fournies par l'interprétation des éventuelles notes déviantes.

Si la différence Verbel/Performance est supérieure ou égale à 12 points **et** le nombre de notes déviantes est limité à un par échelle,

Alors l'interprétation doit être centrée sur *la différence entre le Q.I. Verbal et le Q.I. de Performance*. Des informations complémentaires peuvent être fournies par l'interprétation des éventuelles notes déviantes.

Si la différence Verbal/Performance est supérieure ou égale à 12 points **et** que le nombre de notes déviantes est supérieur à un par échelle,

Alors l'interprétation doit être centrée sur *l'analyse de la dispersion des notes standard* au sein des échelles Verbale et de Performance. Un certain intérêt doit porté aux Q.I. Verbal et de Performance mais il diminue avec le nombre de notes déviantes au sein de chaque échelle.

Si la différence Verbal/Performance est inférieure à 12 points **et** le nombre de notes déviantes est supérieur à 2 dans l'échelle Totale,

Alors, l'interprétation doit être centrée sur *l'analyse de la dispersion des notes standard* au sein de l'échelle Totale. Un certain intérêt doit être porté au Q.I. Total mais il diminue avec le nombre de notes déviantes.

6.5. ÉTUDES DE CAS

Les quelques cas que nous présentons ici ont pour but d'illustrer notre méthode d'analyse des protocoles. Nous ne sommes donc pas entré dans le détail de l'examen de chacun des sujets. Nous n'avons retenu que les informations anamnéstiques et les résultats d'examens utiles pour l'interprétation du protocole de WISC-R. Les différents cas que nous avons sélectionnés ne couvrent pas la totalité des problèmes soulevés par l'interprétation du WISC-R, loin de là. Mais chacun pose des questions différentes qui illustrent bien la variété et la complexité de l'analyse des performances à ce test.

CAS n° 1 : Marc, 11 ans et 4 mois

Marc nous est présenté par sa mère pour des problèmes d'agressivité et pour de difficultés scolaires. Il fréquente une 5e année primaire qu'il suit avec difficultés. Marc est le cadet d'une famille de 3 enfants. Les relations avec ses deux sœurs semblent bonnes. Le couple parental s'est séparé depuis 6 ans 1/2. A cette époque, le père a quitté le domicile conjugal pour vivre avec sa maîtresse. Celui-ci est décrit par son ex-épouse comme un homme violent et alcoolique. Depuis 2 ans, Marc n'a plus eu de contact avec lui. La mère travaille à mi-temps comme nettoyeuse et, pour des raisons financières, vit actuellement chez ses propres parents. Marc est décrit comme un garçon très attaché à sa mère. Il pleure lorsqu'il doit la quitter et refuse pour cette raison de participer aux activités extra-scolaires (sports...). Mais, en cas de frustration, il peut manifester à son égard des comportements agressifs extrêmement violents. La mère se dit débordée par cette situation ; elle panique, se culpabilise, se déprime, mais ne réussit pas à cadrer son fils.

Lors des examens, bien qu'un peu méfiant au départ, Marc se détend rapidement et se montre collaborant. Il parle de lui-même avec une relative franchise mais, souvent, les mots lui font défaut et l'ambivalence de ses sentiments l'empêchent de voir clair en lui-même. L'entretien et le test projectif (T.A.T.) font bien apparaître les conflits qui agitent Marc. Dans ses paroles, l'émotion affleure constamment, sans pourtant s'exprimer librement. On sent chez lui un continuel effort pour contenir ses affects ; effort parfois inefficace puisque dans la vie quotidienne, les explosions agressives ne sont pas rares. L'absence de son père est ressentie durement par Marc. Il ne veut pas reconnaître que celui-ci l'a abandonné et ne s'intéresse plus à lui. Au contraire, Marc excuse tous ses comportements et vit dans l'illusion d'un retour possible. Selon lui, son père est parti pour travailler et quand il aura amassé suffisamment d'argent, il reviendra. Mais cette construction défensive cache bien mal la profonde blessure narcissique infligée par ce départ. Et Marc ne peut s'empêcher d'exprimer son énorme besoin d'être reconnu, aimé et soutenu par un père.

Durant toute la passation du WISC-R, Marc reste concentré et volontaire. D'évidence, il veut montrer le meilleur de lui-même. Il recherche le regard de l'examinateur et guette ses réactions. Ses réponses sont toujours brèves, sans le moindre commentaire. Face aux échecs, il ne réagit guère et passe rapidement à la question suivante.

Epreuves Verbales		*Epreuves de Performance*	
	Note standard		Note standard
information	6	complètement d'images	12
similitudes	9	arrangement d'images	14
arithmétique	8	cubes	12
vocabulaire	6	assemblages d'objets	13
compréhension	9	code	16
mémoire de chiffres	-	labyrinthes	-
note verbale	38	note de performance	67
Q.I. Verbal : 85		Q.I. de Performance : 123	Q.I. Total : 103

* Différence Q.I. Verbal/Q.I. Performance : 38 points.
* Moyenne des notes verbales : 7,6 points.
* Notes déviants significativement de cette moyenne : aucune.
* Moyenne des notes de performance : 13,4 points.
* Notes déviants significativement de cette moyenne : Code (+ 2,6 points).

La différence entre les deux quotients est ici particulièrement importante et dépasse de loin la valeur de référence de 12 points. Dans l'ensemble de la population, moins de 1 % des sujets présente une telle différence. Dans de telles conditions, il est évident que le Q.I. Total perd tout son sens.

Le Q.I. Verbal est la résultante de notes assez homogènes puisqu'aucune ne dévie significativement de la moyenne. Ce résultat situe le sujet dans la catégorie normale faible. Le Q.I. de Performance est lui aussi relativement homogène malgré le fait qu'une note s'écarte significativement de la moyenne. Un tel profil est loin d'être exceptionnel puisque 67 % des sujets sont dans le cas. Nous pensons donc que le Q.I. de Performance garde ici tout son sens, d'autant plus que la note déviante est celle de l'épreuve de Code. Rappelons que cette épreuve est quelque peu excentrique par rapport aux autre épreuves de l'échelle de Performance car elle est la moins saturée par le facteur k :m. Par conséquent, nous considérons que, dans le cas présent, l'interprétation doit se centrer sur la différence Verbal/Performance.

Quel sens donner à cette différence? Sur base des informations dont nous disposons par ailleurs, deux facteurs peuvent l'expliquer. Il est vraisemblable que tous deux co-agissent. Le premier facteur explicatif est le cadre socio-culturel. Marc est originaire d'un milieu peu favorisé de ce point de vue. Les deux parents ont eux-mêmes une scolarité de faible niveau. Ni l'un ni l'autre n'a pu se montrer stimulant pour l'enfant, le père étant absent et la mère étant aux prises avec ses propres problèmes. En résulte une dépression du Q.I. Verbal par rapport au Q.I. de Performance qui est fréquemment observée dans ce type de contexte. Le second facteur explicatif est le mode de fonctionnement de la personnalité de ce garçon. Nous avons souligné plus haut combien la verbalisation de sa vie affective lui était difficile. Pour Marc, la médiation du langage est loin d'être spontanée. Le passage à l'acte est son mode d'expression habituel. Le manque d'investissement du langage comme moyen de communication et d'élaboration de sa vie interne se traduit logiquement par un Q.I. Verbal en dessous de la moyenne.

Malgré un handicap relatif des fonctions verbales (le Q.I.V. atteint malgré tout 85), nous devons souligner le haut niveau du Q.I. de Performance qui situe Marc dans la catégorie supérieure de la population. Rappelons que, dans l'échantillon d'étalonnage, 7,7 % seulement des sujets obtiennent un Q.I.P. supérieur à 120 (Wechsler, 1981, p. 38). Le niveau élevé du résultat de l'épreuve de Code doit être également relevé. Il illustre les capacités de mémoire à court terme et de concentration de ce garçon. L'épreuve de Code, étant la dernière présentée, est en effet particulièrement sensible à la fatigue des sujets et à la baisse de leur niveau d'attention. Or Marc obtient ici sa note standard la plus haute.

En conclusion, nous avons affaire à un garçon intellectuellement doué mais dont le développement de certains domaines du fonctionnement cognitif a été entravé par la pauvreté du contexte éducatif et par le mode de fonctionnement de la personnalité.

CAS n° 2 : Catherine, 11 ans et 9 mois

Catherine nous est présentée par ses parents pour difficultés scolaires. Elle est enfant unique. Elle est actuellement en 6e primaire et ses résultats ont fortement chuté par rapport à ceux de l'an passé. Jusque là, Catherine obtenait, dans la même école, des résultats qui oscillaient entre 70 et 75 %. Au dernier bulletin, ils n'étaient plus que de 50 %. Pourtant, Catherine travaille énormément et sa mère, enseignante de profession, est souvent à ses côtés pour l'aider. Bien que sa santé soit bonne, Catherine se plaint souvent de fatigue malgré que son sommeil soit suffisant et de bonne qualité. Ses parents remarquent aussi ses difficultés de concentration et de mémorisation. Depuis sa petite enfance, Catherine souffre de problèmes auditifs qui sont liés à des otites alors fréquentes. Aujourd'hui, son audition est pratiquement nulle d'une oreille alors qu'elle est moyenne de l'autre. Selon sa mère, cette difficulté auditive aurait entraîné chez Catherine un retrait social. Comme elle le dit elle-même, «lorsque Catherine était plus jeune, elle était toujours dans sa bulle». Actuellement, Catherine reste une enfant peu sociable et peu communicative, même avec ses proches. Ses parents soulignent aussi son manque d'intérêt réel pour le travail scolaire. Elle est très découragée lorsqu'elle compare l'énergie dépensée et les résultats récoltés. En découle un manque d'appétence pour les activités intellectuelles et, au contraire, un intérêt marqué pour les travaux manuels.

Durant tous les examens, Catherine se montre collaborante. Après un premier moment de méfiance, elle parle volontiers d'elle-même tout en restant réservée à propos de ses émotions. Son discours est toujours cohérent et bien adapté à la situation. Nous n'observons ni rupture du cours de la pensée ni inhibition pathologique. Au cours des entretiens, Catherine ne présente ni agitation ni trouble de l'attention. Sa concentration reste bonne même face aux difficultés.

Epreuves Verbales		*Epreuves de Performance*	
	Note standard		Note standard
information	11	complètement d'images	14
similitudes	9	arrangement d'images	10
arithmétique	16	cubes	11
vocabulaire	9	assemblages d'objets	7
compréhension	14	code	10
mémoire de chiffres	(12)	labyrinthes	-
note verbale	59	note de performance	52
Q.I. Verbal : 110		Q.I. de Performance : 102	Q.I. Total : 107

* Différence Q.I. Verbal/Q.I. Performance : 8 points.
* Moyenne des notes de l'ensemble de l'échelle (y compris Mémoire) : 11,2 points.
* Notes déviants significativement de cette moyenne : Arithmétique (+ 4,8 points) et Assemblage d'Objets (– 4,2 points).

La différence Verbal/Performance est nettement inférieure à 12 points et ne peut donc pas être considérée comme significative. Cette constatation nous conduit à situer notre interprétation au niveau de l'échelle Totale. Si nous considérons la dispersion des notes standard au sein de cette échelle, nous constatons qu'il n'y a que deux notes qui s'écartent significativement de la moyenne. Un tel profil est relativement banal puisqu'en moyenne, les sujets tout-venant ont également deux notes déviantes dans leur protocole. Dans le cas présent, nous pouvons donc considérer que le Q.I. Total nous donne un information valide à propos de l'intelligence générale de Catherine. Le résultat obtenu (107) la situe dans la moyenne de la population.

Toutefois, les deux notes déviantes méritent que l'on s'y attarde. La performance nettement au-dessus de la moyenne à l'épreuve d'Arithmétique semble, à première vue, en contradiction avec les résultats scolaires. Catherine a en effet autant de difficultés en mathématiques que dans les autres branches. Pour comprendre cet écart entre la note au WISC-R et les résultats scolaires nous devons en fait rappeler que l'épreuve d'Arithmétique n'est pas un test d'acquis scolaires. Nous ne devons donc jamais considérer cette épreuve comme un indicateur du niveau d'acquisition en mathématiques. Dans le cas de Catherine, nous pensons que la note obtenue au test surestime ses compétences réelles. Cette note est avant tout la manifestation d'une bonne automatisation de certaines procédures de résolution qui résulte du surentraînement dont Catherine a été l'objet. Mais, en réalité, la compréhension profonde de certaines notions ne semble pas toujours bien acquise. Une analyse plus fine de certaines réponses erronées peu nous en convaincre. Ainsi, à l'item 18, Catherine répond «3000» au mépris de toute vraisemblance (la bonne réponse est «20»). La simple considération superficielle des rapports présentés dans l'énoncé aurait pourtant dû faire prendre conscience à Catherine de l'absurdité de sa réponse. Ce n'est pas le cas : elle énonce au contraire sa réponse sans sourciller, certaine de sa véracité.

Quant à la note particulièrement faible obtenue à l'épreuve d'Assemblage d'Objets, nous ne l'interprétons pas en termes de trouble de l'organisation spatiale. En effet, plusieurs autres épreuves, qui font appel à cette compétence, donnent lieu à des performances tout à fait normales. Nous pensons qu'ici aussi, l'analyse détaillée des réponses peut nous donner une clef d'interprétation. Ce qui déroute le plus Catherine dans l'épreuve d'Assemblage d'Objets est l'absence de modèle. Elle ne peut pas ici s'appuyer sur une image de référence et doit prendre l'initiative d'imaginer une représentation cohérente. Très inhibée par rapport à cette tâche, elle hésite et se montre d'une grande lenteur. Elle parvient finalement à résoudre correctement 3 items sur 4 mais sans le moindre crédit de temps. Ce manque d'autonomie face aux tâches nouvelles est confirmé par les performances de Catherine à la Figure Complexe de Rey. Ici aussi, elle est désemparée par le caractère inattendu de la tâche. A nouveau, elle se montre très hésitante et très lente. Par conséquent, sa stratégie est peu organisée et le résultat est décevant.

En conclusion, nous avons affaire à une enfant d'intelligence normale. Ses difficultés scolaires ne découlent pas d'un manque de compétences intellectuelles générales. Nous y voyons surtout la résultante d'un manque d'autonomie et d'aptitude à gérer les tâches nouvelles. Par rapport au travail scolaire, Catherine apparaît comme quelqu'un de très reproducteur, sans initiative ni esprit critique. De telles faiblesses se remarquent particulièrement en fin de cycle primaire lorsque les activités font moins appel à la reproduction mais demandent, au contraire, plus de créativité, d'esprit critique et de transferts de compétences.

CAS n° 3 : Isabelle, 10 ans et 3 mois

Nous avons eu l'occasion d'évaluer Isabelle dans le cadre d'un examen de réévaluation. Elle est alors interne dans un IMP où elle est placée pour des raisons essentiellement psychosociales. Elle est l'aînée d'une famille de 3 enfants. Ses parents se sont séparés voici un an. Tous les deux sont au chômage. Vu les problèmes familiaux, la scolarité d'Isabelle a été particulièrement bousculée. Elle est parvenue péniblement jusqu'en 3e primaire en ayant déjà redoublé une année. Au moment où nous la rencontrons, elle suit les cours de 3e avec beaucoup de difficultés. Selon son enseignant, sa réussite en fin d'année est très hypothétique. Ses lacunes sont en effet majeures, tout particulièrement en français.

Durant les examens, Isabelle se montre très collaborante. Sa concentration et son attention restent relativement stables tout au long du testing. Elle s'exprime assez spontanément dans un langage adapté mais très simple dans sa forme.

Dans ce protocole, la différence Verbal/Performance dépasse le seuil de signification. Notre analyse va donc porter plus spécifiquement sur les échelles Verbale et de Performance. Toutefois, nous devons avoir à l'esprit qu'une telle différence, bien que significative, est loin d'être exceptionnelle puisque 33 % des sujets tout-venant ont une différence supérieure ou égale à cette valeur.

Epreuves Verbales		Epreuves de Performance	
	Note standard		Note standard
information	5	complètement d'images	12
similitudes	8	arrangement d'images	9
arithmétique	12	cubes	6
vocabulaire	7	assemblages d'objets	11
compréhension	6	code	11
mémoire de chiffres	(11)	labyrinthes	-
note verbale	38	note de performance	49
Q.I. Verbal : 85		Q.I. de Performance : 98	Q.I. Total : 90

* Différence Q.I. Verbal/Q.I. Performance : 13 points.
* Moyenne des notes verbales (y compris Mémoire) : 8,2 points.
* Notes déviants significativement de cette moyenne : Information (− 3,2 points), Arithmétique (+ 3,9 points) et Mémoire de chiffres (+ 2,9 points).
* Moyenne des notes de performance : 9,8 points.
* Notes déviants significativement de cette moyenne : Cubes (− 3,8 points).

Analysons tout d'abord l'échelle Verbale. Nous constatons que trois notes dévient significativement de la moyenne des notes standard. Un tel profil est peu fréquent. En effet, les sujets du même âge ne présentent, en moyenne, qu'une seule note déviante. Cette hétérogénéité des notes standard nous oblige à considérer le Q.I. Verbal comme une information non valide. C'est, par conséquent, au niveau des notes standard elles-mêmes que doit se porter notre interprétation.

La performance d'Isabelle à l'épreuve d'Information est particulièrement médiocre puisqu'elle se situe à 1,7 écart-type en dessous de la moyenne. Mais, nous ne devons pas perdre de vue que ce résultat n'est que le plus bas d'un ensemble de notes déjà faibles. En fait, il est frappant d'observer que les performances d'Isabelle sont les plus mauvaises dans les épreuves les plus saturées par le facteur v :ed. Par contre, les deux épreuves de l'échelle qui sont les moins saturées par ce facteur, à savoir Arithmétique et Mémoire, sont beaucoup mieux réussies. Nous devons donc en déduire que le médiocre bagage de connaissances verbales que possède Isabelle constitue un handicap majeur dans les épreuves qui font le plus appel à ce type de connaissances. Par contre, dans les épreuves où ces dernières jouent un rôle secondaire, les capacités de raisonnement peuvent se révéler pleinement. Les résultats sont alors d'un niveau tout à fait normal.

L'échelle de Performance est, elle, plus homogène. En effet, une seule note dévie significativement de la moyenne. Un tel profil est assez banal puisque nous le trouvons chez la moitié des sujets du même âge. Nous pouvons par conséquent considérer le Q.I. de Performance comme un index cohérent des capacités intellectuelles de cette enfant. La note discordante à l'épreuve de Cubes doit cependant attirer notre attention. Si nous analysons en détail les performances d'Isabelle à cette épreuve, nous constatons tout d'abord qu'elle abandonne très rapidement face aux difficultés. Elle n'épuise jamais le temps accordé. D'évidence, elle éprouve d'importantes difficultés pour scinder les formes en leurs composantes élémentaires. Attachée à sa perception immédiate, Isabelle ne tente même pas d'utiliser une stratégie de résolution par essais et erreurs. Nous avons observé un phénomène identique dans une épreuve piagétienne appliquée par ailleurs. Il s'agit d'une épreuve de dépliements de volumes directement inspirée des travaux de Piaget. Un volume, dont les arêtes collées sont colorées en rouge, est présenté au sujet (par exemple, un cube). On lui demande de dessiner sur un feuille ce qu'il verrait si les arêtes étaient décollées et le volume déplié. Dans cette épreuve également, Isabelle reste focalisée sur sa perception immédiate. Ses dessins ne sont dès lors qu'une reproduction de ce qu'elle voit ici et maintenant. En termes piagétiens, nous pouvons dire qu'Isabelle manifeste une pensée égocentrique et n'accède pas à une pensée opératoire. Cette observation ne doit cependant pas être généralisée car, dans d'autres épreuves piagétiennes, le niveau opératoire est atteint. Il semble donc que la nature spatiale de l'épreuve constitue ici un obstacle pour l'utilisation d'un raisonnement opératoire.

En conclusion, malgré son retard scolaire, Isabelle apparaît globalement comme une enfant d'intelligence normale. Mais cette appréciation d'ensemble masque en fait une importante hétérogénéité des compétences. Nous observons en effet de sérieux problèmes dans les épreuves qui font appel aux connaissances verbales. Nous constatons également que, si Isabelle a pu accéder à une pensée opératoire, ses compétences nouvellement acquises restent encore sensibles à la nature des stimuli présentés.

Synthèse et perspectives

Bien que ses principes de base soient restés inchangés depuis 1939, le WISC-R reste un test d'actualité. Quoiqu'en disent certains, ses fondements théoriques ne sont pas aujourd'hui obsolètes. La notion d'intelligence globale garde en effet un intérêt indéniable pour le psychologue clinicien. Pour celui-ci, il est toujours utile, d'un point de vue diagnostic, de pouvoir évaluer dans quelle mesure les sujets sont capables, en général, d'agir avec intelligence dans leur vie quotidienne.

Une telle évaluation de l'intelligence reste bien entendu relative puisque l'intelligence est ici appréciée indirectement au travers de ses manifestations, lesquelles sont inévitablement marquées par la culture. Mais nous ne pensons pas qu'un autre abord de l'intelligence soit possible. Cette dernière réalité ne nous est en effet pas accessible directement. Le fait que la nature profonde de l'intelligence reste hors de notre portée se reflète d'ailleurs dans la multitude des définitions qu'en ont données les psychologues[1]. Toutes ces définitions restent de l'ordre de l'opinion et ne sont pas réfutables scientifiquement. L'adhésion à l'une des définitions est donc une question de point de vue et, dans ces conditions, la définition que donne Wechsler de l'intelligence n'est pas moins respectable qu'une autre.

Comme instrument de mesure de l'intelligence globale, nous avons pu constater que le WISC-R est incontestablement un test de valeur. Il est en effet constitué d'un échantillon relativement varié de situations problèmes faisant appel à une large palette d'aptitudes et de processus. Il est donc fondé de considérer le résultat global, en l'occurrence le Q.I. Total, comme un index valide de l'aptitude des sujets à agir en général de manière intelligente.

A propos de la valeur des fondements théoriques du WISC-R, nous avons pu également constater que la division de l'échelle Totale en deux sous-échelles, Verbale et de Performance, reste pertinente. L'analyse factorielle hiérarchique des données d'étalonnage de l'adaptation française du WISC-R nous a en effet permis de confirmer cette répartition des épreuves en un ensemble Verbal et un ensemble de Performance. Nous avons ainsi apporté une importante validation à l'organisation du WISC-R et, par conséquent, à l'utilisation des Q.I. Total, Verbal et de Performance. Toutefois, le fait que cette organisation ait une valeur psychologique ne doit pas nous conduire à reconnaître dans le Q.I.Verbal et dans le Q.I. de Performance des mesures d'aptitudes et de processus bien typés. Nous avons ainsi souligné que ces deux Q.I. ne correspondaient pas de façon précise aux notions d'intelligence fluide et cristallisée développées par Cattell. De même, il n'y a pas lieu de considérer ces Q.I. comme des mesures pures des processus simultanés et successifs (ch. 3).

Malgré leurs qualités, les bases théoriques du WISC-R ont leurs faiblesses. La volonté de mesurer avant tout l'intelligence globale a en effet son revers. Le choix des épreuves qui composent l'échelle a été réalisé de manière pragmatique, avec le souci premier de rassembler une grande variété de situations problèmes. Wechsler n'a donc nullement cherché à sélectionner des épreuves permettant d'évaluer de façon précise telle aptitude ou tel processus. Au contraire, toutes les épreuves font appel à des aptitudes et des processus complexes. En découle une grande difficulté pour pouvoir saisir le sens des résultats obtenus aux différentes épreuves. De quelles capacités sont-ils en effet l'indice? Souvent, aucune réponse claire et précise ne peut être donnée sur la seule base des notes standard au WISC-R. Là réside la cause profonde de l'échec des recherches destinées à mettre en évidence des profils spécifiques au WISC-R. Bien sûr, des recherches futures devraient permettre de mieux comprendre les aptitudes et les processus effectivement impliqués dans la résolution de chaque item de l'échelle. Nous avons en effet pu constater, dans le chapitre 5, que ce type d'information nous faisait souvent défaut. Cependant, il n'est pas certain qu'un surcroît de connaissances nous permette de saisir systématiquement le pourquoi de telle réussite ou de tel échec. De par sa construction, le WISC-R restera en effet toujours un test centré sur l'enregistrement des réussites et des échecs plus que sur l'analyse des processus.

Du point de vue psychométrique, nous avons pu constaté que le WISC-R possédait d'indéniables qualités. Peu d'autres tests cognitifs peuvent se targuer d'atteindre une telle valeur métrologique. La validité du WISC-R est assurée par de nombres recherches, essentiellement américaines. Concernant l'adaptation française, l'analyse factorielle hiérarchique que nous avons réalisée à partir des données d'étalonnage (ch. 2) a permis de garantir la validité conceptuelle du test. Seule la validité différentielle du WISC-R est encore en question. Nous avons en effet remarqué que l'adaptation française du WISC-R n'avait fait l'objet d'aucune recherche à propos d'éventuels biais socio-culturels. Or, il nous paraît important de savoir si ce test évalue avec un minimum d'équité les sujets appartenant aux différentes classes de la société. Dans le chapitre 4, nous avons indiqué un certain nombre de pistes pour des recherches futures et la méthodologie qu'elles devraient respecter.

La fiabilité du WISC-R est particulièrement élevée. Toutefois, la méthode qui a servi à la calculer a quelque peu tendance à surévaluer les coefficients de fiabilité. Mais, malgré cette dernière remarque, nous devons reconnaître que le WISC-R atteint un niveau de fiabilité tout à fait satisfaisant pour le praticien. Quant à l'étalonnage, il a été réalisé à partir des performances d'un échantillon constitué avec beaucoup de soin. Il est en effet représentatif de la population française du point de vue des variables sexe, répartition géographique et catégorie socio-professionnelle du chef de famille. De plus, il comprend un nombre de sujets (N = 1066) qui nous assure des normes représentatives. Enfin, la sensibilité du WISC-R est satisfaisante ; du moins lorsque nous avons affaire à des sujets dont les performances ne se situent pas à une des extrémités de l'échelle. Dans ce dernier cas, nous devons reconnaître que le test manque de puissance discriminative.

Les qualités métrologiques du WISC-R nous ont permis de développer une méthode d'interprétation des protocoles qui s'appuie essentiellement sur la validité conceptuelle du test (son organisation hiérarchisée) et sur l'erreur standard de mesure des différentes notes (ch. 6). Il s'agit d'une méthode d'analyse pas à pas qui prend la forme d'un arbre de décision et qui conduit le psychologue à interpréter les résultats en partant du général pour aller vers le particulier. Nous croyons que cette méthode, rigoureuse d'un point de vue statistique, est seule susceptible de nous permettre d'extraire de chaque protocole un maximum d'informations fiables. Mais, nous devons le reconnaître, cette méthode présente des limites. Certaines de celles-ci sont, nous l'espérons, transitoires. Elles découlent de notre méconnaissance actuelle des aptitudes et des processus impliqués dans la résolution de plusieurs épreuves. Cette méconnaissance réduit évidemment notre possibilité d'interpréter les notes standard.

Mais d'autres limites de notre méthode d'interprétation sont structurelles et ne pourront donc être levées. Nous devons admettre que le WISC-R ne peut tout nous dire à propos du fonctionnement cognitif. Il est en effet constitué d'un échantillon d'épreuves forcément limité. Certaines aptitudes, qui interviennent indubitablement dans l'activité intellectuelle, sont, par conséquent, peu représentées au sein de l'échelle. Nous pensons, par exemple, à la pensée divergente et à l'aptitude à planifier son comportement. Mais, c'est essentiellement au niveau des processus que le WISC-R reste peu informatif. Nous avons déjà souligné plus haut qu'il n'avait d'ailleurs pas été construit pour pouvoir nous informer sur cette question. Le WISC-R a en effet pour but premier de nous renseigner sur les réussites et les échecs et non de nous révéler les processus effectivement utilisés pour arriver aux résultats. Il est certes possible, dans certains cas, d'effectuer un enquête des limites pour éclairer quelque peu les processus mis en jeu. Mais nous croyons que les informations de cette nature seront toujours limitées sur base du WISC-R.

NOTE

[1] Le lecteur peut avoir un aperçu synthétique de cette diversité dans l'ouvrage publié sous la direction de R.J. Sternberg, «What is intelligence?» (1986). Cet ouvrage reprend les contributions à cette question de 25 spécialistes de l'intelligence. On y trouve ainsi des textes de Das, Eysenck, Gardner, Horn, Jensen, Sternberg...

Bibliographie

de AJURIAGUERRA J. & TISSOT R. (1966), Applications cliniques de la psychologie génétique. in *Psychologie et épistémologie génétique : Thèmes piagétiens*, Paris, Dunod.
ALEXANDER W.P. (1935), Intelligence, concret and abstract. *British Journal of Psychology, Monograph Supplement*, 6.
ALLEN M.J. & YEN W.M. (1979), *Introduction to measurement theory* Monterey, California, Brooks/Cole.
ANASTASI A. (1988), *Psychological testing*, 6ᵉ éd., New York, Collier/Mc Millan.
ANTHONY E. (1966), Piaget et le clinicien, in *Psychologie et épistémologie génétique : Thèmes piagétiens*, Paris, Dunod.
BANNATYNE A. (1968), Diagnosing learning disabilities and writing remedial prescriptions, *Journal of Learning Disabilities*, 1, 28-35.
BANNATYNE A. (1971), *Langage, reading and learning disabilities*, Springfield, Illinois, Charles C. Thomas.
BANNATYNE A. (1974), Diagnosis : a note on recategorization of WISC scaled scores, *Journal of Learning Disabilities*, 7, 272-274.
BERSOFF D.N. (1984), Legals constraints on test use in the schools, in C.W. DAVES (Ed.), *The uses and misuses of tests*, San Francisco, Jossey-Bass Publishers.
BERTE R. (1961), *Essai d'adaptation de l'échelle d'intelligence pour enfants de D. Wechsler (WISC) à des écoliers belges d'expression française*, Bruxelles, C.N.R.P.S.
BERTE R. & EFREMENKO E. (1971), L'abstraction chez des sujets normaux et sous-normaux, *Le Langage et l'Homme*, 17, 2-10.
BETTELHEIM B. (1969), *La forteresse vide*, Paris, Gallimard.
BINET A. (1908), Le développement de l'intelligence chez les enfants, *L'Année Psychologique*, 14, 1-94.
BINET A. (1911), Nouvelles recherches sur la mesure du développement intellectuel chez les enfants des écoles, *L'Année Psychologique*, 17, 145-201.
BLACK F.W. (1974), WISC Verbal-Performance discrepencies as indicators of neurological dysfonction in pediatric patients, *Journal of Clinical Psychology*, 30, 165-167.
BLAHA J., WALLBROWN F.H. & WHERRY R. (1974), The hierarchical structure of the Wechsler Intelligence Scale for Children, *Psychological Reports*, 35, 771-778.

BLAHA J. & WALLBROWN F.H. (1982), Hierarchical factor structure of the Wechsler Adult Intelligence Scale-Revised, *Journal of Consulting and Clinical Psychology*, **50**, 652-660.
BLAHA J.& WALLBROWN F.H. (1984), Hierarchical analysis of the WISC and WISC-R : synthesis and clinical implications. *Journal of Clinical Psychology*, **40**, 556-570.
BLOOM A.S., TOPINKA W.C., GOULET M., REESE A. & PODRUSH P.E. (1986), Implications of large WISC/WISC-R Verbal-Performance IQ discrepencies, *Journal of Clinical Psychology*, **42**, 353-356.
CARLSON L, REYNOLDS C.R. & GUTKINS T.B. (1983), Consistency of the factorial validity of the WISC-R for upper and lower SES groups, *Journal of School Psychology*, **21**, 319-326.
CARROLL J.B., KOHLBERG L., & DEVRIES R. (1984), Psychometric and piagetian intelligences : toward resolution of controversy, *Intelligence*, **8**, 67-91.
CATTELL R.B. (1960), *Manuel du test d'intelligence de Cattell*, Paris, Editions du Centre de Psychologie Appliquée.
CATTELL R.B. (1963), Theory of fluid and crystallized intelligence : a critical experiment, *Journal of Educational Psychology*, **54**, 1-22.
CATTELL R.B. (1967), La théorie de l'intelligence fluide et cristallisée, sa relation avec les tests «culture fair» et sa vérification chez les enfants de 9 à 12 ans, *Revue de Psychologie Appliquée*, **17**, 135-154.
CHATEAU J. (1983), *L'intelligence ou les intelligences?*, Bruxelles, Mardaga.
COHEN J. (1957), The factorial structure of the WAIS between early adulthood and old age, *Journal of Consulting Psychology*, **21**, 283-290.
COHEN J. (1959), The factorial structure of the WISC at ages 7-6, 10-6 and 13-6, *Journal of Consulting Psychology*, **23**, 285-299.
CULBERTON F.M., FERAL C.H. & GABBY S. (1989), Pattern analysis of Wechsler Intelligence Scale for Children-Revised profiles of delinquent boys, *Journal of Clinical Psychology*, **45**, 651-659.
DAGUE P. (1982), Les quotients intellectuels dans l'adaptation française du WISC-R, *Revue de Psychologie Appliquée*, **32**, 185-199.
DAGUE P. (1983), Les dispersions des notes («scatters») dans l'adaptation française du WISC-R, *Revue de Psychologie Appliquée*, **33**, 1-15.
DAS J.P. (1973), Structure of cognitive abilities : evidence for simultaneous and successive processing, *Journal of Educational Psychology*, **65**, 103-108.
DAS J.P., KIRBY J. & JARMAN R.F. (1975), Simultaneous and successive synthese : an alternative model for cognitive abilities, *Psychological Bulletin*, **82**, 87-103.
DAS J.P. & MOLLOY G.N. (1975), Varieties of simultaneous and successive processing in children, *Journal of Educational Psychology*, **67**, 213-220.
DAVIS B.D. (1959), Interpretation of differences among averages and individual test scores, *Journal of Educational Psychology*, **50**, 162-170.
DE KETELE J.M. (1983), Le passage de l'enseignement secondaire à l'enseignement supérieur : les facteurs de réussite, *Humanités Chrétiennes*, 294-306.
DELTOUR J.J. & HUPKENS D. (1980), *Manuel du test de vocabulaire actif et passif pour enfants de 3 à 5 ans*, Issy-Les-Moulineaux, Editions Scientifiques et Psychologiques.
DEVRIES R. (1974), Relationships among piagetian, IQ, and achievement assessments, *Child Development*, **45**, 746-756.
DEVRIES R. & KOHLBERG L. (1977), Relations between piagetian and psychometric assessment of intelligence. in L.G. Katz (Ed.), *Current topics in early chilhood education*, (Vol. 1), Norwood, N.J., Ablex.
DUDECK S.Z., LESTER E.P., GOLBERG S.J. & DYER G.B. (1969), Relationship of Piaget measures to standard intelligence and motor scales, *Perceptual and Motor Skills*, **28**, 351-362.
ELARDO R., BRADLEY R. & CALDWELL B.M. (1977), A longitudinal study of the relation of infant's home environnements to langage at age three, *Developmental Psychology*, **48**, 595-603.
ELKIND D. (1969), Piagetian and psychometric conceptions of intelligence, *Harvard Educational Review*, **39**, 319-337.

ELKIND D. (1981), Forms and traits in the general conception and measurement of general intelligence, *Intelligence*, **5**, 101-120.
ELLIOT R. (1987), *Litigating intelligence. IQ tests, special education and social science in the courtroom*, Dover, Massachussetts, Auburn House.
FLAUGHER R.L. (1978), The many definitions of test bias, *American Psychologist*, **33**, 671-679.
FLIELLER A., SAINTIGNY N. & SCHAEFFER R. (1986), L'évolution du niveau intellectuel des enfants de 8 ans sur une période de 40 ans (1944-1984), *L'Orientation Scolaire et Professionnelle*, **15**, 61-83.
FLYNN J.R. (1984), The mean IQ of Americans : massive gains 1932 to 1978, *Psychological Bulletin*, **95**, 29-51.
FLYNN J.R. (1987), Massive IQ gains in 14 nations : what IQ tests really measure, *Psychological Bulletin*, **101**, 171-191.
FRANK G. (1983), *The Wechsler enterprise*, Oxford, Pergamon Press.
FREYBERG P.S. (1966), Concept development in piagetian terms in relation to school attainment, *Journal of Educational Psychology*, **57**, 164-168.
GIBELLO B. (1984), *L'enfant à l'intelligence troublée*, Paris, Le Centurion.
GLASSER A.J. & ZIMMERMAN I.L. (1967), *Clinical interpretation of the WISC*, New York, Grune & Stratton.
GOLDSTEIN K. & SCHEERER M. (1941), Abstract and concret behavior : an experimental study with special tests, *Psychological Monographs*, **53**.
GREGOIRE J. (1989), L'analyse de la dispersion des notes au WISC-R, *Revue de Psychologie Appliquée*, **39**, 139-148.
GREGOIRE J. (1990), La dispersion des notes standard dans l'échantillon d'étalonnage du WISC-R, *Revue de Psychologie Appliquée*, 425-436.
GREGOIRE J. (1990), La structure factorielle hiérarchique du WISC-R (I), *Recherche en Education*, 15-20.
GREGOIRE J. (1991), La structure factorielle hiérarchique du WISC-R (II), *Recherche en Education*, 31-36.
GREGOIRE J. (1991), Les épreuves piagétiennes et les tests d'intelligence traditionnels évaluent-ils une même réalité? Revue de la littérature et tentative d'articulation, *Revue de Psychologie et de Psychométrie*, à paraître.
GUILFORD J.P. (1956), The structure of intellect. *Psychological Bulletin*, **53**, 267-293.
GUILFORD J.P. (1967), *The nature of human intelligence*, New York, McGraw-Hill.
GUILFORD J.P. (1982), Cognitive's psychology ambiguities : some suggested remedies, *Psychological Review*, **89**, 48-59.
GUILFORD J.P. & HOEPFNER R. (1971), *The analysis of intelligence*, New York, McGraw-Hill.
GUSTAFSSON J.E. (1984), A unifying model for the structure of intellectual abilities, *Intelligence*, **8**, 179-203.
GUTKIN T.B. (1979), Bannatyne patterns of Caucasian and Mexican-American learning disabled children, *Psychology in the Schools*, **16**, 178-183.
GUTKIN T.B. & REYNOLDS C.R. (1980), Factorial similarity of the WISC-R for anglos and chicanos reffered for psychological services, *Journal of School Psychology*, **18**, 34-39.
GUTKIN T.B. & REYNOLDS C.R. (1981), Factorial similarity of WISC-R for white and black children from the standardization sample, *Journal of Educational Psychology*, **73**, 227-231.
HAYNES J.P. & BENSCH M. (1981), The P > V sign on the WISC-R and the recidivism in delinquents, *Journal of Consulting and Clinical Psychology*, **49**, 480-481.
HAYNES J.P. & HOWARD R.C. (1986), Stability of WISC-R scores in a juvenil forensic sample, *Journal of Clinical Psychology*, **42**, 534-537.
HENRY S.A. & WITTMAN R.D. (1981), Diagnostic implications of Bannatyne's recategorized WISC-R scores for identifying learning disabled children, *Journal of Learning disabilities*, **14**, 517-520.
HODGES W.F. & SPIELBERGER C.D. (1969), Digit Span : an indicant of trait or state anxiety?, *Journal of Consulting and Clinical Psychology*, **33**, 430-434.
HOLROYD J. & WRIGHT F. (1965), Neurological implications of WISC-R Verbal-Performance discrepancies in a psychiatric setting, *Journal of ConsultImprimerImprime 6-212*.

HORN J.L. & CATTELL R.B. (1966), Refinement and test of the theory of fluid and crystallised general intelligences, *Journal of Educational Psychology*, **57**, 253-270.
HORN J.L. & KNAPP J.R. (1973), On the subjective character of the empirical base of Guilford's structure-of-intellect model, *Psychological Bulletin*, **80**, 33-43.
HUMPHREYS L.G. (1962), The organisation of human abilities, *American Psychologist*, **17**, 475-483.
HUMPHREYS L.G. & PARSONS C.K. (1979), Piagetian tasks measure intelligence and intelligence tests assess cognitive development : a reanalysis? *Intelligence*, **3**, 369-382.
HUTEAU M. & LAUTREY J. (1975), Artefact et réalité dans la mesure de l'intelligence, *L'Orientation Scolaire et Professionnelle*, **4**, 169-187.
HUTEAU M. & LAUTREY J. (1978), L'utilisation des tests d'intelligence et de la psychologie cognitive dans l'éducation et l'orientation, *L'Orientation Scolaire et Professionnelle*, **7**, 99-174.
INHELDER B. (1943), *Le diagnostic du raisonnement chez les débiles mentaux*, (2e éd. 1969), Neuchâtel, Delachaux et Niestlé.
JAY GOULD S. (1983), *La mal-mesure de l'homme*, Paris, Ramsay.
JIRSA J.E. (1983), The SOMPA : a brief examination of technical considerations, philosophical rationale, and implications for practice, *Journal of School Psychology*, **21**, 13-21.
JOHNSON, DL. & DANLEY W. (1981), Validity : comparison of WISC-R and SOMPA estimated learning potential scores, *Psychological Reports*, **49**, 123-131.
JONES R.S. & TORGESEN J.K. (1981), Analysis of behaviors involved in performance of Block Design subtest of the WISC-R, *Intelligence*, **5**, 321-328.
JORDAN T.E. (1978), Influences on vocabulary attainment : a five-year prospective study, *Child Development*, **49**, 1096-1106.
JUHEL J. (1989), Analyse des aptitudes intellectuelles : revue de quelques travaux récents, *L'Année Psychologique*, **89**, 63-86.
KAUFMAN A.S. (1975), Factor analysis fo the WISC-R at 11 age levels between 6 1/2 and 16 1/2, *Journal of Consulting and Clinical Psychology*, **43**, 135-147.
KAUFMAN A.S. (1976a), A new approach to interpretation of test scatter on the WISC-R, *Journal of Learning Disabilities*, **9**, 160-168.
KAUFMAN A.S. (1976b) Verbal-Performance IQ discrepencies on the WISC-R, *Journal of Consulting and Clinical Psychology*, **44**, 739-744.
KAUFMAN A.S. (1979), *Intelligent testing with the WISC-R*, New York, Wiley-Interscience.
KAUFMAN A.S. (1981), The WISC-R and learning disabilities assessement : state of the art, *Journal of Learning Disabilities*, **14**, 520-526.
KAUFMAN A.S. & DOPPELT J.E. (1976), Analysis of WISC-R standardization data in terms of stratification variables, *Child Development*, **47**, 165-171.
KAUFMAN A.S. & KAMPHAUS R.W. (1984), Factor analysis of the Kaufman Assessment Battery for Children (K-ABC) for ages 2;6 through 12;6 years, *Journal of Educational Psychology*, **76**, 623-637.
KAUFMAN A.S. & KAUFMAN N.L. (1983), *Kaufman Assessment Battery for Children*, Circle Pines, MN, American Guidance Service.
KAUFMAN A.S. & MCLEAN J.E. (1986), K-ABC/WISC-R factor analysis for a learning disabled population, *Journal of Learning Disabilities*, **19**, 145-153.
KAUFMAN A.S. & MCLEAN J.E. (1987), Joint factor analysis of the K-ABC and WISC-R with normal children, *Journal of School Psychology*, **25**, 105-118.
KINGMA J. & KOOPS W. (1983), Piagetian tasks, traditional intelligence and achievement tests, *British Journal of Educational Psychology*, **53**, 278-290.
KOHLBERG L. & DEVRIES R. (1980), Don't throw out the piagetian baby with the psychometric bath : reply to Humphreys and Parsons, *Intelligence*, **4**, 175-177.
KOSSANYI P., WAICHE R. & NETCHINE S. (1989). L'eficience et l'organisation intellectuelles d'enfants non lecteurs analysées à partir du WISC-R, *Revue de Psychologie Appliquée*, **39**, 23-40.
LAWSON J.S. & INGLIS J. (1988), Factorial Verbal and Performance IQs derived from the WISC-R : their psychometric properties, *Journal of Clinical Psychology*, **44**, 252-258.
LESAK M.D. (1983), *Neuropsychological Assessment*, 2e éd., New York, Oxford University Press.

LITTLE A. (1972), A longitudinal study of cognitive development in young children, *Child Development*, **43**, 1024-1034.
LOMBARD T.J. & RIEDEL R.G. (1978), An analysis of the factor structure of the WISC-R and the effect of color on the coding subtest, *Psychology in the Schools*, **15**, 176-179.
MATARAZZO J.D. (1972), *Wechsler's measurement and appraisal of adult intelligence* 5e éd., Baltimore, Williams and Wilkins.
MATARAZZO J.D. (1981), David Wechsler (1896-1981), *American Psychologist*, **36**, 1542-1543.
MATARAZZO J.D. (1985), Review of Wechsler Adult Intelligence Scale, in J.V. Jr MITCHELL (Ed.), *The Ninth mental measurement yearbook*, Lincoln, The Buros Institute of Mental Measurement of the University of Nebraska.
MCKAY M.F., NEALE M.D. & THOMPSON, G.B. (1985), The predictive validity of Bannatyne's WISC-R categories for later reading and achievement, *British Journal of Educational Psychology*, **55**, 280-287.
MEEKER M.N. (1969), *The Structure of Intellect*, Colombus, Ohio, C. E. Merrill Publishing Company.
MEEKER M.N. (1975), *WISC-R template for SOI analysis*, El Segundo, Californie, SOI Institute.
MERCER J.R. (1979), *System of multicultural pluralistic assessment technical manual*, San Diego, The Psychological Corporation.
MERCER J.R. & LEWIS J.F. (1978), *System of multicultural pluralistic assessment*, San Diego, The Psychological Corporation.
MERCY J.A. & STEELMAN L.C. (1982), Familial influence on the intellectuel attainment of children, *American Sociological Review*, **47**, 532-542.
MIELE F. (1979), Cultural bias in the WISC-R, *Intelligence*, **3**, 149-164.
MILLER C.K. & CHANSKY N.M. (1972), Psychologist's scoring of WISC-R protocols, *Psychology in the Schools*, **9**, 144-152.
MITCHELL J.V. Jr (Ed.), (1985), *The Ninth mental measurements yearbook*, Lincoln, The Buros Institute of Mental Measurement of the University of Nebraska.
MOFFIT T.E. & SILVA P.A. (1987), WISC-R Verbal and Performance IQ discrepancy in unselected cohort : clinical significance and longitudinal stability, *Journal of Consulting and Clinical Psychology*, **55**, 768-774.
NAGLIERI, J.A. & PFEIFFER S.I. (1983), Reliability and stability of the WISC-R for children with below average IQs, *Educational and Psychological Research*, **3**, **203-208.**
NICHOLS E.G., INGLIS J., LAWSON J.S. & MCKAY I. (1988), A cross-validation study of patterns of cognitive ability in children with learning difficulties, as described by factorially defined WISC-R Verbal and Performance IQs, *Journal of Learning Disabilities*, **21**, 504-508.
OAKLAND T. & FEIGENBAUM D. (1979), Multiple sources of test bias on the WISC-R and Bender-Gestalt test, *Journal of Consulting and Clinical Psychology*, **47**, 968-974.
OLLENDICK T.H. (1979), Discrepencies between Verbal and Performance IQs and subtest scatter on the WISC-R for juvenil delinquents, *Psychological Reports*, **45**, 563-568.
OLTMAN P.K., RASKIN E. & WITKIN H. (1971), *Group embedded figures tests*, Palo Alto, Consulting Psychologist Press.
PAUNIER A. & DOUDIN P.-A. (1986), La contradiction, moteur ou frein du développement des connaissances, *Psychiatrie de l'Enfant*, **24**, 125-153.
PERRON-BORELLI, M. & PERRON R. (1986), *L'examen psychologique de l'enfant*, Paris, PUF.
PIAGET J. & INHELDER B. (1941), *Le développement des quantités physiques chez l'enfant*, (4e éd. 1978), Paris, Delachaux et Niestlé.
PICHOT P. & KOUROVSKY F. (1969), Le quotient intellectuel de détérioration mentale à l'échelle WAIS, *Revue de Psychologie Appliquée*, **19**, 273-285.
PORTEUS S.D. (1965), *Manuel du test des labyrinthes de Porteus*, Paris, Editions du Centre de Psychologie Appliquée.
QUERESHI M.Y. & MCINTIRE D.H. (1984), The comparability of the WISC, WISC-R and WPPSI, *Journal of Clinical Psychology*, **40**, 1036-1043.
RASBURY W.C., MCCOY J.G. & PERRY N.W. Jr (1977), Relations of scores on WPPSI and WISC-R at a one-year interval, *Perceptual and Motor Skills*, **44**, 695-698.
RESCHLY D.J. (1978), WISC-R factor structures among anglos, blacks, chicanos and native-american papagos, *Journal of Consulting and Clinical Psychology*, **46**, 417-422.

RESCHLY D.J. & RESCHLY J.E. (1979), Validity of WISC-R factors scores in predicting achievement and attention for four sociocultural groups, *Journal of School Psychology*, **17**, 355-361.
REUCHLIN M. & BACHER F. (1989), *Les différences individuelles dans le développement cognitif de l'enfant*, Paris, PUF.
REYNOLDS C.R. & BROWN R.T. (1984), *Perspectives on bias in mental testing*, New York, Plenum Press.
REYNOLDS C.R. & HARTLAGE L. (1979), Comparison of WISC and WISC-R regression lines of academic prediction with black and white reffered children, *Journal of Consulting and Clinical Psychology*, **47**, 589-591.
REYNOLDS C.R. & NIGL A. (1981), A regression analysis of differential validity in intellectual assessment for Black and for White inner city children, *Journal of Clinical Child Psychology*, **10**, 176-179.
RUBIN K.J., BROWN I.D. & PRIDDLE R.L. (1978), The relationships between measures of fluid, crystallised and «piagetian» intelligence in elementary-school-aged chidren, *Journal of Genetic Psychology*, **132**, 29-36.
RUGGEL R.P. (1974), WISC-R scores of disables readers : a review with respect to Bannatyne's recategorization, *Journal of Learning Disabilities*, **7**, 48-64.
RUTTER M. (Ed.) (1983), *Developmental neuropsychiatry*, New York, Guilford Press.
RYCKMAN D.B. (1981), Searching for a WISC-R profile for learning disabled children : an inappropriate task?, *Journal of Learning Disabilities*, **14**, 508-511.
SANDOVAL J. & MIILLE M.P.W. (1980), Accuracy of judgments of WISC-R item difficulty for minority groups, *Journal of Consulting and Clinical Psychology*, **48**, 249-253.
SANDOVAL J., ZIMMERMAN I.L. & WOO-SAM J.M. (1983), Cultural differences on WISC-R verbal items, *Journal of School Psychology*, **21**, 49-55.
SATTLER J.M. (1981), Clinical and psychoeducational testing is alive, *Contemporary Psychology*, **26**, 30-31.
SATTLER J.M. (1988), *Assessment of children*, San Diego, Jerome M. Sattler Publisher.
SATTLER J.M., ANDRES J.R., SQUIRE L.S., WISELY R. & MALOY C.F. (1978), Examiner scoring of ambiguous WISC-R responses, *Psychology in the schools*, **15**, 486-489.
SATTLER J.M., HILLIX W.A. & NEHER L.A. (1970), Halo effect in examiner scoring of intelligence test responses, *Journal of Consulting and Clinical Psychology*, **34**, 172-176.
SCARR S. (1978), From evolution to Larry P., or what shall we do about IQ tests?, *Intelligence*, **2**, 325-342.
SCHAFER R. & RAPAPORT D. (1944), The scatter : in diagnostic intelligence testing, Character and Personnality, **12**, 275-284.
SCHAIE K.W. & STROTHER C.R. (1968), A cross-sequential study of age changes in cognitive behavior, *Psychological Bulletin*, **70**, 671-680.
SCHMID J. & LEIMAN J. (1957), The development of hierarchical factor solutions, *Psychometrika*, **22**, 53-61.
SCHORR D., BOWER G.H. & KIERNAN R. (1982), Stimulus variables in the Block Design task, *Journal of Consulting and Clinical Psychology*, **50**, 479-487.
SEARLS E.F. (1986), *How to use WISC-R scores in reading/learning disability diagnosis*, Newark, Delaware, IRA Service Bulletin.
SILVERSTEIN A.B. (1982), Pattern analysis as simultaneous statistical inference, *Journal of Consulting and Clinical Psychology*, **50**, 234-240.
SPAFFORD C.S. (1989), Wechsler Digit Span subtest : diagnostic usefulness with dyslexic children, *Perceptual and Motor Skills*, **69**, 115-125.
SPEARMAN C. (1904), General intelligence, objectively determined and measured, *American Journal of Psychology*, **15**, 201-293.
SPEARMAN C. (1923), *The nature of «intelligence» and the principles of cognition*, London, Macmillan.
SPEARMAN C. (1927), *The abilities of man* New York, Macmillan.
SPEARMAN C. (1939), The factorial analysis of ability. Determination of factors, *British Journal of Psychology*, **30**, 78-83.
SPELBERG H.C. (1987), Problem-solving strategies on block-design task, *Perceptual and Motor Skills*, **65**, 99-104.

STEPHENS B., MCLAUGHLIN J.A., MILLER C.K. & GLASS G.V. (1972), Factorial structure of selected psycho-educational measures and piagetian reasoning assessments *Developmental Psychology*, **6**, 343-348.
STERNBERG R.J. (1985), *Beyond IQ : a triarchic theory of human intelligence*, Cambridge, Cambridge University Press.
STENBERG R.J. (Ed.) (1986), *What is intelligence? Contemporary viewpoints on its nature and definition*, Norwood, N.J., Ablex.
THORNDIKE E.L. (1921), Intelligence and its measurement : A symposium, *Journal of Educational Psychology*, **12**, 123-147.
THURSTONE L.L. (1935), *The Vectors of mind*, Chicago, University of Chicago Press.
THURSTONE L.L. (1938), *Primary mental abilities*, Chicago, University of Chicago Press.
THURSTONE L.L. (1947), *Multiple-factor analysis*, Chicago, University of Chicago Press.
TOCK KENG LIM (1988), Relationships between standardized psychometric and piagetian measures of intelligence at the formal operational level, *Intelligence*, **12**, 167-182.
TORT M. (1974), *Le quotient intellectuel*, Paris, François Maspero.
UNDENHEIM J.O. & HORN J.L. (1977), Critical evaluation of Guilford's structure-of-intellect theory, *Intelligence*, **1**, 65-81.
VANCE H.B. & SINGER M.G. (1979), Recategorization of the WISC-R subtest scaled scores for learning disabled children, *Journal of Learning Disabilities*, **12**, 487-491.
VANCE H.B. & WALLBROWN F.H. (1978), The structure of intelligence for black children : a hierarchical approach, *Psychological Record*, **28**, 31-39.
VANCE H.B., WALLBROWN F.H., & BLAHA J. (1978), Determining WISC-R profiles for reading disabled children, *Journal of Learning Disabilities*, **11**, 55-59.
VERCOUSTRE O. (1985), WISC-WISC-R : étude comparative des Q.I., *Revue de Psychologie Appliquée*, **35**, 105-124.
VERNON P.E. (1952), *La structure des aptitudes humaines*, Paris, PUF.
WALLBROWN F. H., BLAHA J. & WHERRY R.J. (1973), The hierarchical factor structure of the Wechsler Preschool and Primary Scale of Intelligence, *Journal of Consulting and Clinical Psychology*, **41**, 356-362.
WALLBROWN F.H., BLAHA J. & WHERRY R.J. (1974), The hierarchical factor structure of the Wechsler Adult Intelligence Scale, *British Journal of Educational Psychology*, **44**, 47-56.
WALLBROWN F.H., BLAHA J., WALLBROWN J. & ENGIN A. (1975), The hierarchical factor structure of the Wechsler Intelligence Scale for Children-revised, *Journal of Psychology*, **89**, 223-235.
WALLBROWN F.H., VANCE H.B. & BLAHA J. (1979), Developing remedial hypotheses from ability profiles, *Journal of Learning Disabilities*, **12**, 59-63.
WECHSLER D. (1940), Non-intellective factors in general intelligence, *Psychological Bulletin*, **37**, 444-445.
WECHSLER D. (1943), Non-intellective factors in general intelligence, *Journal of Abnormal Psychology*, **38**, 101-103.
WECHSLER, D. (1944), *Measurement of adult intelligence*, 3e éd., Baltimore, Williams and Wilkins.
WECHSLER D. (1950), Cognitive, conative and non-intellective intelligence, *American Psychologist*, **5**, 78-83.
WECHSLER D. (1958), *The measurement and appraisal of adult intelligence*, 4e éd., Baltimore, Williams and Wilkins.
WECHSLER D. (1974), *Manual for the Wechsler Intelligence Scale for Children.-Revised*, New York, Psychological Corporation.
WECHSLER D. (1981), *Manuel de l'échelle d'intelligence de Wechsler pour enfants, forme révisée*, Paris, Editions du Centre de Psychologie Appliquée.
WECHSLER D. (1989), *Manuel de l'échelle d'intelligence de Wechsler pour adultes, forme révisée*, Paris, Editions du Centre de Psychologie Appliquée.
WEIGEL R.H. & NEWMAN L.S. (1976), Increasing attitude-behavior correspondence by broadening the scope of behavioral measure, *Journal of Personnality and Social Psychology*, **33**, 793-802.
WEIGEL R.H., VERNON D.T. & TOGNACCI L.N. (1974), Specificity of the attitude as a determinant of attitude-behavior congruence, *Journal of Personality and Social Psychology*, **30**, 724-728.

WHERRY R.J. (1959), Hierarchical solution without rotation, *Psychometrika*, **24**, 24, 45-51.
WHERRY R.J. (1983), *Contributions to correlational analysis*, Orlando, Academic Press.
WITT J.C. & GRESHAM F.M. (1985), Review of Wechsler Intelligence Scale for Children-Revised, in J.V. Jr MITCHELL (Ed.), *The Ninth mental measurement yearbook*, Lincoln, The Buros Institute of Mental Measurement of the University of Nebraska.
ZIMMERMAN I.L. & WOO-SAM J.M. (1973), *Clinical interpretation of the Wechsler Adult Intelligence Scale*, New York, Grune & Stratton.

Index des tableaux et figures

Tableau 1 : Etudes de validation du WISC-R américain 30

Tableau 2 : Partition de la variance 43

Tableau 3 : Facteurs du modèle S.O.I. mesurés par chacune des épreuves du WISC-R 62

Tableau 4 : Moyennes et écarts-types du Q.I. Total selon la variable Sexe 107

Tableau 5 : Moyennes et écarts-types des Q.I. Verbal et Performance selon la variable Sexe 108

Tableau 6 : Moyennes et écart-types des trois Q.I. selon la variable Catégorie Socio-professionnelle 110

Tableau 7 : Différences Verbal/Performance pour l'ensemble de l'échantillon (N=1066). Effectif cumulé et pourcentage cumulé 115

Tableau 8 : Nombre et% de sujets dont la différence V/P est égale à 12 et plus (en valeur absolue). Données présentées par âge, sexe, Q.I. Total et catégorie socio-professionnelle 116

Tableau 9 : Nombre de sujets ayant une différence Verbal/Performance significative. Données présentées selon le sens de la différence (V > P ou P > V) pour les variables «Sexe», «Q.I.Total» et «Profession du Chef de Famille» 117

Tableau 10 : Erreur standard de mesure de la différence par rapport à la moyenne des notes de l'échelle Totale 131

Tableau 11 : Erreur standard de mesure de la différence par rapport à la moyenne des notes standard de l'échelle Verbale et de l'échelle de Performance 132

Tableau 12 : Erreur standard de mesure de la différence par rapport à la moyenne des notes de l'échelle Totale. (valeurs calculées en incluant l'épreuve de Mémoire de Chiffres) 133

Tableau 13 : Erreurs standard de mesure de la différence par rapport à la moyenne des notes standard de l'échelle Verbale et de l'échelle de Performance (valeurs calculées en incluant l'épreuve de Mémoire de Chiffres) 133

Tableau 14 : Moyennes et écarts-types de l'étendue des notes standard des sujets selon l'âge, sexe et le niveau intellectuel global 136

Tableau 15 : Nombre de notes déviant significativement de la moyenne des notes standard de l'échelle Totale. Moyennes et écarts-types de ces notes selon l'âge, le sexe et le Q.I. Total 138

Tableau 16 : Nombre de notes déviant significativement de la moyenne des notes standard de l'échelle Verbale. Moyenne et écart-type de cette valeur selon l'âge, le sexe et le Q.I. Total 140

Tableau 17 : Nombre de notes déviant significativement de la moyenne des notes standard de l'échelle Performance. Moyenne et écart-type de cette valeur selon l'âge, le sexe et le Q.I. Total 141

Tableau 18 : Effectif cumulé et pourcentage cumulé du nombre de notes déviant significativement des moyennes des notes de l'échelle Totale, de l'échelle Verbale et de l'échelle de Performance 142

Tableau 19 : Aptitudes et processus mis en jeu dans les différents sous-tests 184

Figure 1 : La structure hiérarchique des aptitudes humaines 18
Figure 2 : Structure factorielle hiérarchique du WISC-R 36
Figure 3 : Moyennes des saturations du facteur g 39
Figure 4 : Moyennes des saturations du facteur v:ed 39
Figure 5 : Moyennes des saturations du facteur k:m 40
Figure 6 : Modèle hiérarchique de l'intelligence selon Gustafsson 68
Figure 7 : Schéma d'analyse du WISC-R 187

Table des matières

Introduction 5

Chapitre 1 : Fondements théoriques du WISC-R 9
1.1. LA NOTION D'INTELLIGENCE GÉNÉRALE 10
    1.1.1. L'intelligence générale et sa mesure 10
    1.1.2. Intelligence générale et facteur g 11
1.2. LES NOTIONS D'INTELLIGENCE VERBALE ET NON-VERBALE ... 16
1.3. LE QUOTIENT INTELLECTUEL «STANDARD» 19
    1.3.1. Le rejet de la notion d'âge mental 19
    1.3.2. Une échelle par point («Point scale») 21
CONCLUSION 23

Chapitre 2 : Caractéristiques psychométriques du WISC-R 27
2.1. LA VALIDITÉ CRITÉRIELLE 28
2.2. LA VALIDITÉ CONCEPTUELLE («CONSTRUCT VALIDITY») 32
    2.2.1. Synthèse des recherches 32
        2.2.1.1. Études françaises 32
        2.2.1.2. Études américaines 33
    2.2.2. Une analyse factorielle hiérarchique de l'adaptation française du WISC-R 37
        2.2.2.1. Choix d'une méthode d'analyse factorielle 37
        2.2.2.2. Les saturations factorielles 38
        2.2.2.3. Partition de la variance 42
2.3. LA FIABILITÉ 44
    2.3.1. Les recherches américaines 44
    2.3.2. Valeurs pour le WISC-R français 45

2.4. LA SENSIBILITÉ	47
2.5. L'ÉTALONNAGE	48
2.5.1. L'échantillon de référence	48
2.5.2. Les procédures de passation et de cotation	48
CONCLUSION	50

Chapitre 3 : Le WISC-R au regard de différentes théories de l'intelligence . 54

3.1. LES MODÈLES MULTIFACTORIELS ÉGALITAIRES	54
3.1.1. Les modèles de Thurstone et Guilford	54
3.1.2. Mise en question des modèles multifactoriels égalitaires	57
3.1.3. Analyse des épreuves du WISC-R selon le modèle S.O.I.	61
3.2. LA THÉORIE DE R.B. CATTELL DE L'INTELLIGENCE FLUIDE ET CRISTALLISÉE	63
3.2.1. Les notions d'intelligence fluide et cristallisée	63
3.2.2. Implications de la théorie de Cattell pour l'évaluation de l'intelligence	68
3.3. LE MODÈLE DAS/LURIA DU FONCTIONNEMENT COGNITIF	71
3.3.1. Les notions de processus simultané et de processus successif	71
3.3.2. Implications du modèle Das/Luria pour l'évaluation de l'intelligence	73
3.4. LE MODÈLE PIAGÉTIEN DE L'INTELLIGENCE	78
3.4.1. Application des épreuves de Piaget à l'évaluation intellectuelle	78
3.4.2. Épreuves piagétiennes et tests traditionnels d'intelligence	81
3.4.3. Le WISC-R à la lumière de la théorie piagétienne	83
CONCLUSION	84

Chapitre 4 : Le WISC-R et le problème du biais socio-culturel dans l'évaluation de l'intelligence . . . 89

4.1. IMPLICATIONS JURIDIQUES ET SOCIALES DE LA MESURE DE L'INTELLIGENCE	90
4.2. LA NOTION DE BIAIS DANS LES TESTS INTELLECTUELS	92
4.3. LE WISC-R EST-IL UN TEST BIAISÉ DU POINT DE VUE SOCIO-CULTUREL?	95
4.3.1. Les recherches américaines	95
4.3.1.1. Les résultats au WISC-R selon les variables de stratification de l'échantillon d'étalonnage	95
4.3.1.2. La validité prédictive	96
4.3.1.3. La validité conceptuelle	98
4.3.1.4. La validité de contenu	100
4.3.1.5. Conclusion des études de validité différentielle	101
4.3.1.6. L'utilisation du WISC-R dans le SOMPA (System of Multicultural Pluralistic Assessment)	102
4.3.2. Données françaises et perspectives de recherches	106

Chapitre 5 : Méthodologie de l'interprétation : les fondements . . . 113

5.1. LA DIFFÉRENCE VERBAL/PERFORMANCE	114
5.1.1. Données statistiques	114
5.1.2. Interprétation de la différence entre le Q.I. Verbal et le Q.I. de Performance	118
5.1.2.1. Les principes d'interprétations	118
5.1.2.2. Recherches récentes sur la différence Verbal/Performance	120
5.2. L'ANALYSE DE LA DISPERSION	128
5.2.1. Méthodes d'analyse de la dispersion	128
5.2.1.1. La méthode de Wechsler	128
5.2.1.2. L'écart significatif par rapport à la moyenne	130

	5.2.1.3. L'étendue de la dispersion	134
	5.2.1.4. La différence significative entre paires de sous-tests	134
	5.2.1.5. Conclusion	135
5.2.2. La dispersion dans l'échantillon d'étalonnage du WISC-R		135
	5.2.2.1. L'étendue des notes standard	135
	5.2.2.2. La déviation des notes par rapport à la moyenne	137
5.3. APTITUDES MESURÉES PAR CHAQUE SOUS-TEST		142
5.3.1. Information		142
5.3.2. Similitudes		144
5.3.3. Arithmétique		146
5.3.4. Vocabulaire		148
5.3.5. Compréhension		149
5.3.6. Mémoire Immédiate de Chiffres		150
5.3.7. Complément d'Images		152
5.3.8. Arrangement d'Images		154
5.3.9. Cubes		155
5.3.10. Assemblage d'Objets		158
5.3.11. Code		160
5.3.12. Labyrinthes		161
5.4. LES PROFILS DE NOTES STANDARD		163
5.4.1. Bilan des recherches		163
5.4.2. Les profils des dyslexiques		167
5.5. LE WISC-R ET LES AUTRES ÉCHELLES DE WECHSLER		171
5.5.1. WISC-R et WISC		171
5.5.2. WISC-R, WAIS-R et WWPSI		172

Chapitre 6 : Méthodologie de l'interprétation : la pratique 177

6.1. INTERPRÉTER LE Q.I. TOTAL 177

6.2. INTERPRÉTER LES Q.I. VERBAL ET DE PERFORMANCE 180

6.3. INTERPRÉTER LA DISPERSION DES NOTES STANDARD 183

6.4. UN SCHÉMA D'ANALYSE DES PROTOCOLES DE WISC-R 186

6.5. ÉTUDES DE CAS 187

Synthèse et perspectives 195

Bibliographie 199

Index des tableaux et figures 207

CHEZ LE MEME EDITEUR

PSYCHOLOGIE ET SCIENCES HUMAINES
collection publiée sous la direction de MARC RICHELLE

1 Dr Paul Chauchard: LA MAITRISE DE SOI, 9ᵉ éd.
5 François Duyckaerts: LA FORMATION DU LIEN SEXUEL, 9ᵉ éd.
7 Paul-A. Osterrieth: FAIRE DES ADULTES, 16ᵉ éd.
9 Daniel Widlöcher: L'INTERPRETATION DES DESSINS D'ENFANTS, 9ᵉ éd.
11 Berthe Reymond-Rivier: LE DEVELOPPEMENT SOCIAL
DE L'ENFANT ET DE L'ADOLESCENT, 9ᵉ éd.
12 Maurice Dongier: NEVROSES ET TROUBLES PSYCHOSOMATIQUES, 7ᵉ éd.
15 Roger Mucchielli: INTRODUCTION A LA PSYCHOLOGIE STRUCTURALE, 3ᵉ éd.
16 Claude Köhler: JEUNES DEFICIENTS MENTAUX, 4ᵉ éd.
21 Dr P. Geissmann et Dr R. Durand: LES METHODES DE RELAXATION, 4ᵉ éd.
22 H. T. Klinkhamer-Steketée: PSYCHOTHERAPIE PAR LE JEU, 3ᵉ éd.
23 Louis Corman: L'EXAMEN PSYCHOLOGIQUE D'UN ENFANT, 3ᵉ éd.
24 Marc Richelle: POURQUOI LES PSYCHOLOGUES?, 6ᵉ éd.
25 Lucien Israel: LE MEDECIN FACE AU MALADE, 5ᵉ éd.
26 Francine Robaye-Geelen: L'ENFANT AU CERVEAU BLESSE, 2ᵉ éd.
27 B.F. Skinner: LA REVOLUTION SCIENTIFIQUE DE L'ENSEIGNEMENT, 3ᵉ éd.
28 Colette Durieu: LA REEDUCATION DES APHASIQUES
29 J.C. Ruwet: ETHOLOGIE: BIOLOGIE DU COMPORTEMENT, 3ᵉ éd.
30 Eugénie De Keyser: ART ET MESURE DE L'ESPACE
32 Ernest Natalis: CARREFOURS PSYCHOPEDAGOGIQUES
33 E. Hartmann: BIOLOGIE DU REVE
34 Georges Bastin: DICTIONNAIRE DE LA PSYCHOLOGIE SEXUELLE
35 Louis Corman: PSYCHO-PATHOLOGIE DE LA RIVALITE FRATERNELLE
36 Dr G. Varenne: L'ABUS DES DROGUES
37 Christian Debuyst, Julienne Joos: L'ENFANT ET L'ADOLESCENT VOLEURS
38 B.-F. Skinner: L'ANALYSE EXPERIMENTALE DU COMPORTEMENT, 2ᵉ éd.
39 D.J. West: HOMOSEXUALITE
40 R. Droz et M. Rahmy: LIRE PIAGET, 3ᵉ éd.
41 José M.R. Delgado: LE CONDITIONNEMENT DU CERVEAU
ET LA LIBERTE DE L'ESPRIT
42 Denis Szabo, Denis Gagné, Alice Parizeau: L'ADOLESCENT ET LA SOCIETE, 2ᵉ éd.
43 Pierre Oléron: LANGAGE ET DEVELOPPEMENT MENTAL, 2ᵉ éd.
44 Roger Mucchielli: ANALYSE EXISTENTIELLE
ET PSYCHOTHERAPIE PHENOMENO-STRUCTURALE
45 Gertrud L. Wyatt: LA RELATION MERE-ENFANT
ET L'ACQUISITION DU LANGAGE, 2ᵉ éd.
46 Dr Etienne De Greeff: AMOUR ET CRIMES D'AMOUR
47 Louis Corman: L'EDUCATION ECLAIREE PAR LA PSYCHANALYSE
48 Jean-Claude Benoit et Mario Berta: L'ACTIVATION PSYCHOTHERAPIQUE
49 T. Ayllon et N. Azrin: TRAITEMENT COMPORTEMENTAL
EN INSTITUTION PSYCHIATRIQUE
50 G. Rucquoy: LA CONSULTATION CONJUGALE
51 R. Titone: LE BILINGUISME PRECOCE
52 G. Kellens: BANQUEROUTE ET BANQUEROUTIERS
53 François Duyckaerts: CONSCIENCE ET PRISE DE CONSCIENCE
54 Jacques Launay, Jacques Levine et Gilbert Maurey:
LE REVE EVEILLE-DIRIGE ET L'INCONSCIENT
55 Alain Lieury: LA MEMOIRE
56 Louis Corman: NARCISSISME ET FRUSTRATION D'AMOUR
57 E. Hartmann: LES FONCTIONS DU SOMMEIL

58 Jean-Marie Paisse: L'UNIVERS SYMBOLIQUE DE L'ENFANT ARRIERE MENTAL
59 Jacques Van Rillaer: L'AGRESSIVITE HUMAINE
60 Georges Mounin: LINGUISTIQUE ET TRADUCTION
61 Jérôme Kagan: COMPRENDRE L'ENFANT
62 Michael S. Gazzaniga: LE CERVEAU DEDOUBLE
63 Paul Cazayus: L'APHASIE
64 X. Seron, J.L. Lambert, M. Van der Linden:
LA MODIFICATION DU COMPORTEMENT
65 W. Huber: INTRODUCTION A LA PSYCHOLOGIE DE LA PERSONNALITE, 2ᵉ éd.
66 Emile Meurice: PSYCHIATRIE ET VIE SOCIALE
67 J. Château, H. Gratiot-Alphandéry, R. Doron et P. Cazayus:
LES GRANDES PSYCHOLOGIES MODERNES
68 P. Sifnéos: PSYCHOTHERAPIE BREVE ET CRISE EMOTIONNELLE
69 Marc Richelle: B.F. SKINNER OU LE PERIL BEHAVIORISTE
70 J.P. Bronckart: THEORIES DU LANGAGE
71 Anika Lemaire: JACQUES LACAN, 2ᵉ éd. *revue et augmentée*
72 J.L. Lambert: INTRODUCTION A L'ARRIERATION MENTALE
73 T.G.R. Bower: DEVELOPPEMENT PSYCHOLOGIQUE
DE LA PREMIERE ENFANCE
74 J. Rondal: LANGAGE ET EDUCATION
75 Sheila Kitzinger: PREPARER A L'ACCOUCHEMENT
76 Ovide Fontaine: INTRODUCTION AUX THERAPIES COMPORTEMENTALES
77 Jacques-Philippe Leyens: PSYCHOLOGIE SOCIALE, 2ᵉ éd.
78 Jean Rondal: VOTRE ENFANT APPREND A PARLER
79 Michel Legrand: LE TEST DE SZONDI
80 H.J. Eysenck: LA NEVROSE ET VOUS
81 Albert Demaret: ETHOLOGIE ET PSYCHIATRIE
82 Jean-Luc Lambert et Jean A. Rondal: LE MONGOLISME
83 Albert Bandura: L'APPRENTISSAGE SOCIAL
84 Xavier Seron: APHASIE ET NEUROPSYCHOLOGIE
85 Roger Rondeau: LES GROUPES EN CRISE?
86 J. Danset-Léger: L'ENFANT ET LES IMAGES
DE LA LITTERATURE ENFANTINE
87 Herbert S. Terrace: NIM, UN CHIMPANZE QUI A APPRIS
LE LANGAGE GESTUEL
88 Roger Gilbert: BON POUR ENSEIGNER?
89 Wing, Cooper et Sartorius: GUIDE POUR UN EXAMEN PSYCHIATRIQUE
90 Jean Costermans: PSYCHOLOGIE DU LANGAGE
91 Françoise Macar: LE TEMPS, PERSPECTIVES PSYCHOPHYSIOLOGIQUES
92 Jacques Van Rillaer: LES ILLUSIONS DE LA PSYCHANALYSE, 2ᵉ éd.
93 Alain Lieury: LES PROCEDES MNEMOTECHNIQUES
94 Georges Thinès: PHENOMENOLOGIE ET SCIENCE DU COMPORTEMENT
95 Rudolph Schaffer: COMPORTEMENT MATERNEL
96 Daniel Stern: MERE ET ENFANT, LES PREMIERES RELATIONS
97 R. Kempe & C. Kempe: L'ENFANCE TORTUREE
98 Jean-Luc Lambert: ENSEIGNEMENT SPECIAL ET HANDICAP MENTAL
99 Jean Morval: INTRODUCTION A LA PSYCHOLOGIE DE L'ENVIRONNEMENT
100 Pierre Oleron et al.: SAVOIRS ET SAVOIR-FAIRE PSYCHOLOGIQUES
CHEZ L'ENFANT
101 Bernard I. Murstein: STYLES DE VIE INTIME
102 Rondal/Lambert/Chipman: PSYCHOLINGUISTIQUE ET HANDICAP MENTAL
103 Brédart/Rondal: L'ANALYSE DU LANGAGE CHEZ L'ENFANT
104 David Malan: PSYCHODYNAMIQUE ET PSYCHOTHERAPIE INDIVIDUELLE
105 Philippe Muller: WAGNER PAR SES REVES
106 John Eccles: LE MYSTERE HUMAIN
107 Xavier Seron: REEDUQUER LE CERVEAU
108 Moreau/Richelle: L'ACQUISITION DU LANGAGE
109 Georges Nizard: ANALYSE TRANSACTIONNELLE ET SOIN INFIRMIER

110 Howard Gardner: GRIBOUILLAGES ET DESSINS D'ENFANTS, LEUR SIGNIFICATION
111 Wilson/Otto: LA FEMME MODERNE ET L'ALCOOL
112 Edwards: DESSINER GRACE AU CERVEAU DROIT
113 Rondal: L'INTERACTION ADULTE-ENFANT
114 Blancheteau: L'APPRENTISSAGE CHEZ L'ANIMAL
115 Boutin: FORMATION ET DEVELOPPEMENTS
116 Húsen: L'ECOLE EN QUESTION
117 Ferrero/Besse: L'ENFANT ET SES COMPLEXES
118 R. Bruyer: LE VISAGE ET L'EXPRESSION FACIALE
119 J.P. Leyens: SOMMES-NOUS TOUS DES PSYCHOLOGUES?
120 J. Château: L'INTELLIGENCE OU LES INTELLIGENCES?
121 M. Claes: L'EXPERIENCE ADOLESCENTE
122 J. Hayes et P. Nutman: COMPRENDRE LES CHOMEURS
123 S. Sturdivant: LES FEMMES ET LA PSYCHOTHERAPIE
124 A. Pomerleau et G. Malcuit: L'ENFANT ET SON ENVIRONNEMENT
125 A. Van Hout et X. Seron: L'APHASIE DE L'ENFANT
126 A. Vergote: RELIGION, FOI, INCROYANCE
127 Sivadon/Fernandez-Zoïla: TEMPS DE TRAVAIL, TEMPS DE VIVRE
128 Born: JEUNES DEVIANTS OU DELINQUANTS JUVENILES?
129 Hamers/Blanc: BILINGUALITE ET BILINGUISME
130 Legrand: PSYCHANALYSE, SCIENCE, SOCIETE
131 Le Camus: PRATIQUES PSYCHOMOTRICES
132 Lars Fredén: ASPECTS PSYCHOSOCIAUX DE LA DEPRESSION
133 Mount: LA FAMILLE SUBVERSIVE
134 Magerotte: MANUEL D'EDUCATION COMPORTEMENTALE CLINIQUE
135 Dailly/Moscato: LATERALISATION ET LATERALITE CHEZ L'ENFANT
136 Bonnet/Tamine-Gardes: QUAND L'ENFANT PARLE DU LANGAGE
137 Bruyer: LES SCIENCES HUMAINES ET LES DROITS DE L'HOMME
138 Taulelle: L'ENFANT A LA RENCONTRE DU LANGAGE
139 de Boucaud: PSYCHOLOGIE DE L'ENFANT ASTHMATIQUE
140 Duruz: NARCISSE EN QUETE DE SOI
141 Feyereisen/de Lannoy: PSYCHOLOGIE DU GESTE
142 Florin et al.: LE LANGAGE A L'ECOLE MATERNELLE
143 Debuyst: MODELE ETHOLOGIQUE ET CRIMINOLOGIE
144 Ashton/Stepney: FUMER
145 Winkel et al.: L'IMAGE DE LA FEMME DANS LES LIVRES SCOLAIRES
146 Bideaud/Richelle: PSYCHOLOGIE DEVELOPPEMENTALE
147 Schmid-Kitsikis: THEORIE CLINIQUE ET FONCTIONNEMENT MENTAL
148 Guggenbühl/Craig: POUVOIR ET RELATION D'AIDE
149 Rondal: LANGAGE ET COMMUNICATION CHEZ LES HANDICAPES MENTAUX
150 Moscato et al.: FONCTIONNEMENT COGNITIF ET INDIVIDUALITE
151 Château: L'HUMANISATION OU LES PREMIERS PAS DES VALEURS HUMAINES
152 Avery/Litwack: NEE TROP TOT
153 Rondal: LE DEVELOPPEMENT DU LANGAGE CHEZ L'ENFANT TRISOMIQUE 21
154 Kellens: QU'AS-TU FAIT DE TON FRERE?
155 Rondal/Henrot: LE LANGAGE DES SIGNES
156 Lafontaine: LE PARTI PRIS DES MOTS
157 Bonnet/Hoc/Tiberghien: AUTOMATIQUE, INTELLIGENCE ARTIFICIELLE ET PSYCHOLOGIE
158 Giovannini et al.: PSYCHOLOGIE ET SANTE
159 Wilmotte et al.: LE SUICIDE
160 Giurgea: L'HERITAGE DE PAVLOV
161 Ionescu: MANUEL D'INTERVENTION EN DEFICIENCE MENTALE N° 1
162 Ionescu: MANUEL D'INTERVENTION EN DEFICIENCE MENTALE N° 2

163 Pieraut-Le Bonniec: CONNAITRE ET LE DIRE
164 Huber: PSYCHOLOGIE CLINIQUE AUJOURD'HUI
165 Rondal et al.: PROBLEMES DE PSYCHOLINGUISTIQUE
166 Slukin: LE LIEN MATERNEL
167 Baudour: L'AMOUR CONDAMNE
168 Wilwerth: VISAGES DE LA LITTERATURE FEMININE
169 Edwards: VISION, DESSIN, CREATIVITE
170 Lutte: LIBERER L'ADOLESCENCE
171 Defays: L'ESPRIT EN FRICHE
172 Broome Walace: PSYCHOLOGIE ET PROBLEMES GYNECOLOGIQUES
173 Aimard: LES BEBES DE L'HUMOUR
174 Perruchet: LES AUTOMATISMES COGNITIFS
175 Bawin-Legros: FAMILLES, MARIAGE, DIVORCE
176 Pourtois/Desmet: EPISTEMOLOGIE ET INSTRUMENTATION EN SCIENCES HUMAINES
177 Sloboda: L'ESPRIT MUSICIEN
178 Fraisse: POUR LA PSYCHOLOGIE SCIENTIFIQUE
179 Ruffiot: PSYCHOLOGIE DU SIDA
180 McAdams/Deliège: LA MUSIQUE ET LES SCIENCES COGNITIVES
181 Argentin: QUAND FAIRE C'EST DIRE...
182 Van der Linden: LES TROUBLES DE LA MEMOIRE
183 Lecuyer: BEBES ASTRONOMES, BEBES PSYCHOLOGIQUES : L'INTELLIGENCE DE LA 1re ANNEE
184 Immelmann: DICTIONNAIRE DE L'ETHOLOGIE
185 Collectif: ACTEUR SOCIAL ET DELINQUANCE
186 Fontana: GERER LE STRESS
187 Bouchard: DE LA PHENOMENOLOGIE A LA PSYCHANALYSE
188 Chanceaulme: MOURIR, ULTIME TENDRESSE
189 Rivière: LA PSYCHOLOGIE DE VYGOTSKY
190 Lecoq: APPRENTISSAGE DE LA LECTURE ET DYSLEXIE
191 de Montmolin/Amalberti/Theureau: MODELES DE L'ANALYSE DU TRAVAIL

Hors collection

  Paisse: PSYCHOPEDAGOGIE DE LA LUCIDITE
  Paisse: ESSENCE DU PLATONISME
  Collectif: SYSTEME AMDP
  Boulangé/Lambert: LES AUTRES, L'EXPRESSION ARTISTIQUE CHEZ LES HANDICAPES MENTAUX

Manuels et Traités

  2 Thinès: PSYCHOLOGIE DES ANIMAUX
  3 Paulus: LA FONCTION SYMBOLIQUE ET LE LANGAGE
  4 Richelle: L'ACQUISITION DU LANGAGE
  5 Paulus: REFLEXES-EMOTIONS-INSTINCTS
  Droz-Richelle: MANUEL DE PSYCHOLOGIE
  Hurtig-Rondal: MANUEL DE PSYCHOLOGIE DE L'ENFANT (Tome 1)
  Hurtig-Rondal: MANUEL DE PSYCHOLOGIE DE L'ENFANT (Tome 2)
  Hurtig-Rondal: MANUEL DE PSYCHOLOGIE DE L'ENFANT (Tome 3)
  Rondal-Seron: LES TROUBLES DU LANGAGE (DIAGNOSTIC ET REEDUCATION)
  Fontaine/Cottraux/Ladouceur: CLINIQUES DE THERAPIE COMPORTEMENTALE
  Godefroid : LES CHEMINS DE LA PSYCHOLOGIE